越南

VIETNAM
COMPLETE MAP

最新・最前線・旅遊全攻略

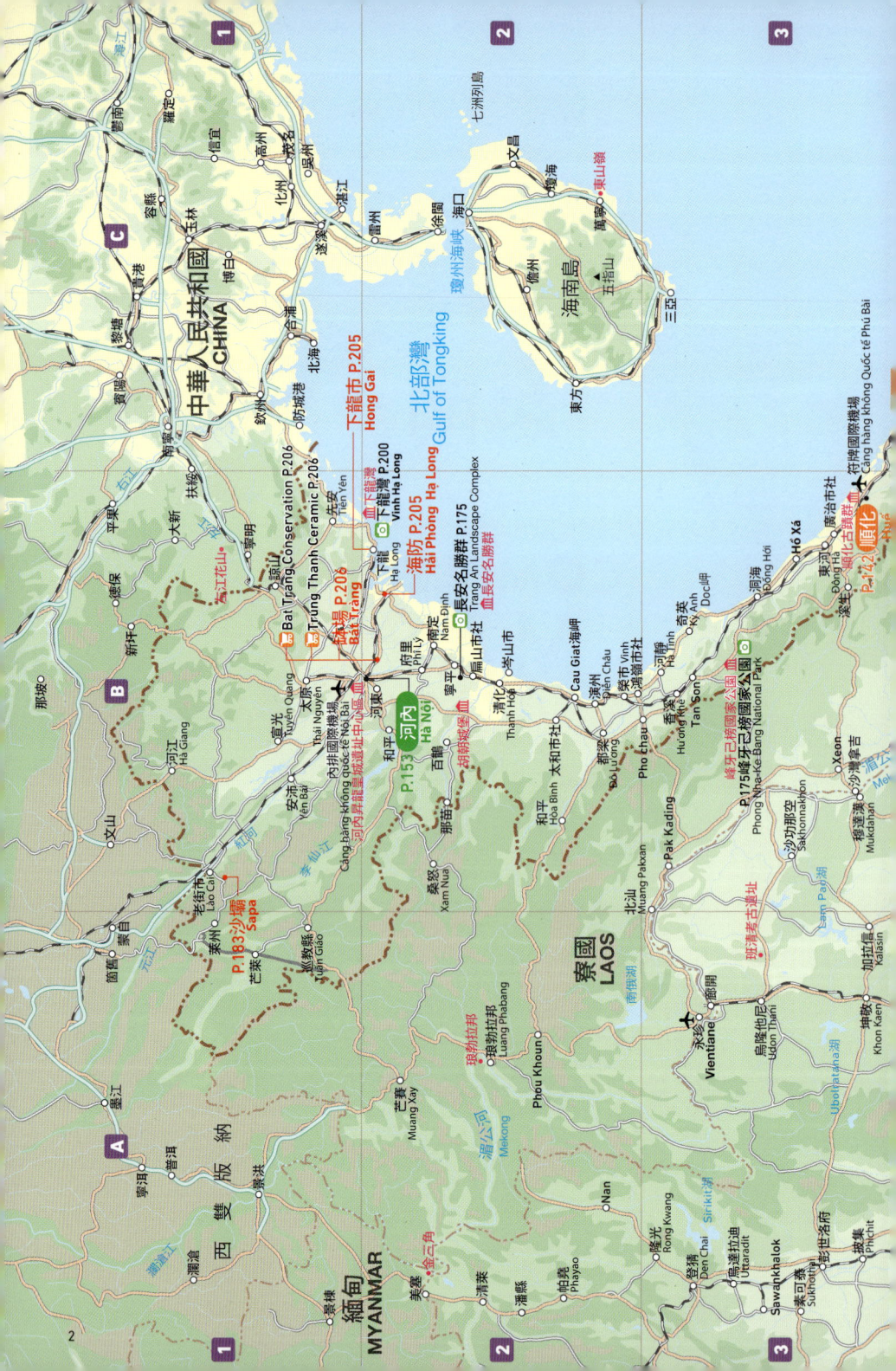

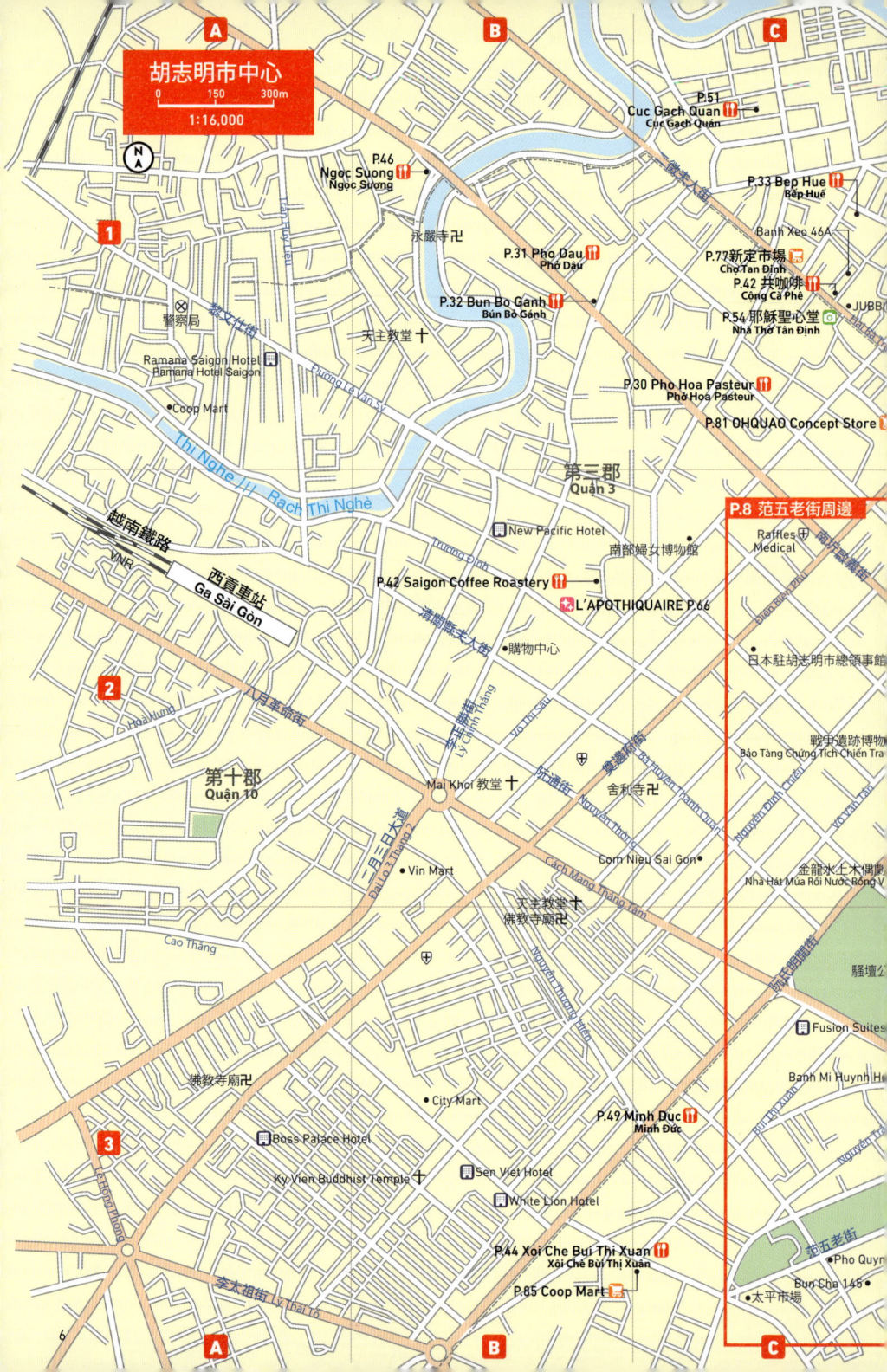

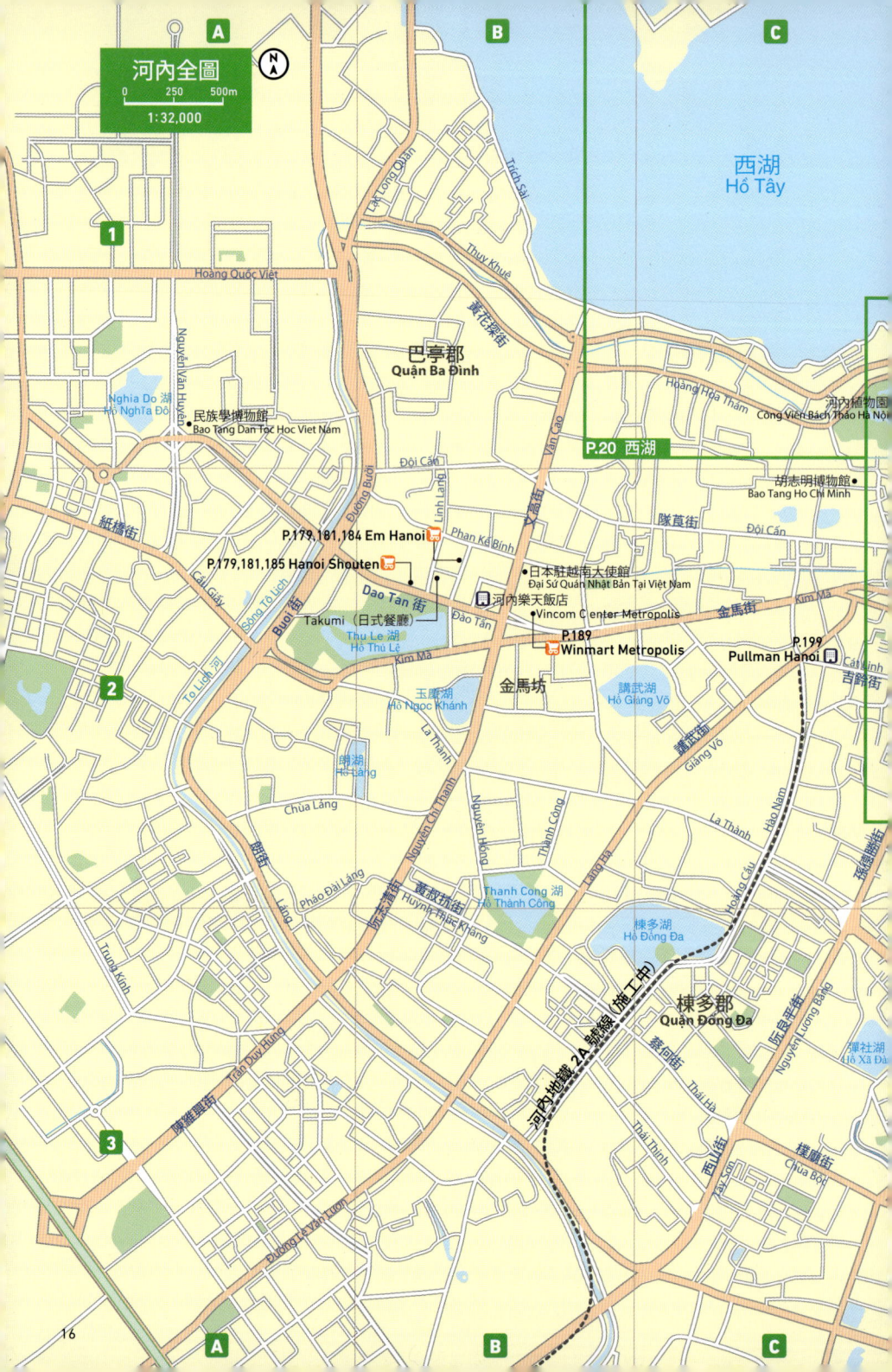

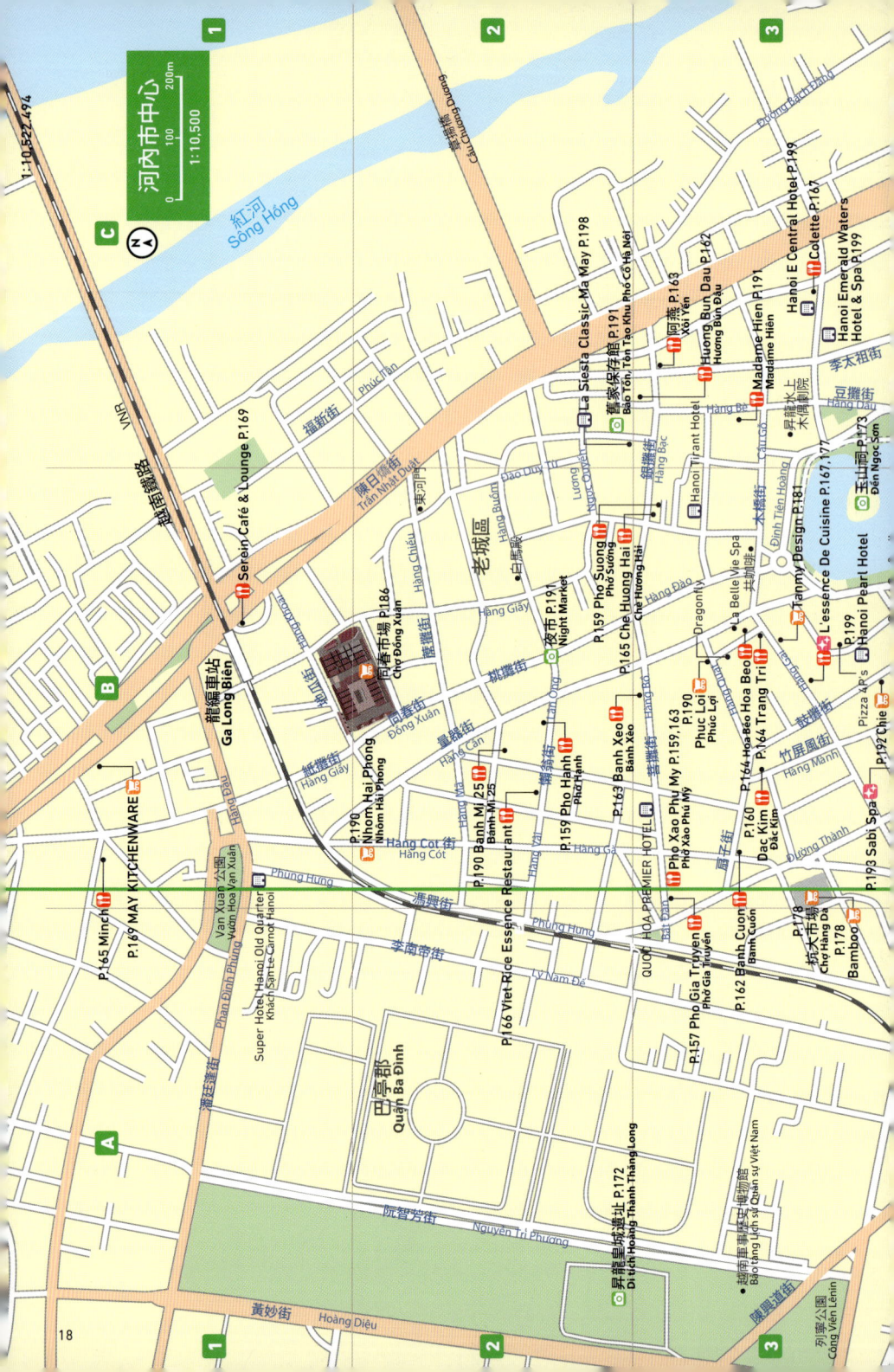

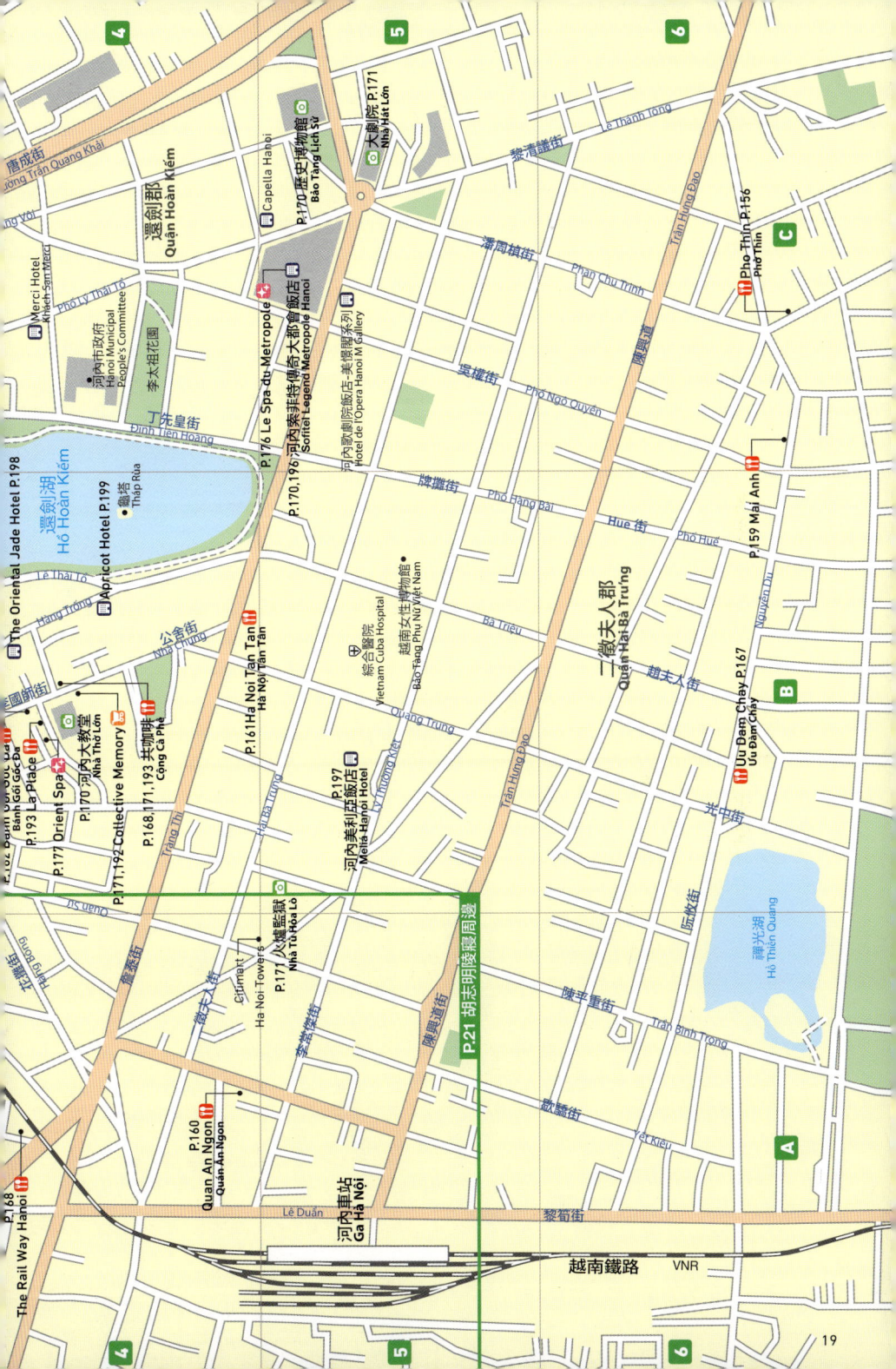

胡志明市新山一國際機場

新山一國際機場 國際線航廈

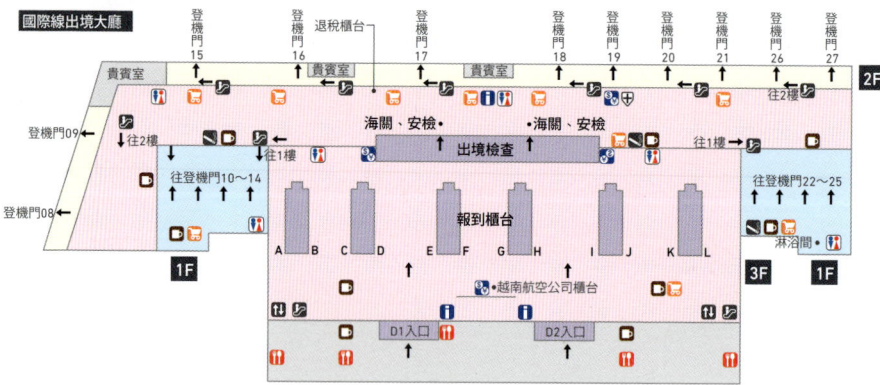

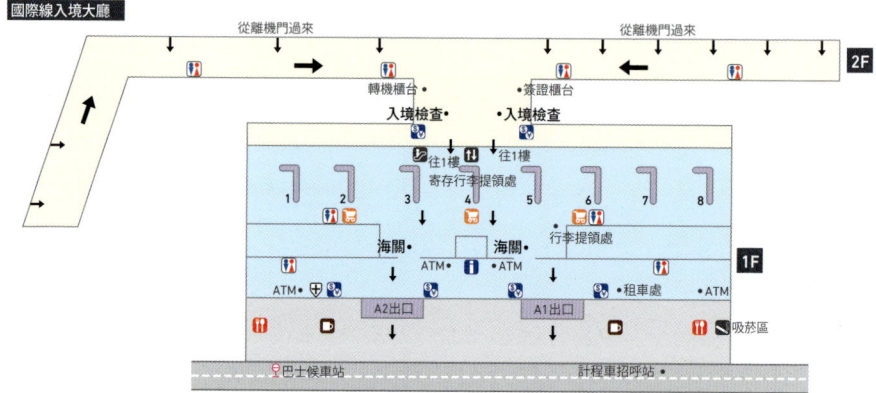

新山一國際機場國內線航廈

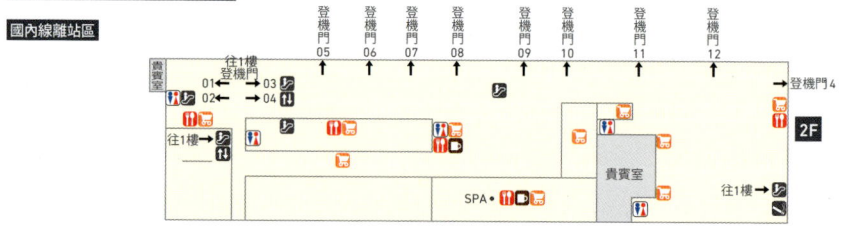

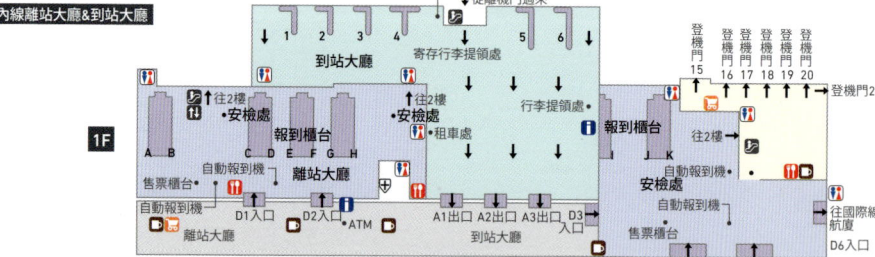

河內 內排國際機場

內排國際機場 國際線航廈（第二航廈）

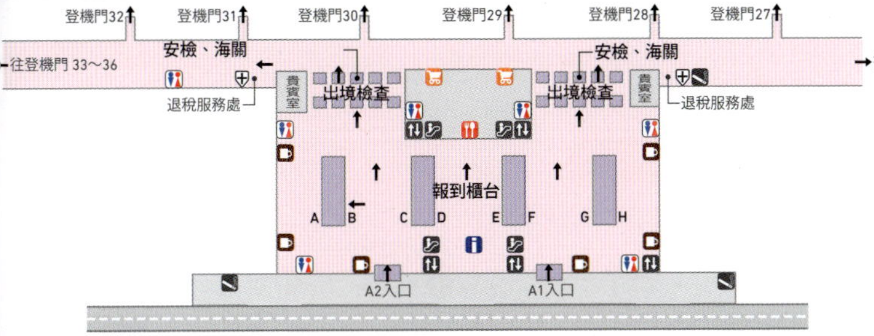

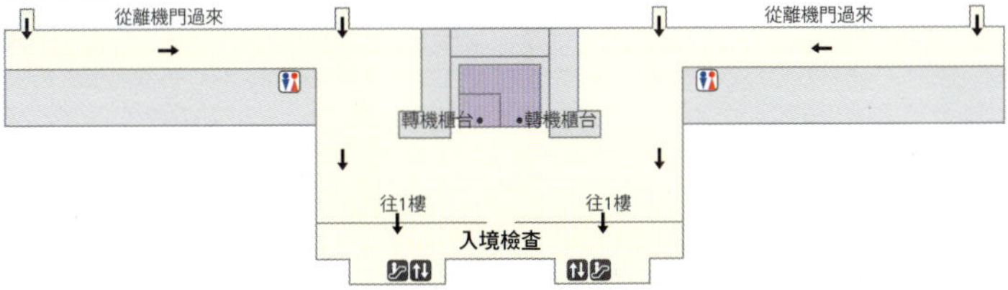

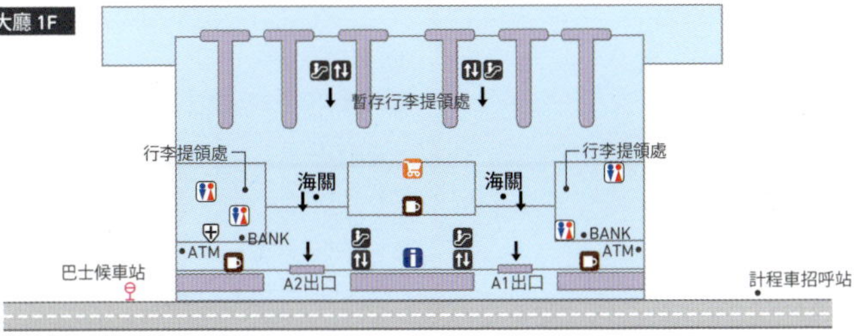

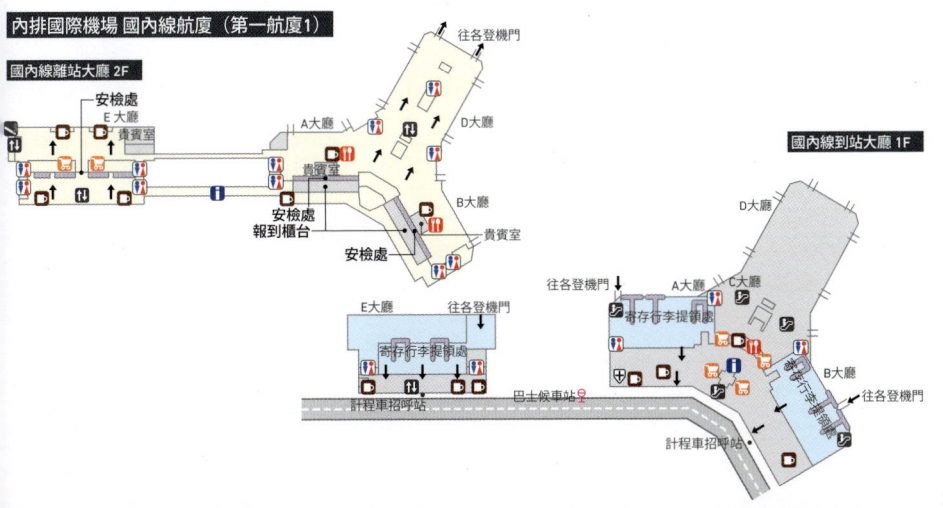

越南便利帳 ①

玩越南最適合跟團出遊！
必去的超夯自選行程

越南在主要城市以外也有很多景點，不過自行搭車到郊區的難度太高，比較方便的玩法是以胡志明市或河內等地為起點，參加旅行社的自費行程。市區團體活動的選項也很豐富。

From 胡志明市

湄公河三角洲

湄公河三角洲一日遊
- 費 US$ 49〜
- 8:00〜17:00（約9小時）

前往橫跨緬甸、寮國等地的長河湄公河流域區。豐富的自然景觀和美食極具魅力。

湄公河遊船＋水上市場觀光二日遊
- 費 US$ 244〜
- 7:30〜隔天18:00（2天1夜）

>>>P.100

古芝地道

古芝地道&高台教【新興宗教】之旅
- 費 US$ 122〜
- 7:30〜16:30（約9小時）

>>>P.98

美奈

快閃遊！美奈日出團／日落團・一日遊
- 費 US$ 230〜
- 24:00〜隔天22:30（約10小時30分鐘）

參加深夜出發到絕景沙漠大地美奈的快閃團！還有海灘度假勝地。

市區團

頂級！豪華公主號遊船
（含來回接送及導遊隨行行程）
- 費 US$ 106〜
- 18:30〜21:30（約3小時）

>>>P.62

水上木偶劇&順化宮廷晚宴團
- 費 US$ 70〜
- 18:00〜21:00（約3小時）

觀賞傳統技藝水上木偶劇及享受豪華宮廷菜的夜間行程。有專車接送及導遊隨行，就算晚上也放心。

穿奧黛搭人力車漫遊
- 費 US$ 58〜
- 9:30〜12:00／14:30〜17:00（約2小時30分鐘）

到照相館租借奧黛服，穿戴後搭三輪車（人力車）上街漫遊。內含人力車車資，不用另外議價，可放心乘坐。還吃得到越南三明治。

胡志明市市區觀光・觀光景點半日遊
- 費 US$ 23〜
- 8:00〜11:30／13:00〜17:00（約3小時30分鐘）

利用半天時間，在英語導遊的陪同下，走訪粉紅耶穌聖心堂、中央郵局及聖母院大教堂等主要景點。有上、下午場可選。

24

From峴港、會安

美山聖地

美山聖地半日遊

- 費 US$ 54～
- 🕗 8:00～12:00（約4小時）

探訪據說只有皇室成員才能進入的占婆王朝聖地。座塔遺址雕刻精美，令人嘆為觀止。

占婆島

盡情享受浮潛！
占婆島水上活動 英文團

- 費 US$ 40～175
- 🕗 7:00～16:30（約9小時30分鐘）

只在2～9月出團。從會安碼頭搭快艇前往有2000人口的小島。也可以浮潛。

順化

順化市區一日遊

- 費 US$ 107～
- 🕗 10:00～16:30（約6小時30分鐘）

走訪阮朝皇城、郊區陵墓及搭船遊香江，體驗古都文化。含當地風味午餐。

巴拿山

人氣高原度假區
巴拿山一日遊

- 費 US$ 65～
- 🕗 8:00～16:00（約8小時）

前往擁有熱門網路打卡景點，架在「佛手」上的黃金橋及全球最長登山纜車的主題樂園。

From河內

下龍灣

下龍灣遊船一日遊

- 費 US$ 100～
- 🕗 8:30～19:00（約10小時30分鐘）

>>>P.202

下龍灣＋海防市之旅

- 費 US$ 258～
- 🕗 8:00～20:00（約12小時）

到世界遺產下龍灣和北越最大港都海防市的一日遊行程。可以在海防市體驗當地城鎮的私人行程，附午餐。

缽場村

暢遊缽場陶藝村

- 費 US$ 62～
- 🕗 9:00～12:00（約3小時）

到距離河內約30分鐘車程的傳統工藝村缽場購物。因為有車接送，買再多也沒關係。

華閭／長安

華閭&長安一日遊

- 費 US$ 113～
- 🕗 8:00～18:00（約10小時）

登錄為世界遺產的2大景點。走訪有「陸地下龍灣」之稱的長安和華閭古都。

市區團

【包團】 只有這裡提供
河內市區半日遊！

- 費 US$ 64～
- 🕗 8:00～12:00（約4小時）

囊括如胡志明陵寢、胡志明故居、一柱寺、文廟等河內經典觀光景點。含英語導覽。

⚘ 上述自選行程，可參考各家旅行社方案。　25

越南便利帳 ❷

旅遊基礎片語
越南旅遊用語指南

以下是旅途中會用到的基礎片語。
因為越南話的發音很難，
無法溝通時就用手指著這頁吧。

基本篇

你好。
Xin chào.

你好。（禮貌用語）
Chào anh／chi／em.

謝謝。
Cảm ơn.

> 越南話的招呼用語視對方年齡而異。對男性長輩用anh，女性長輩用chi，晚輩都用em。※1

不客氣。
Không co gi.

請。
Xin mời.

對不起。
Xin lỗi.

是／不是
Vâng.／Không.

> 在越南南部「是」Vâng要說成Dạ。

再見。
Tạm biệt.

你叫什麼名字？
Anh tên gì?

> anh的部分和※1一樣，念法依對方身分而異。

我叫○○。
Tôi tên là ○○.

我是日本人。
Tôi là người Nhật.

再會。
Sẽ gặp lại.

觀光篇

教堂在哪裡？
Nhà thờ ở đâu?

> 給對方看寫有越南語目的地的紙條比較不會出錯。

這是哪裡？
Đây là đâu?

我想去濱城市場。
Tôi muốn đi Chợ Bến Thành.

大概要多久？
Khoảng mấy phút?

> 搭人力車前先談好價格。

要1個小時嗎？
Một tiếng giá bao nhiêu?

幾點出發？
Mấy giờ xe chạy?

走得到嗎？
Đi bộ được không?

很近嗎？
Có gần không?

我要下車！
Tôi xuống!

哪裡可以換錢？
Ở đâu đổi tiền được?

美食篇

好吃。
Ngon quá.

> 只說Ngon也可以。

越南語有6種聲調

越南語有6種聲調符號，發音各異。請注意不同的聲調代表不同的意思。

ma 平長 鬼魂	mà 低降 但是	má 高升 臉頰
mả 低降後升 墳墓	mã 高升緊喉中斷 馬	mạ 低降緊喉中斷 笛子

26

有什麼好吃的？
Món nào ngon?

這會辣嗎？
Cái này có cay không?

我要這個。
Cho tôi món này.

有河粉嗎？
Có Phở không?

我要啤酒。
Cho tôi bia.

米飯是cơm、茶杯是cốc、飯碗是bát。

我要訂2人的位子。
Tôi muốn đặt bàn cho hai người.

1人một người、2人hai người、3人ba người。

麻煩幫我結帳。
Hãy tính tiền.

也可以只說Tính tiền。

購物篇

這是什麼？
Cái này là cái gì?

這個太小了。
Cái này quá nhỏ.

多少錢？
Bao nhiêu tiền?

nhỏ是「小」的意思。也可以換成大lớn、貴đắt等說法。

請給我這個。
Tôi mua cái này.

再算便宜點。
Xin bớt cho tôi.

我想買奧黛。
Tôi muốn mua Áo dài.

請找錢。
Xin thối lại tiền cho tôi.

務必要確認金額是否正確。

全部多少錢？
Tất cả giá bao nhiêu?

緊急處理篇

護照不見了。
Tôi bị mất hộ chiếu rồi.

照相機被偷了。
Tôi bị ăn cướp máy ảnh.

救命啊！
Cứu tôi với!

請幫我報警。
Xin gọi công an cho tôi với!

我發燒了。
Tôi bị sốt.

肚子痛。
Tôi bị đau bụng.

「感冒」是Tôi bị cảm。

我想去醫院。
Tôi muốn đi bệnh viện.

最好請住宿飯店的工作人員幫忙。

\ 知道了很有用！ /
越南語字卡

以下是觀光或購物時常出現的實用單字！

數字
1	một	
2	hai	
3	ba	
4	bốn	
5	năm	
6	sáu	
7	bảy	
8	tám	
9	chín	
10	mười	

觀光・交通
機場	sân bay
飛機	máy bay
馬路	đường
市場	chợ
教堂	nhà thờ
寺廟	chùa
博物館	bảo tàng
大使館	đại sứ quán

購物
貴	đắt
便宜	rẻ
大	lớn
小	nhỏ

緊急事件
警察	công an
護照	hộ chiếu
醫院	bệnh viện
藥	thuốc

除了飯店外，在觀光客多的商店或餐廳，說英語也會通。地方餐館或小吃攤，大多無法用英語溝通。

越南便利帳 ❸

👉 用手點餐也OK！
手指美食目錄

越南菜以麵或米飯為主食，有多道符合國人口味的餐點，肉類、海鮮、蔬菜等食材也很豐富！點餐時翻開這頁就很方便。

麵
NOODLE

通常是用米漿做的粉條、河粉或米線，不過也有麵粉製成的麵條、冬粉或澱粉條。各地都有味道獨特的特色麵點，到當地體驗一下正宗風味吧。

牛肉／雞肉河粉
Phở Bò / Gà

以扁平狀河粉為主的湯麵。湯頭有牛肉bò，和雞肉gà等。

粿條
Hủ Tiếu 〔胡志明市〕

嚼勁十足的乾米粉條。分為南部風味的美萩粿條和來自柬埔寨的金邊粿條。

廣南麵
Mì Quảng 〔峴港／會安〕

中部特色菜。在Q彈的粗米粉條上淋入鮮美的海鮮湯或肉湯。

魚蛋米線
Bún Chả Cá 〔峴港〕

加了炸魚漿的米線。湯裡放了番茄或鳳梨，酸味明顯。

順化牛肉米線
Bún Bò Huế 〔順化〕

使用圓條狀米線製作的香辣牛肉麵。以牛肉、豬腳和香茅熬煮湯頭。

高樓麵
Cao Lầu 〔會安〕

在嚼勁如同烏龍麵的米粉條上，淋上微甜醬汁、再放上豬肉和炸豬皮的乾拌麵。

番茄湯米線
Bún Riêu 〔河內〕

加了番茄的酸味湯麵。也有用螃蟹熬煮湯頭或放上蟹肉的螃蟹番茄湯米粉。

烤豬肉米線
Bún Chả 〔河內〕

烤豬肉、肉丸子、米線及香草葉菜等搭配魚露調製的醬汁食用。

飯
RICE

越南盛行種稻。南部的湄公河流域（湄公河三角洲）和北部的紅河流域（紅河三角洲）為2大產區。除了白米外，未成熟的糯米（青米）也很常見。

碎米飯
Cơm Tấm

碎米粒添加各種配菜食用。配菜通常是豬肋排。

雞肉糯米飯
Xôi Gà

用雞湯燉煮糯米的炊飯。有些會在飯上放綠豆泥。

記起來！美食基本用語

烹調方法		調味		食物狀態		食材	
烤	Nướng	甜	Ngọt	帶湯汁	Nuoc	肉類	Thịt
炒	Xáo	鹹	Mặn	乾拌	Kho	海鮮	Hải Sản
炸	Rán	酸	Chua	熱的	Nong	蔬菜	Rau Củ
捲	Cuốn	辣	Cay	冷的	Lanh	水果（南部）	Trái Cây
蒸	Hấp	蒜味	Tỏi	有冰塊	Đá	水果（北部）	Hoa Quả

會安雞飯
Cơm Gà

雞肉飯。會安風味加了薑黃烹煮，色澤偏黃。

蜆飯
Cơm Hến　順化

白飯淋上蜆湯品嘗的泡飯。附口感爽脆的蔬菜。

荷葉飯
Cơm Lá Sen　順化

米飯加雞肉、蝦仁和蓮子拌炒後用荷葉包起來。有些餐廳用蒸的。

小吃 SNACK

越南的路邊攤或當地餐館提供多種小吃餐點。可當早餐、點心或是晚餐前菜。

生春捲
Gỏi Cuốn

用米紙把蝦仁、豬肉、米線及香草葉菜等餡料捲包起來，沾取醬汁食用。

越南煎餅
Bánh Xèo　胡志明市

越式什錦燒。在薄麵皮上放入蝦仁、豬肉或豆芽菜等配料後煎熟。

越式法國麵包
Bánh Mi

越南風味三明治。用法國麵包夾入豬肉或肉排、香菜、辣椒等餡料。

越南粉捲
Bánh Cuốn

在米漿皮上放入豬肉或黑木耳等餡料包起來煎熟。口感滑溜。

白玫瑰
White Rose

用米粉皮包住蝦泥等餡料蒸熟的餛飩。撒上炸洋蔥末。

海鮮 SEAFOOD

越南面臨東海，漁業興盛，海鮮種類豐富。有蝦子、螃蟹、烏賊、白肉魚、貝類等。除了海鮮外，也有在河川湖泊捕撈的淡水魚。

越式燉魚
Cá Kho

把河魚放在土鍋中加魚露燉煮的菜餚。是越南南部的家常菜。

燴魚鍋
Chả Cá　河內

河魚炸熟後搭配蒔蘿等香草葉菜、米線，沾醬料食用。

☀ 越式法國麵包源自法國殖民時期，是法國麵包加越南當地食材和調味料製作成的特色混搭料理。

越南酸湯
Canh Chua

用鯰魚、雷魚等河魚加羅望子煮成味道酸甜的湯品。

炸軟殼蟹
Cua Lột

軟殼蟹炸熟後食用。羅望子醬炒蟹也很常見。

椰汁蒸蝦
Töm Sü Häp Nuóc Düa

明蝦加椰汁蒸熟。沾取萊姆汁和鹽食用。

肉類
MEAT

以豬肉、牛肉和雞肉最常見，內臟也不浪費一併煮熟食用。採用烤、煮、炸等不同烹調方式，也有鴨肉、蛙肉或羊肉等菜色。

椰汁燉豬肉蛋
Thịt Kho Trứng

用五花肉和水煮蛋烹調的越式紅燒肉。主要用魚露調味。

越南炸春捲
Nem Rán

河內

越南北部用豬絞肉製作的炸春捲。有些會加蝦仁或蟹肉。

烤肉串
Nem Lụi

把豬肉捲在香茅莖上用炭火烤熟的肉串。搭配米紙食用。

香葉烤牛肉捲
Bò Lá Lốt

牛肉加香茅或香辛料調味後用名為荖葉的香草蔬菜包起來烤熟。

烏骨雞湯
Gà Ác Tiềm Thuốc Bắc

烏骨雞加枸杞、紅棗和人蔘等藥材燉煮成的滋補湯品。

蔬菜
VEGETABLE

除了常見的茄子、番茄和空心菜外，也有蓮梗、龍鬚菜等東南亞特有的蔬菜。通常做成沙拉或炒菜。

炒空心菜
Rau Muống Xào Tỏi

通常是蒜炒空心菜，是餐廳、餐館常見的固定菜色。

蓮梗沙拉
Gỏi Ngó Sen

口感爽脆的蓮梗沙拉。配料多為蝦仁或豬肉。

烤茄子
Cà Tím Nướng

烤茄子是越南南部家常菜。用魚露、檸檬汁、砂糖和辣椒等調味。

香柚沙拉
Gỏi Bưởi

以柚子為主角的沙拉。配料通常是烏賊、蝦仁和豬肉等。

花鍋
Lẩu Hoa

加羅望子煮南瓜花或櫛瓜花的酸味火鍋。

甜點
SWEETS

越南甜點主要是用大量南洋水果、椰奶及煉乳製作的香甜冰品。可在甜點攤或專賣店吃到。

越式甜湯
Chè

越南風味甜湯，有豆類、果凍、水果及椰奶等各種配料。

焦糖布丁
Bánh Flan

越式焦糖布丁。特色是淋上微苦的咖啡風味糖漿。

什錦水果冰
Hoa Quả Dầm 河內

越南北部名產，加了季節性水果和椰奶的剉冰。

冰淇淋
Kem

有芒果、榴槤、椰子等多種水果口味。

水果冰沙
Sinh Tố

水果加煉乳、冰塊攪打成的果昔。

\ 看懂菜單！／
越南語食材一覽表

香草生菜
香菜（南部）	Ngò Rí
香菜（北部）	Rau Mùi
紫蘇	Tía Tô
薄荷	Húng Láng
蒔蘿	Thì Là
魚腥草	Rau Diếp Cá

蔬菜
空心菜	Rau Muống
蓮梗	Ngó Sen
茄子	Cà Tím
番茄	Cà Chua
香茅	Xả
辣椒	Ớt
大蒜	Tỏi

水果
萊姆	Chanh
鳳梨	Thơm
椰子	Dừa
芒果	Xoài
香蕉	Chuối
百香果	Chanh Dây
草莓	Dâu
酪梨	Bơ

肉類
雞肉	Thịt Gà
豬肉	Thịt Heo/Lợn
牛肉	Thịt Bò

海鮮
魚	Cá
蝦	Tôm
螃蟹	Cua
烏賊	Mực
蛤蜊	Nghêu

調味料
鹽	Muối
胡椒	Hạt Tiêu
魚露	Nước Mắm
蝦醬	Mắm Tôm
辣椒醬	Tương Ớt
醬油	Nước Tương

飲料
越南咖啡（加煉乳）	Cà Phê Sữa
黑咖啡（無煉乳）	Cà Phê Đen
綠茶	Trà Xanh
茉莉花茶	Trà Nhài
礦泉水	Nước Suối
果汁	Nước
啤酒	Bia

上表中的食材多採南部念法。鳳梨在南北部的念法不同，南部是 Thơm，北部則是 Dứa。

最新・最前線・旅遊全攻略

越南
VIETNAM

如何使用本書

【圖例說明】

- ♠ 地址
- ☎ 電話號碼
- ⏰ 營業時間、開館・入場時間（寫出開始到結束的時間。最後點餐或入館截止時間會有所不同，有時也會因店家情況提早關門）
- 🚫 節日、年底年初等假期以外的公休日
- 💰 成人入場費、設施使用費等（飯店為1晚1間房的住宿費用）
- ⊗ 從最近的據點場所出發的所需時間
- URL 網頁網址
- 刷卡OK 可以使用信用卡時的圖示
- 英語OK 有會說英語的工作人員的圖示
- ▶MAP 表示在書前地圖上的位置
- 需預約 必須預約

【關於本書】

書中記載的資料為2024年7月的情況。內容時有變動，請事先做好確認。遇到節日和年底年初等假期時，營業時間和公休日等會和書中介紹的不同。書中標示的價格可能會額外添加服務費或消費稅。敝出版社恕不賠償因本書記載內容所造成的損失等，尚祈見諒。

CONTENTS
在越南必做的117件事

做過的請打勾！

【別冊】
- 越南全圖 …………………………… 3
- 胡志明市全圖 ……………………… 4
- 胡志明市中心 ……………………… 6
- 胡志明市分區地圖 ………………… 8
- 中部放大圖 ………………………… 10
- 順化市中心 ………………………… 11
- 峴港市中心 ………………………… 12
- 會安古鎮 …………………………… 14
- 河內全圖 …………………………… 16
- 河內市中心 ………………………… 18
- 越南便利帳1：必去的超夯自選行程 … 24
- 越南便利帳2：越南旅遊用語指南 … 26
- 越南便利帳3：手指美食目錄 ……… 28

如何使用本書 ………………………… 1

BEST PLAN
- 01 探索實現夢想的區域 ………… 6
- 02 24小時玩樂計畫 ……………… 8
- 03 享受200％的越南 …………… 10
- 04 準備越南之旅的行李物品 …… 16
- 05 越南戰利品實物大公開 ……… 18
- VIETNAM NEWSPAPER ……… 20
- 越南事件簿BEST 5 …………… 22

胡志明市

EAT
- 01 必吃絕品河粉！ ……………… 30
- 02 吃遍越南麵食 ………………… 32
- 03 越式法國麵包試吃評比大會 … 36
- 04 清晨咖啡館的3種利用方式 … 38
- 05 越南咖啡or英式下午茶 ……… 40
- 06 #社群媒體廣受討論的咖啡館 … 42
- 07 I LOVE♡越南甜點 …………… 44
- 08 挑選超美味海產店 …………… 46
- 09 挑戰自助餐館！ ……………… 48
- 10 在口袋名單中的越南菜餐廳吃晚餐 … 50
- 11 精選特色續攤酒吧 …………… 52

SIGHTSEEING
- 01 殖民地建築巡禮 ……………… 54
- 02 草田區時尚景點逛一圈 ……… 58
- 03 走訪老公寓咖啡館&商店 …… 60
- 04 豪華西貢河遊船 ……………… 62
- 05 體驗水上木偶劇！ …………… 64

BEAUTY
- 01 上高級Spa療癒身心！ ………… 66
- 02 高CP值腳底按摩 ……………… 68

SHOPPING
- 01 精選復古越南陶瓷 …………… 70
- 02 布藝&時尚商品大集合 ……… 72
- 03 潛入濱城市場！ ……………… 74
- 04 訂製奧黛&西服 ……………… 78
- 05 前往店長推薦日用品的選物店 … 80
- 06 把美食特產帶回家 …………… 82
- 07 便宜超市伴手禮 ……………… 84

TOWN
同起街周邊
- 01 漫步在建築優美的街道♪ …… 86
- 02 走訪大街商店 ………………… 86
- 03 潛入阮惠街老公寓！ ………… 87

草田區
- 01 空間時髦的午餐館！ ………… 88
- 02 前往聚集熱門店家的複合空間！ … 89
- 03 走遠一點造訪美景酒吧 ……… 89

范五老街周邊
- 01 大啖深受旅客歡迎的便宜美味午餐！ … 90
- 02 到當地景點散步！ …………… 90
- 03 在小巷弄發現人氣外帶店 …… 91

堤岸
- 01 到新翻修的大市場探險！ …… 92
- 02 必吃！中式美食散步小點！ … 92
- 03 必逛的中式觀光景點！ ……… 93

STAY
- 01 入住舒適嚴選飯店 …………… 94

SHORT TRIP
- 01 古芝地道&西寧市旅行團 …… 98
- 02 美萩市&芹苴市旅行團 ……… 100
- 03 富國島度假勝地 ……………… 102

峴港&會安&順化
- 01 越南中部海灘Best 5 ………… 108

峴港
TOWN
- 01 到峴港的地標粉紅色大教堂 … 111
- 02 上人聲鼎沸的當地市場探險 … 111

河內

EAT
- 01 到河內吃正宗越南河粉！ ……… 156
- 02 嘗遍河粉的七種變化組合 ……… 158
- 03 網羅河內知名美食 …………… 160
- 04 老街美食巡禮 ………………… 162
- 05 河內透心涼甜品 ……………… 164
- 06 挑選不同種類的河內晚餐 …… 166
- 07 發現網紅咖啡館！ …………… 168

SIGHTSEEING
- 01 小巴黎街頭輕旅行♪ ………… 170
- 02 走訪歷史景點 ………………… 172

BEAUTY
- 01 CP值超高的療癒Spa中心 …… 176

SHOPPING
- 01 收集喜歡的茶器&餐具 ……… 178
- 02 購入北方布製品 ……………… 180
- 03 在選物店找尋日用品 ………… 184
- 04 到百元市場挖寶 ……………… 186
- 05 超市伴手禮排行榜 …………… 188

TOWN
老城區
- 01 到人潮絡繹不絕的越式法國麵包名店 … 190
- 02 上工匠街尋寶♪ ……………… 190
- 03 必逛的歷史景點！ …………… 191
- 04 在殖民地風格餐館優雅吃午餐 … 191

大教堂周邊
- 01 在大教堂周邊商店盡情購物♪ … 192
- 02 大教堂觀景咖啡館 …………… 192
- 03 紓壓輕Spa …………………… 193

西湖周邊
- 01 前往西湖周邊的悠閒景點♪ … 194
- 02 前往湖畔水產店♪ …………… 194
- 03 到「春捲街」品嘗隱藏版美食！ … 195
- 04 在附近的觀光景點散步♪ …… 195
- 05 前往IG打卡熱點蓮池！ ……… 195

STAY
- 01 入住人氣特色飯店 …………… 196

SHORT TRIP
- 01 下龍灣美景之旅 ……………… 200
- 02 到缽場採購越南陶瓷 ………… 206

- 03 在峴港周邊的絕景沙灘悠哉度假 …… 112
- 04 吸睛的龍橋美照景點 ………… 112
- 05 到陳富街逛商店 ……………… 112
- 06 探訪可愛咖啡館！ …………… 112
- 07 前往展示中越歷史的博物館 … 112
- 08 上海景餐廳大啖海鮮 ………… 113
- 09 前往熱鬧的夜市 ……………… 113
- 10 走遠一點上五行山健行 ……… 113

EAT
- 01 嘗遍3大招牌美味麵食 ……… 114
- 02 前往社群媒體都在討論的放鬆咖啡館 … 116

SHOPPING
- 01 尋找優質日用品&美妝品 …… 118
- 02 網羅必買的美食伴手禮 ……… 120
- 03 瞄準峴港2大市場！ ………… 121

STAY
- 01 消除疲憊的豪華度假村 ……… 122

會安

TOWN
- 01 走上來遠橋！ ………………… 127
- 02 搭套人力車輕鬆遊街 ………… 127
- 03 買套票暢遊歷史景點 ………… 128
- 04 上會安市場尋寶！！ ………… 128
- 05 在巷弄餐館吃道地晚餐 ……… 128
- 06 品嘗均勝家現做的白玫瑰！ … 128
- 07 到秋盆江坐碗公船 …………… 129
- 08 到裁縫店訂製西服 …………… 129
- 09 晚上逛夜市 …………………… 129
- 10 前往近郊美山聖地 …………… 129

EAT
- 01 征服不可錯過的會安美食 …… 130
- 02 上人氣咖啡館放空 …………… 132

SHOPPING
- 01 精選必買清單 ………………… 134

SIGHTSEEING
- 01 盡情逛夜市 …………………… 136

STAY
- 01 前往度假飯店or經典旅館 …… 138

順化

TOWN
- 01 參觀世界遺產阮朝皇城 ……… 143
- 02 從香江眺望古都街景 ………… 144
- 03 令人沉醉的順化宮廷文物博物館！ … 144
- 04 深入東巴市場購物 …………… 145
- 05 參與富春坊的夜生活 ………… 145
- 06 邊乘涼邊欣賞錢橋燈景 ……… 145
- 07 喝杯鹽咖啡享受午茶時光 …… 145

EAT
- 01 盤點古都經典美食 …………… 148

STAY
- 01 到祕境度假村放鬆舒緩 ……… 150

一看就懂 越南之旅STUDY
越南人愛吃的麵食圖鑑 ……………………………… 34
漫遊胡志明市殖民時期建築 ………………………… 56
當地市場玩法 ………………………………………… 76
阮氏王朝皇宮的冷知識 ……………………………… 146
越南引以為傲的世界遺產 …………………………… 174
多民族國家越南的民族服飾 ………………………… 182

越南漫畫Hare與Tabi …………………… 26,104,152
越南之旅Info ………………………………………… 208
越南之旅INDEX ……………………………………… 220

歡迎參加越南的非凡之旅！

SHOPPING
購物

有餐具、刺繡、提籃、漆器、螺鈿等各式各樣傳承自傳統的工藝品。充滿復古情調很可愛！

TOWN
街景

越南市區不分日夜都有無數的摩托車和汽車穿梭其間，充斥著亞洲特有的喧囂聲。

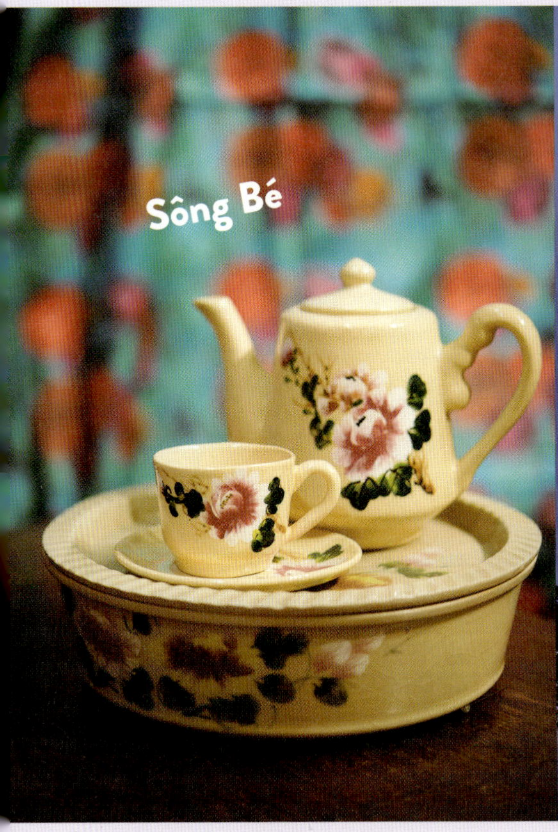
Sông Bé

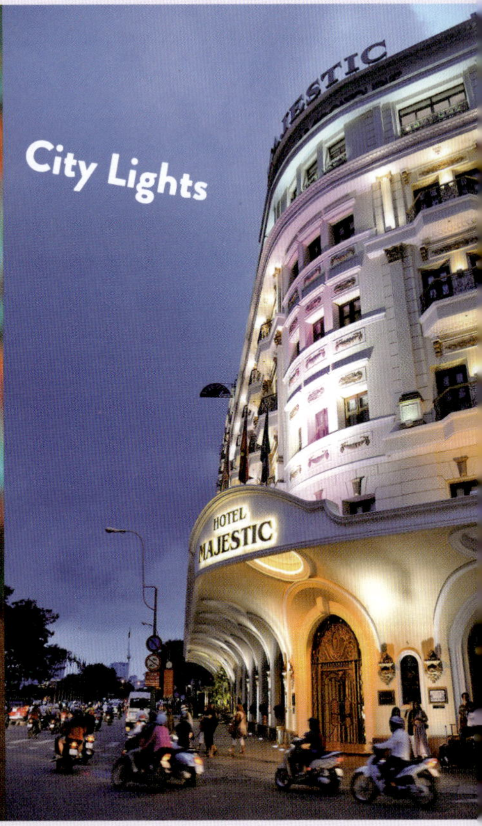
City Lights
HOTEL
MAJESTIC

尋找喜歡的餐具

傳統器皿

河內近郊的「鉢場陶瓷」以及胡志明市近郊燒製的「小江陶器」、「萊眺陶瓷」是越南的名品陶瓷，復古的設計充滿魅力。也很適合用於室內裝飾。

>>>P.70

夜遊活力城市

胡志明市夜景

眾多尾燈如潮水般湧入矗立著法式建築的街頭。夜晚的胡志明市象徵著持續快速成長的越南。

越南擁有歐亞文化兼容並蓄的歷史老街、亞熱帶地區才有的自然景觀，以及各式美味料理。前往新舊交融、活力充沛的城市旅行吧。

《手機和電腦也能閱覽！
越南：最新・最前線・旅遊全攻略》也出版電子書了！

各大網路書店皆販售

🍴 EAT
美食
湄公河三角洲的農作物、東海的海鮮……感受食材寶庫越南多樣化的飲食文化。

🎵 PLAY
遊玩
遠離城市喧囂，到涼爽的海邊放空片刻，是越南度假之旅的醍醐味！

Pho

Beach

越南的國民美食
河內河粉
越南菜的代名詞河粉其實來自河內。雖然到處都吃得到，但對越南人而言，河內河粉才是風味獨特、必吃的正宗美食。
>>>P.156

誘人的湛藍大海
絕景海灘
越南中部的峴港、會安或漂浮在柬埔寨邊界附近的富國島，是越南備受矚目的海灘度假勝地。忘卻時間到美麗的沙灘上放鬆一下吧。
>>>P.102、108

越南城市風情各異，如參雜歷史古都的熱鬧都會區、海灘度假區等，要看遍這些魅力城鎮，建議安排6天5夜的行程。 5

BEST PLAN 01 可以去哪裡玩什麼？

探索實現夢想的區域

越南南北狹長，大致上可分成南部胡志明市、中部峴港、會安、順化及北部河內三區。
掌握各城市特色及往返所需的交通時間吧。

各區特色標示圖

- 🎵 玩樂
- 🛒 購物
- 🍴 美食
- ✨ 美容
- 📷 觀光

越南最大的經濟區

❶ 胡志明市
Hồ Chí Minh >>>P.27

高樓林立的大都市。法式建築座落其間，還有多家餐廳及商店，從早到晚都很熱鬧。

1 殖民地建築風格的人民委員會大廳。2 同起街上有多家商店和咖啡館。3 粉紅教堂耶穌聖心堂。

海邊有多家度假飯店

❸ 峴港
Đà Nẵng >>>P.110

中部度假區的玄關口。市中心時髦商店和咖啡館林立，走遠一點還有沙灘。

1 離市中心開車約10分鐘的美溪海灘。2 峴港大教堂是此處地標。

緬甸

寮國

泰國

柬埔寨

有少數民族村（P.183）● 沙壩

✈ 搭機 2小時

離島度假祕境（P.102）

● 富國島

6

越南行前須知

✈ 從台灣出發	3～4小時
⏱ 時差	-1小時
📄 簽證	越南電子簽證最長停留時間為90天，單次入境收費25美元，多次入境收費50美元，申請工作日3天，申請網址：https://evisa.immigration.gov.vn/web/guest/khai-thi-thuc-dien-tu/cap-thi-thuc-dien-tu
💬 語言	越南語
🚗 主要交通工具	步行、計程車（→P.212）
🍺 法定飲酒抽菸年齡	18歲以上
⚡ 電壓	220V／50Hz
💱 匯率	1VND越南盾≒0.0011新台幣（2025年7月資料）

中國

❷ 河內 Hà Nội　>>>P.153
留有千年古老街景的古都

越南首都。擁有河內舊城區等多處歷史景點。法式建築也值得一看。

1 老街有多處美食小店。 2 販售生活用品的當地街頭。 3 西湖蓮池的賞花期是6～7月。

❹ 會安 Hội An　>>>P.126
面海的世界遺產小鎮

曾是繁榮的貿易港，由華人區和日本人區組成。融合各種文化的古街景相當漂亮。

1 中國和越南文化交織成的舊市區。 2 點亮五彩燈籠的夜市。

❺ 順化 Huế　>>>P.142
越南最後的王朝古都

香江沿岸有阮氏王朝皇宮、陵寢等眾多歷史景點。氣氛肅穆的古都極富魅力。

1 阮氏王朝皇宮是觀光重點。 2 小鎮以香江為界，分成舊城區和新市區。

地圖標示：
- ❷ 河內　● 下龍灣　● 缽場
- ✈ 搭機1小時10分鐘
- ✈ 搭機1小時20分鐘
- 🚗 搭車2小時30分鐘
- ❺ 順化
- ❸ 峴港
- 🚗 搭車45分鐘
- ❹ 會安
- 越南
- ✈ 搭機1小時25分鐘
- ✈ 搭機1小時25分鐘
- ● 西寧　● 古芝
- ❶ 胡志明市（越南第一大都市）
- ● 美萩　● 芹苴

☀ 台灣直飛越南的班機停靠胡志明市、河內、峴港和富國島。順化雖然沒有直達航班，仍有國際機場。

BEST PLAN 02

在最佳時間點做最棒的事

24小時玩樂計畫

在涼爽的早晨開始一天的行程，走訪觀光景點、到在地早餐店嘗鮮等。
擬定從早到晚的玩樂計畫吧。

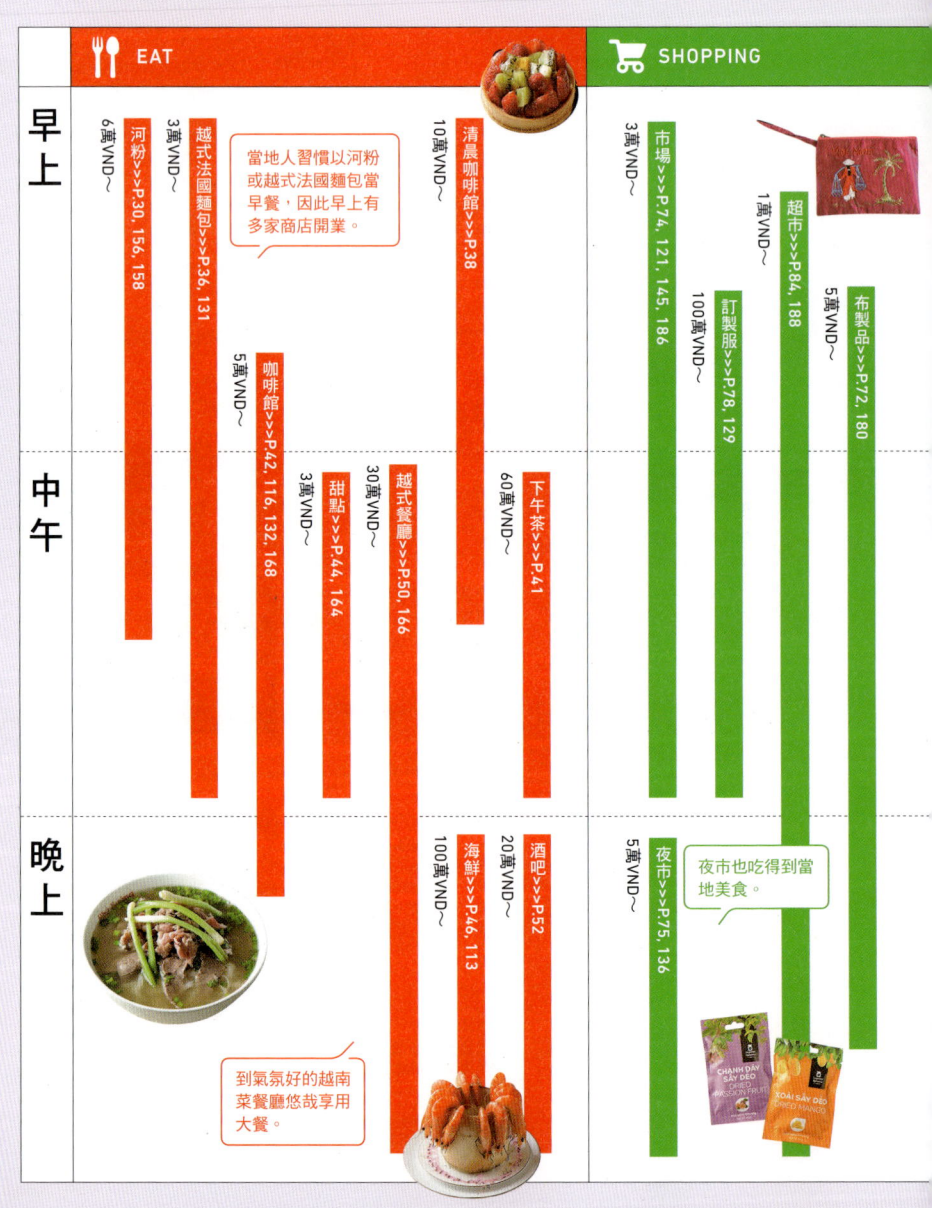

EAT

早上
- 河粉>>>P.30, 156, 158　6萬VND~
- 越式法國麵包>>>P.36, 131　3萬VND~
- 清晨咖啡館>>>P.38　10萬VND~

當地人習慣以河粉或越式法國麵包當早餐，因此早上有多家商店開業。

中午
- 咖啡館>>>P.42, 116, 132, 168　5萬VND~
- 甜點>>>P.44, 164　3萬VND~
- 越式餐廳>>>P.50, 166　30萬VND~
- 下午茶>>>P.41　60萬VND~

晚上
- 海鮮>>>P.46, 113　100萬VND~
- 酒吧>>>P.52　20萬VND~

到氣氛好的越南菜餐廳悠哉享用大餐。

SHOPPING

早上
- 市場>>>P.74, 121, 145, 186　3萬VND~
- 超市>>>P.84, 188　1萬VND~
- 訂製服>>>P.78, 129　100萬VND~
- 布製品>>>P.72, 180　5萬VND~

晚上
- 夜市>>>P.75, 136　5萬VND~

夜市也吃得到當地美食。

8

全年節假日、主要活動行程表（2025年8月～2026年7月資訊。時有變動）

1月	1日 元旦		7月	27日 烈士紀念日	
2月	3日 越南共產黨成立紀念日 16～20日 春節★	請注意元旦很多店家公休。	8月	19日 8月革命紀念日	
3月	3日 元宵節　8日 國際婦女節		9月	2日 國慶日 ※ 6日 中元節★	有些觀光景點遇國定假日會公休。
4月	26日 雄王節 ※★　30日 南方解放日 ※		10月	6日 中秋節★　10日 首都河內解放紀念日　20日 越南婦女節	
5月	1日 勞動節 ※　7日 奠邊府戰役紀念日 19日 胡志明主席誕辰紀念日		11月	20日 越南教師節	
6月	1日 國際兒童節		12月	22日 越南人民軍成立紀念日　25日 聖誕節	

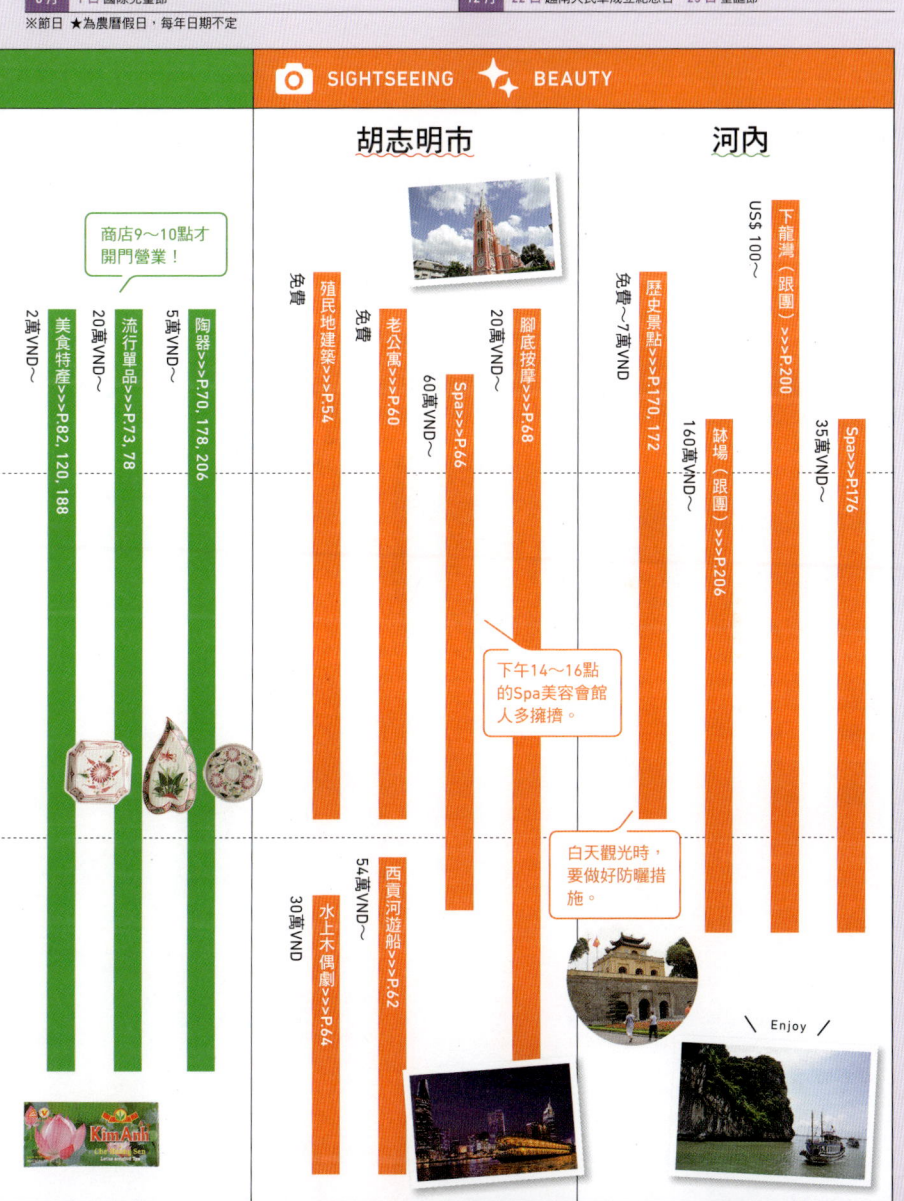

※節日　★為農曆假日，每年日期不定

SIGHTSEEING　BEAUTY

胡志明市

- 免費　殖民地建築 >>>P.54
- 免費　老公寓 >>>P.60
- 20萬VND～　Spa >>>P.66
- 20萬VND～　腳底按摩 >>>P.68
- 54萬VND～　西貢河遊船 >>>P.62
- 30萬VND～　水上木偶劇 >>>P.64

商店9～10點才開門營業！

- 2萬VND～　美食特產 >>>P.82、120、188
- 20萬VND～　流行單品 >>>P.73、78
- 5萬VND～　陶器 >>>P.70、178、206

河內

- 免費～7萬VND　歷史景點 >>>P.170、172
- 160萬VND～　秀場（跟團）>>>P.206
- US$100～　下龍灣（跟團）>>>P.200
- 35萬VND～　Spa >>>P.176

下午14～16點的Spa美容會館人多擁擠。

白天觀光時，要做好防曬措施。

Enjoy

越南的餐廳和商店原則上全年無休，但元旦（農曆新年）前後有很多商家休息。

BEST PLAN 03 配合旅行天數選擇計畫
享受200%的越南

=== 7天6夜！ ===

暢遊越南主要地區的經典路線

以下是從胡志明市到峴港&會安、河內，
征服越南各大地區的縱走之旅！

第1天

PM 13:30
新山一國際機場
（胡志明市）

🚖 搭計程車
約20分鐘

15:30 胡志明市
中心（住宿飯店）

17:00
同起街
→P.86

🚶 步行約5分鐘

18:00
秘密花園→P.51

SIGHTSEEING
**搭機直飛 胡志明市！
放好行李逛街去**

搭計程車從機場到市區約20分鐘。到飯店check in後隨即出門逛街。第一天晚餐當然要吃越南菜！

漫遊同起街

胡志明市的主要大街，殖民地建築和可愛的伴手禮商店林立，光是閒逛就很好玩。

體驗越南南部的家常菜！

EAT
到漂亮的越式餐廳用晚餐

前往潢漂亮的隱藏版餐廳！在時髦的越式餐廳吃飯，為旅行加分。

第2天

AM 8:00
Pho Hoa Pasteur
→P.30

🚖 搭計程車
約20分鐘

9:00
草田區
→P.58、88

🚖 搭計程車
約20分鐘

11:00
人民委員會大廳
→P.55

🚶 步行約8分鐘

**到 胡志明市 盡情購物
&吃美食！**

美食、購物、觀光、按摩，在胡志明市區玩上一整天！

EAT
早餐就吃河粉！

越南必吃的河粉，在這裡習慣當早餐吃。到本地人愛去的餐廳，品嘗正宗口味。

撒上大量香草菜的河粉。

SHOPPING
在草田區逛街

西貢河貫穿草田區，是熱門店鋪急速增加的區域。深入探訪商店和咖啡館。

設計很漂亮的越南咖啡。

SIGHTSEEING
殖民地建築巡禮

教堂或郵局等1900年代興建的美麗歐式建築是拍照熱點。有些景點開放入內參觀。

10

胡志明市、峴港&會安、河內是頗受旅客歡迎的必遊地區。既然來了，就想全部走一輪！如果時間不夠就暢遊1～2座城市，配合天數擬訂計畫吧。

EAT
午餐吃越式法國麵包

越式法國麵包是越南風味的三明治，賣點是外皮酥脆的法棍麵包。到時髦咖啡館享用輕食午餐。

大口咬下外觀可愛的越式法國麵包。

BEAUTY
腳底按摩舒緩一下

走累了就來CP值超高的腳底按摩！同起街周邊聚集多家按摩店。價格便宜只要400～500台幣左右，也有會說英語的店員。

SHOPPING
到同起街周邊購物

前往咖啡館及商店林立的同起街。老公寓裡的時髦商店頗受年輕人歡迎。

刺繡束口袋是必買伴手禮。

從 胡志明市 飛到越南中部的 峴港

從胡志明市搭機到峴港只需不到1小時。中午離開的話，下午就能在海灘悠閒放空。

SIGHTSEEING
去美溪海灘

從峴港機場到市區大約要15分鐘。離海灘也很近，可以在前往飯店的途中，下車到海灘散步。

SIGHTSEEING
到粉紅教堂拍照！

位於胡志明市第三郡的粉紅色耶穌聖心堂是拍照熱點！附近也有地方小吃攤和市場。

前往法國殖民時期興建的教堂

搭機前往峴港

POINT 國內線班機 1小時有1班次以上

飛往峴港的班機眾多，有越南航空及廉航越捷航空等。因為每小時都有航班，臨時訂位也OK。

STAY
到度假飯店悠哉放鬆

海灘周圍有數家度假飯店。可在泳池看夕陽，到飯店餐廳用晚餐。

椰子樹增添南洋風情。

11:30
聖母院大教堂
→P.54
中央郵局 →P.54

🚶 步行約1分鐘

PM 12:30
My Banh Mi
→P.36

🚶 步行約10分鐘

13:30
Mystere →P.72

🚶 步行約5分鐘

17:00
Yuri Spa →P.68

第 3 天

AM 9:00
耶穌聖心堂
→P.54

🚕 搭計程車約40分鐘

PM 12:00
新山一國際機場
（胡志明市）

✈ 搭機約1小時25分鐘

14:30
峴港國際機場

🚕 搭計程車約20分鐘

16:30
美溪海灘
→P.109

🚕 搭計程車約10分鐘

17:00
福西安馬亞
峴港飯店→P.122

越南國內航班很容易誤點。想到峴港悠哉度假，最好在早上離開飯店搭早班機前往峴港。

11

第 4 天

AM 9:00
會安古鎮
→P.126

🚕 搭計程車 15分鐘

11:00
秋盆江遊船
→P.129

🚶 步行約5分鐘

PM 13:00
The Espresso Station
→P.132

🚶 步行約15分鐘

17:00
夜市
→P.136

峴港 到 會安古鎮 一日遊

從峴港搭計程車到會安約45分鐘。會安古鎮是步行就能逛完的小鎮，可以當天來回。

SIGHTSEEING
慢遊古鎮
前往登錄為世界文化遺產的會安古鎮。坐人力三輪車在融合中國文化的老街上慢慢逛逛。

可以試著自己划！

SIGHTSEEING
體驗秋盆江遊船
搭圓形碗公船遊覽流經古鎮的秋盆江！當地人也很喜歡這項活動。

EAT
到時髦咖啡館放鬆片刻
會安古鎮有數家寧靜閒適的咖啡館。喝著冰涼的越南咖啡休息一下吧。

SIGHTSEEING
逛夜市
夜間燈籠亮起，呈現夢幻迷離的氣氛。攤販也出來做生意，瞬間化身為熱鬧夜市。

第 5 天

AM 9:00
峴港大教堂
→P.111

🚶 步行1分鐘

9:30
韓市場 →P.121

🚕 搭計程車 約15分鐘

PM 13:00
峴港國際機場

✈ 搭機 約1小時20分鐘

14:30
河內內排國際機場

🚕 搭計程車 約50分鐘

16:00
河內老城區
→P.190

17:00
Dac Kim
→P.160

從 峴港 前往古都 河內！在地方小鎮閒逛

悠哉逛完峴港市區的大教堂和市場後，搭機飛往河內。到河內約1小時20分鐘。

可愛的教堂。色調柔美。

SHOPPING
上韓市場一探究竟
從大教堂步行即達的市場。從伴手禮到美食、餐館一應俱全，相當熱鬧。買些價廉物美的東西回家吧。

SIGHTSEEING
到峴港大教堂拍照
粉紅色大教堂是峴港街頭的地標，務必拍照收藏！時間允許的話也可進教堂內部參觀。

搭機飛往河內

充滿南洋氣息的拖鞋是送給自己的禮物。

SIGHTSEEING
參觀河內老城區
從峴港搭機飛往河內。從機場到市中心的車程約50分鐘。在飯店放好行李後就去老城區散步吧。

NICE!

在老城區發現可愛的琺瑯瓷店！

EAT
晚餐就來挑戰當地名菜
河內是美食寶庫。晚餐嘗試一下北方特色菜烤豬肉米線。

參加 河內 出發的下龍灣一日遊行程！

從河內到下龍灣可當天來回。推薦早上出發晚上返回河內的一日團。

絕美景點 下龍灣

蝦子、牡蠣等新鮮海產和越南菜。

EAT
在船上享用海鮮大餐
在郵輪上大啖豪華海鮮大餐。以美景佐餐真是人生一大樂事！餐後可到甲板上悠閒地吹海風。

SIGHTSEEING
搭專車抵達下龍灣！
從河內走高速公路約2小時，抵達奇石聳立的觀光勝地下龍灣！這也是列入世界遺產的景點。

POINT 參加旅行社或飯店的行程
要參加下龍灣團，可以報名旅行社或飯店旅遊部門辦的自費行程。有專車接送及導遊同行令人放心。

SIGHTSEEING
到鐘乳石洞探險
午餐後到石灰岩島上的鐘乳石洞探險。在歷經數千年歲月洗禮的巨大洞穴，即便是盛夏時分也很涼爽。

最後一天在 河內 玩到晚上再搭深夜班機回國

最後一天是河內暢遊之旅。到曾是法國人居住區的還劍湖南側小巴黎玩一整天。

EAT
吃越南北部的特色料理當午餐 
中午挑戰河內的特色料理。加入大量香草的海鮮料理，在台灣是很難吃得到的特殊口味！

SIGHTSEEING
在河內大教堂拍照留念！
河內極具代表性的殖民地建築，為哥德復興式風格的石造基督教教堂。時間允許的話可入內參觀。

SHOPPING
在大教堂附近購物
大教堂附近聚集多家人氣商店！可買到少數民族布製品和越南品牌的時尚單品。

Collective Memory 的香氛蠟燭（右）和 Chie 的布製品（左）。

BEAUTY
回國前來場長時間Spa療程舒緩身心
河內Spa物美價廉頗具魅力。選擇5～6小時的套餐療程做個奢侈的全身保養吧。

搭夜航班機回國
建議回國前先做Spa。洗完澡再去機場，就能睡個好覺飛回國了！

第 6 天

AM 8:30
從河內市區出發

🚌 搭車 約2～4小時

PM 12:30
下龍灣遊船
→P.200

17:00
離開下龍灣

🚌 搭車 約2～4小時

19:00
抵達河內市區

第 7 天

AM 11:00
河內大教堂
→P.170

🚶 步行1～2分鐘

Collective Memory →P.192
Chie →P.192

🚶 步行5分鐘

PM 12:00
河內Tan Tan
→P.161

🚶 搭計程車 約10分鐘

17:00
Le Spa du Metropole
→P.176

🚕 搭計程車 約50分鐘

AM 0:55
河內內排國際機場

越南國內線有數家航空公司經營，每小時超過1班的航班相當方便。請參閱P.211來規畫行程。

選定主題！
4條經典路線

如果覺得為期一週的旅遊天數太長，就集中在1、2座城市做深度之旅。
挑選一處慢遊閒逛，也能享有充實的快閃行程。

主題1 首趟越南之旅先選胡志明市！
胡志明市 5天3夜

第1天
- 15:00 抵達胡志明市 
- 18:00 上越式餐廳用晚餐 →P.50
  第一餐當然要吃越南菜。在胡志明區有很多選擇。

第2天
- 9:00 到同起街附近購物 →P.86
  胡志明市的主要大街上有多家伴手禮店。
- 11:00 訂製西服 →P.78
  訂製西服要等1～2天才能拿，最好早點下單。
- 12:00 上人氣河粉餐館吃午餐 →P.30
  不可錯過正宗越南河粉。必去深受當地人喜愛的餐館。 
- 18:30 西貢河遊船 →P.62
  一邊眺望胡志明市的夜景一邊享用晚餐。

第3天
- 8:00 湄公河一日遊 →別冊P.24
  參加專車接送早出晚歸的郊區行程。 
- 18:00 去胡志明市的人氣餐廳 →P.50
  裝潢美麗的法式建築餐廳，是美好的旅行回憶。

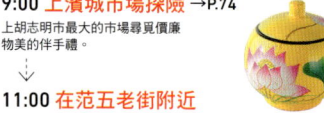

第4天
- 9:00 上濱城市場探險 →P.74
  上胡志明市最大的市場尋覓價廉物美的伴手禮。
- 11:00 在范五老街附近吃道地美食 →P.90
  背包客大本營的提探街附近，是便宜美食的聖地！
- 14:00 參觀歷史景點 →P.54
  前往不容錯過歷史悠久的殖民地建築及博物館等觀光景點。

第5天
- 18:00 療癒身心的高CP值Spa →P.66
  做完Spa消除逛街疲勞後直接前往機場。
- 0:50 搭夜航班機回國

主題2 盡享古都魅力！
河內 5天3夜

第1天
- 14:00 抵達河內
- 17:00 晚餐就吃當地名菜 →P.160
  上北部風味菜餐廳享用知名美食！

第2天 
- 9:00 早餐就選道地越南河粉！ →P.156
  大啖連越南人都讚不絕口的河內河粉。 
- 11:00 河內老城區漫步 →P.190
  在充滿當地風情的老城區散步，欣賞舊街景。
- 14:00 到口袋名單中的Spa會館療癒身心 →P.176
  河內市中心有多家Spa會館。也很推薦豪華的飯店Spa。
- 18:00 嚐遍當地小吃 →P.162
  在老城區小吃攤或餐館和當地人一起吃便宜美食。

第3天 
- 8:00 下龍灣一日遊 →P.200
  參加早上出發離河內約4小時車程的下龍灣一日團。

第4天 
- 9:00 參觀河內大教堂 →P.170
  河內地標的基督教堂是社群軟體中打卡拍照熱門景點。 
- 11:00 大教堂周邊商店&咖啡館 →P.192
  大教堂附近聚集多家時髦商店和咖啡館！
- 17:00 去時髦餐廳吃晚餐 →P.166
  最後一天的晚餐就到餐廳享用法國菜及創意料理。

第5天
- 0:55 搭夜航班機回國

主題3 征服2大城市！
胡志明市 & 河內 5天3夜

第1天
- 13:30 抵達胡志明市
- 16:00 逛同起街 →P.86
  Check in後，先到胡志明市中心逛街。

第2天
- 10:00 去草田區 →P.58
  現在廣受討論的區域，搭車到草田區約20分鐘。時髦商店眾多。
- 12:00 創意菜午餐 →P.88
  在餐廳享用擺盤精緻且美味的越南菜。
- 17:00 觀賞水上人偶劇 →P.64
  傳統表演水上人偶劇傍晚才上演。劇情滑稽熱鬧。

第3天
- 12:00 從胡志明市前往河內
- 13:00 體驗道地河粉 →P.156
  河內有多家河粉名店！當中以牛肉河粉最知名。
- 15:00 歷史景點巡禮 →P.172
  走訪舊河內城的昇龍皇城遺址等古都景點。
- 17:00 輕奢華法國菜 →P.167
  越南的法國菜是高品質平價料理！

第4天
- 9:00 老城區散步&當地美食 →P.162、190
  在保有舊街景的河內老城區，嘗當地美食。
- 14:00 去西湖周邊 →P.194
  從老城區搭車到西湖約15分鐘，附近也有可參觀景點！
- 17:00 Spa套餐療程 →P.176
  到平價奢華的飯店Spa會館為旅程畫上完美句點！結束後直接前往機場。

第5天
- 0:20 搭夜航班機回國

主題4 悠閒的海灘度假行
峴港 & 會安 5天4夜

第1天
- 14:00 抵達峴港
- 16:00 到度假飯店悠閒享樂 →P.122
  前往海邊的飯店。在泳池或餐廳恣意放鬆。

第2天
- 9:00 前往峴港大教堂&韓市場 →P.111、121
  走訪位於峴港市區的拍照熱點和熱鬧市集。
- 11:00 逛街&咖啡館 →P.116、118
  峴港新開了許多家時髦商店。首推陳富街。
- 13:00 午餐吃峴港知名麵食 →P.114
  以廣南麵或魚蛋米線等知名麵食迅速解決午餐。
- 17:00 逛夜市吃晚餐 →P.113
  在范鴻泰街邊逛邊吃當地美食。

第3天
- 9:00 驅車前往會安
- 10:00 漫遊會安古鎮 →P.126
  登錄為世界遺產的美麗街景絕對是美景熱點。
- 12:00 體驗當地美食 →P.130
  品嘗白玫瑰或高樓麵等會安特色菜。
- 14:00 在咖啡館小憩片刻 →P.132
  下午在閒適安靜的老街咖啡館放鬆片刻。
- 17:00 逛夜市 →P.136
  夜晚街燈亮起，攤販紛紛出來擺攤，相當熱鬧。

第4天
- 8:00 搭車到順化一日遊
- 11:00 參觀阮氏王朝皇宮 →P.143
  皇宮是順化的觀光重點。順遊各處歷史景點。
- 12:00 在順化新市區用午餐 →P.149
  香江對岸的新市區是頗受遊客歡迎的美食地點。
- 14:00 悠哉遊船 →P.144
  搭船遊香江。走訪阮氏王朝時代的歷史景點。
- 17:00 體驗順化宮廷菜 →P.148
  品嘗昔日皇族享用的精美傳統菜餚。

第5天
- 11:00 回國

其他 經典路線

在3處歷史古都區休息
河內 & 會安 & 順化 5天4夜
要走訪閒適寧靜的老街，就是歷史古都。
從河內搭機飛往順化。

第1天	搭直飛班機在下午抵達河內。
第2天	整天在河內觀光。
第3天	上午從河內搭機飛往順化。下午在順化觀光。
第4天	上午遊覽順化，下午驅車前往會安。
第5天	整天在會安觀光。晚上搭夜航班機從峴港國際機場回國（從會安到峴港車程45分鐘）。

人氣海灘度假區+胡志明市
胡志明市 & 峴港 & 會安 5天4夜
前往熱門度假區峴港&會安。
順道去胡志明市購物的完美行程！

第1天	下午抵達胡志明市。
第2天	整天在胡志明市觀光。
第3天	上午從胡志明市搭機飛往峴港，入住度假飯店。
第4天	從峴港到會安一日遊。
第5天	整天在峴港逛逛，搭夜航班機回國。

越南航空或日本航空都有夜航班機。可以有效利用時間適合快閃之旅。

BEST PLAN 04 方便聰明的打包小撇步
準備越南之旅的行李物品

行李打包妥當,才能玩得盡興。
配合越南的天氣,提前備好合適的服裝和實用物品吧。

7天6夜用的行李箱

如果是遊覽胡志明市、河內、越南中部等主要城市的「越南縱走之旅」,需花上1週時間。出發時不要裝太滿,才能帶伴手禮回來。

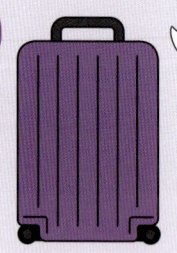

FASHION

越南南北狹長,南部的胡志明市、中部的峴港會安、北部的河內氣候各異。原則上只有南部四季如夏,中部或北部最好依季節多帶件外套。事先確認當地天氣,準備符合需求的衣物。

以夏季服裝為主
越南氣候溫暖,穿夏裝就很舒服,如短袖短褲加涼鞋等。盡量戴帽子防曬。有些店冷氣開得比較強,最好再帶件外套。

USEFUL ITEMS

大部分用品可在當地超市或藥妝店買到,不過,還是自行攜帶慣用品最放心。

超過100ml的液體請放入托運行李!

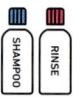

洗髮精&潤髮乳
有些平價旅館不提供潤髮乳。

防曬乳&防蚊液
東南亞國家越南的必需品。液體不可以帶上飛機。

基礎保養品
請放入夾鏈袋封好避免漏液。

濕紙巾
清潔手部。也可以擦拭餐廳桌椅的髒污等。

隨身包面紙
有些景點的廁所沒有衛生紙,必須自備。

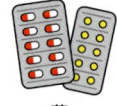

藥
感冒藥、止痛藥、暈車藥或保健食品等。

胡志明市
乾 季 … 11〜3月／氣溫20〜30℃
雨 季 … 5〜10月／氣溫25〜35℃

胡志明市的溫度、降雨量

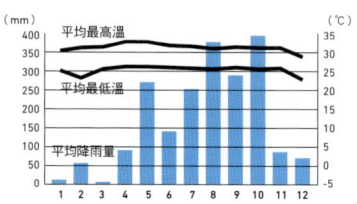

平均最高溫
平均最低溫
平均降雨量

1〜2月早晚的溫度有時達20℃左右。

最好帶外套。

峴港・會安・順化
乾 季 … 5〜8月／氣溫30〜35℃
雨 季 … 9〜2月／氣溫25〜30℃

12〜1月有時溫度會低於20℃！

冬季時有15℃左右的低溫!

薄大衣

河內
春　3〜4月／氣溫20〜30℃
夏　5〜10月／氣溫25〜35℃
秋　11月／氣溫20〜25℃
冬　12〜2月／氣溫15〜20℃

實用App

以下介紹出國旅遊的實用小工具。但是請小心手機遭偷竊！

▶ **Google Map**
事先存好預訂飯店和想去的店家方便查看。

▶ **Google Lens**
用智慧型手機相機拍下越南語就會自動翻譯文字。

▶ **Grab**
接受線上付款的手機叫車App。需要連接網路。

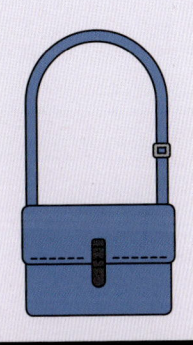

MONEY

在越南換錢的匯率比在台灣好。錢包內準備好現金和信用卡，建議換夠用的金額即可。

錢包
因為硬幣在越南並不流通，錢包內放紙鈔即可。用不到的卡片請事先留在國內。

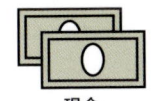

現金
出門時只帶最低消費額度的現金。其餘請放入客房保險箱。

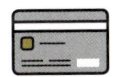

信用卡
餐廳或商店接受刷卡。也可以在ATM提領現金。請先記下信用卡公司的連絡方式與卡號以備不時之需。

當地使用的輕便手提包
建議攜帶外出輕便又可防盜的斜背包或後背包。選擇開口可以拉緊的類型，避免拿取東西時物品掉落或遭竊。

6天7夜的平均預算　約5萬台幣
（縱遊越南約1週的花費）

◎ 事先費用
- 機票（來回）…4000〜10000台幣
- 機票（越南國內移動）…4000台幣
- 飯店（6晚）…12000台幣

◎ 當地費用
- 🍴…6000台幣
- 🚗…6000台幣
- 📷…4000台幣
- ✨…2000台幣

…ETC.

放入護照及電子機票影本等，避免臨時手忙腳亂。也可以隨身攜帶以下實用物品。

護照
務必事先確認入境時的有效期限在6個月以上！

電子機票影本
入境時須出示回程機票。事先備好來回機票影本比較放心。

Wi-Fi分享器or 國外用SIM卡
可在機場租借Wi-Fi分享器。SIM卡則要在出發前購買。

太陽眼鏡
白天陽光刺眼，戴上會比較舒服。在當地市場也買得到。

雨具
會有突如其來的狂風。雨太大時小傘也派不上用場。

《越南：最新・最前線・旅遊全攻略》

多數飯店提供・不提供的用品

提供
- 浴巾
- 吹風機
- 牙刷
- 洗髮精&潤髮乳

不提供
- **室內居家服**　四星級以上的飯店備有浴袍或睡衣。
- **拖鞋**　平價旅館提供的大多是重複使用的共用拖鞋，最好自備。

照相機

※ 上述預算泛指縱遊越南一週的旅費。如果只在一座城市逗留約4天的話，可將預算控制在2萬台幣內。

17

BEST PLAN 05

有了這些代表去過越南！
越南戰利品寶物大公開

GOODS 色彩鮮豔&民族風！

☐ **ITEM 01** 刺繡商品

越南日用伴手禮的最佳代表。有零錢包或束口袋等豐富品項，可以在市場等處買到便宜商品，適合當分送用伴手禮。

價格：2萬VND～

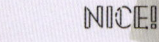

🏠 購自這裡GO！
Ha Phuong（胡志明市）→P.72
Tanmy Design（河內）→P.181 或市場等

GOODS 越南傳統陶器

☐ **ITEM 02** 缽場陶瓷

雖然產地位於河內郊區的缽場村，但各地伴手禮店都有販售。從置物盒到餐具、水壺等大件商品都有，選項豐富多樣。

價格：3萬VND～

🏠 購自這裡GO！
Bat Trang Conservation（缽場村）→P.206
Bamboo（河內）→P.178

GOODS 南洋時尚精選品

☐ **ITEM 05** 藤編包

從不多加裝飾的簡約商品到綴有流蘇或彩珠的華麗單品等種類齊全。重視質感的話建議到商店買，想要便宜貨的話就到市場買。

價格：20萬VND～

🏠 購自這裡GO！
Hanoi Shouten（胡志明市）→P.185
Sunglow（峴港）→P.119 或市場等

GOODS 越南製造時尚商品

☐ **ITEM 06** 設計日用品

由越南藝術家經營的現代設計日用品商店持續增加。大多是反映了越南文化的時尚商品！

價格：16萬VND～

🏠 購自這裡GO！
OHQUAO Concept Store（胡志明市）→P.81
Collective Memory（河內）→P.192

FOODS 在市場大買特買

☐ **ITEM 09** 堅果

有腰果、杏仁或開心果等。除了市場秤斤計價的商品外，在超市或食品店也買得到包裝精美的禮盒。

價格：6萬VND～

🏠 購自這裡GO！
Annam Gourmet Market（胡志明市）→P.83
WinMart Metropolis（河內）→P.189 或市場等

FOODS 越南特色蓮花茶

☐ **ITEM 10** 蓮花茶

以蓮花薰製的蓮花茶，因為製作費時被視為高級品。除了綠茶、茉莉花茶，另有朝鮮薊茶等台灣看不到的茶。

價格：10萬VND～

🏠 購自這裡GO！
Annam Gourmet Market（胡志明市）→P.83
WinMart Metropolis（河內）→P.189

FOODS 越南是可可的產地！

☐ **ITEM 13** 巧克力

遍布越南全國的Marou和峴港名店Pheva等，都是從栽種可可到加工，採取一條龍模式的知名巧克力品牌。

價格：8萬VND～

🏠 購自這裡GO！
Maison Marou（胡志明市）→P.43
Pheva Chocolate（峴港）→P.120

FOODS 越南菜不可或缺的配料

☐ **ITEM 14** 調味料

上超市或雜貨店買越南風味魚露、蝦醬、海鹽或胡椒等越南特有的調味料。

價格：1萬VND～

🏠 購自這裡GO！
Annam Gourmet Market（胡志明市）→P.83
WinMart Metropolis（河內）→P.189 或超市等

18

充滿亞洲風色彩繽紛的日用品、
流行單品或美食特產等越南伴手禮，價格便宜，讓人買得盡興！
在行李箱中塞滿採購戰利品再回國吧！

GOODS 日常使用的樸實餐具

ITEM 03 小江陶器

產地位於越南南部的平陽省。擁有陶土手感和可愛手繪圖案的古樸餐具，相當珍貴。可在胡志明市的商店購得。

價格：10萬VND～

🏠 購自這裡GO！
KITO（胡志明市）→P.71
小江省（胡志明市）→P.71

GOODS 輕便編織包

ITEM 04 打包帶編織包

當地人拿來當市場購物袋的塑膠製編織包。也可以把眼心放在小尺寸編織包內送人。

價格：5萬VND～

🏠 購自這裡GO！
Happer's（胡志明市）→P.73
或市場等

GOODS 彩色布製品

ITEM 07 民族風用品

將越南少數民族的傳統服飾做成小物。以彩線繡上精緻圖案，充滿手作溫度，非量產商品可比擬。

價格：20萬VND～

🏠 購自這裡GO！
Mystere（胡志明市）→P.72
Chie（河內）→P.192

GOODS 驚人的CP值！

ITEM 08 訂製服

可以帶布來做出理想中的服飾。價格比台灣便宜，1～2天就能交貨。也能做奧黛服。

價格：100萬VND～

🏠 購自這裡GO！
Flame Tree by Zakka（胡志明市）→P.78
TO Hoi An（會安）→P.129

FOODS 越南是咖啡產地

ITEM 11 越南咖啡

產地位於大叻等高原地區。越南咖啡的作法是，把細細的咖啡粉倒進專用濾杯滴漏出咖啡液後，再加入煉乳攪拌飲用。

價格：8萬VND～

🏠 購自這裡GO！
Annam Gourmet Market（胡志明市）→P.83
WinMart Metropolis（河內）→P.189 或市場等

FOODS 也有小包裝

ITEM 12 水果乾

濃縮南洋水果滋味的食品。有芒果、鳳梨或百香果等各種口味，重量輕鬆帶方便。

價格：5萬VND～

🏠 購自這裡GO！
Annam Gourmet Market（胡志明市）→P.83
或其他超市、市場等

COSMETICS 頗受青睞的有機產品

ITEM 15 越南美妝

有許多美妝品牌使用越南當地的香草植物及花卉製作。包裝精美的浴鹽是送禮良品。

價格：16萬VND～

🏠 購自這裡GO！
Taran.（峴港）→P.118

COSMETICS 絕佳南洋香氛

ITEM 16 天然香皂

SAPO、Taran.等越南品牌的有機天然香皂相當受歡迎。可挑選香茅或椰香等南洋風香味。

價格：10萬VND～

🏠 購自這裡GO！
NauNau（胡志明市）→P.87
Taran.（峴港）→P.118

XIN CHÀO

※ 化妝品或調味料等液體最好放入夾鏈袋密封後再放進行李箱。易碎物品可手提上機或用衣服包好。 19

VIETNAM NEWSPAPER

越南逐步發展成不容忽視的國家,像是胡志明市區的地鐵建設。現在的潮流是漂亮的拍照景點和時尚咖啡館。新開幕的度假村也備受注目!

VIETNAM NEWS

SIGHTSEEING 社群軟體熱烈討論的拍照熱點

喜歡拍照的越南人也熱烈關注!

現在可以拍攝漂亮照片的景點在越南很受歡迎!年輕人穿著奧黛湧入好拍的觀光設施和咖啡館拍攝紀念照。上傳社群軟體後也逐漸受到外國觀光客的喜愛。

Instagram@sa_0x0_ra

拍下繽紛的磁磚當背景
Sri Thenday Yuttha Pani 印度廟
Sri Thendayuthapani Temple

位於胡志明市中心的印度教寺廟,地板和牆壁都貼上磁磚!因為是宗教設施,請注意參觀時不要打擾參拜民眾。

🏠 66 Tôn Thất Thiệp, Q.1
🕐 6:00〜19:00左右　休 全年無休　費 免費
🚇 市民劇場步行約8分鐘
胡志明市　▶MAP P.9 D-3

可以從咖啡館眺望橋景
龍編橋
Cầu Long Biên

法國殖民時期1902年所建設的復古鐵橋。(▶MAP P.18 B-1) 可從龍編車站步行抵達。

從Serein Cafe & Lounge(→P.169)眺望鐵橋。

🏠 Cầu Long Biên
🕐 休 費 自由參觀
🚇 市民劇場步行約8分鐘
河內市　▶MAP P.17 F-1

STAY 中部沿海度假村的話題飯店開幕

峴港的飯店一級區遲早成為矚目焦點!?

在日本也引發討論的飯店品牌VOCO,初次插旗越南成立「大阪中央沃科酒店」。簡潔的設計和俯瞰海洋的絕佳景觀,帶有溫度的服務引以為豪。

海景第一排的頂級飯店
峴港貝爾馬沃科酒店
voco Ma Belle Danang

🏠 168 Võ Nguyên Giáp　☎ 0236-393-9999　💰 271萬VND〜
🚇 從峴港大教堂搭車約10分鐘　刷卡OK　英語OK
峴港　▶MAP P.13 F-1

EAT 可愛咖啡館在峴港海灘沿岸急速開幕

想找空間漂亮的咖啡館就去美溪海灘周邊

越南中部的峴港是不輸給胡志明市和河內市的咖啡館天堂!尤其美溪海灘周邊區域,時尚的咖啡館陸續開幕,備受關注。

>>>P.109

峴港　▶MAP P.13 F-3

20

EAT 米其林餐廳再次進口！美食趨勢不容錯過！

體驗高規格越南美食！

2023年越南版米其林指南初次發行，其中4間越南餐廳獲得星級，有實力的餐廳不斷增加。日本老闆在越南開設的義大利餐廳，以及陸續登場的新品牌咖啡館等，話題不斷！

進駐河內與峴港
Pizza 4P's Le Thanh Ton
Pizza 4P's Le Than Ton

這間餐廳品嘗得到正宗的義式料理，如窯烤披薩、義大利麵、甜點等。初次登陸日本的麻布台之丘店是很難預約的熱門餐廳。

📍 8/15 Lê Thánh Tôn, Q.1　🕐 11:00〜23:00　全年無休　Ⓜ 市民劇場步行約15分鐘　刷卡OK　英語OK　胡志明市　▶MAP P.7 E-2

放了大量帕瑪生火腿的瑪格麗特披薩33萬1000VND。布拉塔起司必吃！

席捲越南全國各地！
Phe La Cho Ben Thanh
Phê La Chợ Bến Thành

在有蓬勃咖啡文化的越南很稀有、講究茶葉的連鎖咖啡館。可以喝到用虹吸法和法式濾壓壺沖泡的茶。

>>>P.39　胡志明市　▶MAP P.8 C-3

招牌品項烏龍奶茶5萬5000VND。

現代的越式料理提案
Anan Saigon
Ănăn Saigon

由越籍美國人擔任主廚。2023年在胡志明市獲得第一顆米其林1星。

>>>P.50　胡志明市　▶MAP P.9 D-3

精選套餐US$95。也有單點菜色。

TOWN 胡志明市地鐵從2024年12月開始運行

終於開通了，縱橫市中心的地鐵1號線

從早期就開始建設的地鐵準備開始運行。1號線連接從濱城市場到草田區，除了期待穩定交通量，對旅客也很有幫助。

SIGHTSEEING 觀光巴士在胡志明市&河內市大受歡迎！

環繞市中心一圈的聰明體驗

可以享受街景的戶外&雙層觀光巴士。活動不須預約可輕鬆體驗，成為旅客關注的焦點。

>>>P.217

VIETNAM NEWS

越南事件簿BEST5

即便同處亞洲區，越南的文化習慣卻和台灣截然不同。逛街時該注意什麼？用餐購物方式？以下是解決旅途麻煩的越南事件簿。

越南事件簿 CASE 1 交通

沒有地鐵，遊客的主要交通工具為計程車和步行。車潮洶湧，所以小擦撞算是家常便飯!?

事件File　交通異常繁忙無法過馬路！

越南人主要的交通工具是汽機車。市區經常是車水馬龍，很少看到斑馬線或紅綠燈。雖然想過馬路，汽機車卻不斷地穿梭其間，找不到恰當時機過去！現況就是很多遊客只能站在路邊乾等。

解決！
訣竅是慢慢走過去，不要在半路停下來

看準車流略微減少的空檔，慢慢地走過去。因為車速不快，可以邊走邊舉手示意對方避開。一旦在路中間停下來，對方會不知道該怎麼閃躲，容易發生車禍。看到當地人要過馬路，配合他們的步調一起走過去，也是辦法之一。

這時候該怎麼辦？

▎看不懂計程車的計費表
越南盾有很多0，容易搞錯位數。要注意計程車的計費表經常省略3個0。往來市區間的車資約幾十台幣就夠了，對大致的價格心裡先有底。

▎人力三輪車司機拚命拉客……
觀光景點周邊停有人力三輪車，司機會說英語招攬生意。就算拒絕也會一直跟在身邊。在馬路上眼神堅定地朝著目的地前進吧。

▎其實最方便＆安心的是Grab！
叫車App「Grab」（→P.217）事前費用固定，所以不必擔心被敲竹槓。

▎被計程車司機敲竹槓！
有些惡劣的計程車司機，會對人生地不熟的旅客多收一位數車資。覺得價錢太貴時，就說要跟飯店確認，或是提議去警察局，通常能讓對方知難而退。

車資速查表

Grab	價格浮動
	安全性◎　CP值◎　舒適度◎
計程車	起跳價1萬～1萬5000VND
	安全性◎　CP值◎　舒適度△
人力三輪車	1小時／10～12萬VND
	安全性○　CP值○　舒適度◎
巴士	一趟7000VND～
	安全性○　CP值◎　舒適度○

越南事件簿 CASE 2 逛街

想上越南街頭閒逛！卻充滿種種不安，像治安如何？有廁所嗎？等等。

事件File

在街上臨時想上廁所！

因為天氣熱喝太多水，就容易想上廁所。到咖啡館或餐廳解決當然很好，但有時候就是找不到。也沒有勇氣踏入太髒的廁所⋯哪裡有乾淨的廁所？

解決！

最好利用百貨公司或咖啡館的廁所

街上的收費公廁很少，而且大多沒有衛生紙又很髒。若在大街上，可到百貨公司或購物中心，那裡的廁所開放公眾使用且乾淨。另外，也可以到餐廳或對外開放的大飯店等處。如果附近都沒有這些地方，就上咖啡館點飲料並借用店內廁所吧！

- 沒有衛生紙
- 到處濕答答
- 垃圾桶有用過的衛生紙
- 打掃乾淨
- 有衛生紙
- 一定是抽水馬桶

還有沒門的廁所！！

公共廁所 當地餐館

飯店 百貨公司 高級餐廳

VIET NAM CASE FILES

其他注意事項

■逛街時 小心扒手竊盜

每個地區都要留意。包包確實地背在肩上，不要掛在靠近馬路那側，晚上不要一個人上街等隨時提高警覺。進店內隨身物品不離身，避免被順手牽羊。

■隨身攜帶 礦泉水

在陽光強烈的白天要注意補充水分。便利商店、賣場或超市等地都買得到瓶裝礦泉水。街上也有多家咖啡館，逛累了就隨時進去休息吧。

■觀光景點的服裝

越南氣溫高，穿著輕便的短褲涼鞋等比較舒服，但是，寺廟或陵寢等地禁止穿著無袖上衣等比較暴露的服裝入內參觀。最好隨身帶件薄外套。

■「0樓」標示

在飯店或購物中心等大樓，台灣的1樓在越南會寫成Ground Floor（0樓）、2樓就寫成1樓。電梯按鈕標示為「G」。

■多家商店 提供Wi-Fi

遊客眾多的餐廳、咖啡館或飯店，很多地方都會提供免費Wi-Fi。在機場或觀光設施也有註冊個人資訊就能上網的系統。不過，有時有原因不明的斷訊狀況發生。

■少有小費文化

基本上沒有給小費的習慣，很多餐廳、飯店或Spa會把服務費加在消費金額內。遇到額外親切的服務或想表達感謝之意時，可以給相當於數十台幣當小費。

小費金額依商店等級而異。平價腳底按摩店約是5〜10萬VND。

越南事件簿 CASE 3 用餐

以米飯為主食，使用筷子等和台灣的共通點相當多，不過，在飲食習慣及餐廳禮儀上還是有相異之處。

事件File
擔心小吃攤的飲食衛生…

在當地人也愛去的地方餐館用餐是越南之旅的醍醐味。既然如此就到小吃攤或餐館吃越南菜吧！不過，常聽到吃了路邊攤的食物或水導致上吐下瀉的情況。因為氣溫偏高，市場或攤販等放在戶外的食材容易腐壞！？真令人擔心……

解決！
務必留意冰或生食

越南人習慣吃路邊攤，要當心吃到回鍋油、生菜或沒煮熟的魚、肉等情況。越南的自來水就衛生方面考量不能直接喝，務必飲用礦泉水。腸胃弱的人最好避免吃冰。另外，也要注意切勿攝取太多辣椒等香辛料。

VIET NAM CASE FILES

越南餐飲店的種類

▌餐廳
以越南菜為首，還有中國菜或西餐等各種餐廳。價格比其他餐飲店貴，但服務好，也不用擔心衛生問題。

▌咖啡館
從當地品牌到國外連鎖店都有。有些店和台灣一樣，除了咖啡、紅茶或果汁外也提供甜點和輕食。

▌餐館
當地人常去的餐館，優點是價格便宜，缺點是衛生條件比餐廳差。擔心的話最好不要吃生食或冰品。

▌小吃攤
路邊的移動式攤販會賣越式法國麵包、河粉或甜點等。因為氣溫高東西容易腐壞，有些人吃了會身體不適。

其他注意事項

餐館用餐須知

▌碗盤餐具擦過再用
筷子或湯匙等可能會沾上灰塵或沒洗乾淨，所以當地人在使用前都會先用面紙擦過。

▌濕紙巾需收費
放在桌上的濕紙巾大多要收費，1個2000VND。結帳時會算在餐費內。

▌不要以碗就口
喝湯或吃麵時，請用筷子或湯匙，直接端起碗來吃是不禮貌的行為。另外，大碗公通常不會拿起來用。

▌垃圾丟到桌下的垃圾桶
衛生紙、菜渣、檸檬皮等用餐時產生的垃圾請丟入桌下的垃圾桶。不要放在桌上或盤子上。

越南事件簿 CASE 4　購物

越南的購物地點相當多，有選物店、伴手禮店、市場或路邊攤等。如何當個聰明的消費者？

事件File
別家店賣的伴手禮比之前買的還便宜！

街上到處都有賣藤編包、布製品、缽場陶瓷等越南經典伴手禮的商店，如市場或伴手禮店等。在時髦商店買到藤編包，上市場一看，發現類似的商品半價就買得到…為什麼會這樣！

解決！
先評估優缺點 再挑選商店

伴手禮店的商品賣得比較貴，但用料實在且做工講究，品質比較好。相較於此，擺在市場的商品雖然價格便宜，但有些質感不好，一看就是便宜貨，外觀也比較髒。看清楚實品後再比較評估吧。

▎**觀光市場價格偏貴**
遊客多的市場定價較高。因為品質不怎麼樣，重視質感的話就到伴手禮店或專賣店買吧。

越南事件簿 CASE 5　文化

和當地人互動時，因為國內沒有的習慣或禮儀，無意間引起對方不快！？

事件File
和當地的小孩玩……卻惹惱對方媽媽！？

任何國家的孩童或嬰兒都很可愛。在胡志明市或河內街上也有學校，上下學時段就會遇到小孩。和不怕生的孩子接觸後，發現旁邊看似媽媽的女性一臉不快，就把小孩帶走了……

解決！
摸孩童的頭NG

在越南沒有摸頭的習慣，看到陌生外國人碰了孩子的頭當然會擔心。在越南時有幼童綁架事件發生，因此會讓對方提高警覺。請注意不要隨意碰觸他人。

▎**越南是社會主義國家**
政府權力高度集中，限制土地等私有財產。在公開場合批評政府或社會制度會被安上顛覆國家政權罪，即便是遊客也要受罰。

越南是很重視老年人的國家。越南語中除了有對長輩使用的第三人稱外，在公車上讓座也是應該的。

VIET NAM CASE FILES

❶ 胡志明市第一郡是殖民地建築和摩天高樓林立的市中心。 ❷ Hotel Majestic Saigon（→P.94）是法國殖民時代興建的老字號飯店。
❸ 阮惠街上立有越南國父胡志明主席的雕像。 ❹ 要小心大量穿梭的汽機車車潮！

胡志明市

EAT

- P.30　絕品河粉
- P.32　越南麵食
- P.36　越式法國麵包
- P.38　清晨咖啡館
- P.40　越南咖啡or英式下午茶
- P.42　在社群媒體廣受討論的咖啡館
- P.44　越南甜點
- P.46　超美味海鮮
- P.48　自助餐館
- P.50　越南餐廳
- P.52　續攤酒吧

SIGHTSEEING

- P.54　殖民地建築
- P.58　草田區
- P.60　老公寓
- P.62　西貢河遊船
- P.64　水上木偶劇

BEAUTY

- P.66　高級Spa
- P.68　腳底按摩

SHOPPING

- P.70　越南陶瓷
- P.72　布藝&時尚商品
- P.74　濱城市場
- P.78　訂製奧黛&西服
- P.80　選物店
- P.82　美食特產
- P.84　超市伴手禮

TOWN

- P.86　同起街周邊
- P.88　草田區
- P.90　范五老街周邊
- P.92　堤岸

STAY

- P.94　殖民地風格飯店
- P.96　豪華飯店
- P.97　市區飯店

SHORT TRIP

- P.98　古芝縣&西寧市
- P.100　美萩市&芹苴市
- P.102　富國島

Hồ Chí Minh
胡志明市

保有法國殖民時期的街景
越南經濟最發達的都市

暱稱西貢市，是越南最大的城市。在保有法國統治時期的殖民地建築之餘，也接連興建高樓大廈和商業設施，發展迅速驚人。據統計，胡志明市的年均平均人口逐年增加17萬人。最熱鬧的地區是同起街和濱城市場所在地的第一郡，擁有豐富的購物&美食地點。

人口
超過1億人
（截至2023年）

面積
2096km²

胡志明市的市區交通指南

搭計程車移動最方便

天氣炎熱，即便在市中心還是搭計程車方便。起跳價依計程車公司而異，大約在1萬～1萬5000VND（約11～17台幣）之間。

詳情請參閱>>>P.212

步行時請小心汽機車！

尤其是同起街附近的大馬路車流量高。要過沒有紅綠燈的馬路，訣竅是慢慢走過去不要停在路中間。

范五老街周邊
Phạm Ngũ Lão >>>.90

在濱城市場附近的范五老街、提探街、裴援街，是便宜旅宿聚集的背包客區。有多家營業到深夜的餐飲店，相當熱鬧。也有不少家越式餐館和路邊攤。

濱城市場>>>P.74

范五老街

堤岸
Chợ Lớn >>>P.92

中國寺廟

離市中心車程約30分鐘，位於胡志明市西邊。有不少華僑移居此地，是胡志明市最大的華人區，中國寺廟和中國餐館分布其間。該區特色是批發店林立，地方氣息濃厚。

天后宮>>>P.93

✈ 新山一國際機場
Cảng hàng không Quốc tế Tân Sơn Nhất

從機場搭車25～30分鐘

共和街
黎文悉街
八月革命街
Tiger河
南坑起義街
孚明開街
二月三日大道
鴻龐街
陳興道街
Tau Hu運河
Kinh Tàu Hủ
越南鐵路 VNR

第三郡
新定市場
二徵夫人巴士起點
永嚴寺
西貢車站
Ga Sài Gòn
戰爭遺跡博物館
濱城
Be
9月2
范五老街
太平市場

走遠一點到華人區

堤岸

N 0 1km

Grab ◎	計程車 ◎	摩托計程車 △
人力三輪車 △	路線巴士 △	步行 ◎

地鐵即將開通
行駛市區的地鐵接近完工。連結自濱城市場和同起街周邊等第一郡市中心，以及草田郡等主要區域。

草田區
Thảo Điền
>>>P.58、88

位於西貢河兩岸的第二郡為新開發區。境內有富人及外國人居住的高級住宅區及購物中心，新增多家時尚精品店和餐廳。

Vesta Lifestyle & Gifts >>>P.59 
Quan Bui Garden >>>P.88

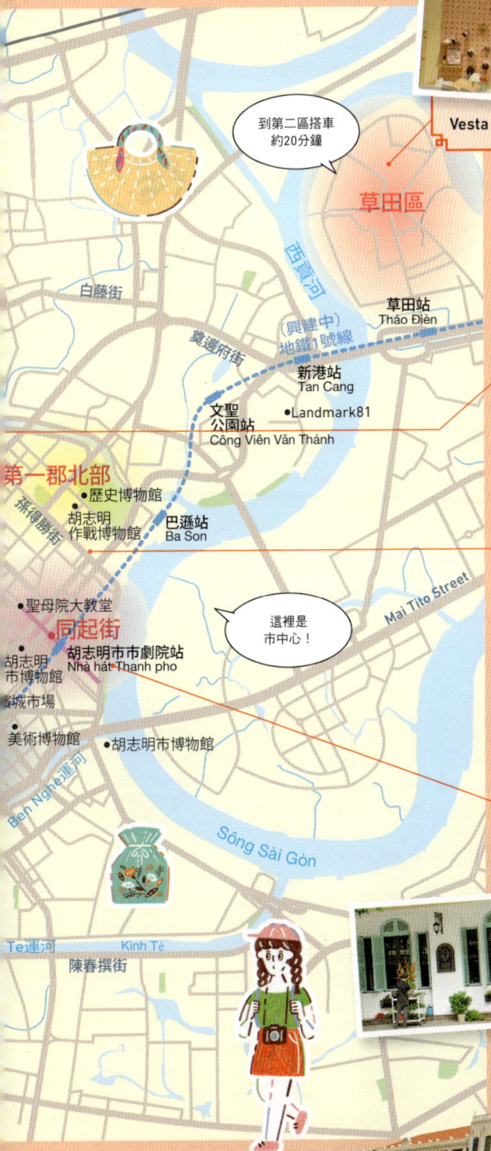

到第二區搭車約20分鐘

草田區

西貢河

白藤街

變邊府街

興建中地鐵1號線

草田站 Thảo Điền

新港站 Tan Cang

●Landmark81

文聖公園站 Công Viên Văn Thánh

第一郡北部

●歷史博物館
●胡志明作戰博物館

環佩劇場

巴遜站 Ba Son

●聖母院大教堂

同起街

●胡志明市博物館
●胡志明市博物館
濱城市場
●美術博物館

胡志明市劇院站 Nhà hát Thành phố

這裡是市中心！

Mai Titō Street

Sông Sài Gòn

Bến Nghé 運河

Te 運河　Kinh Tẻ
陳春撰街

第三郡
Quận.3
粉紅教堂
耶穌聖心堂 >>>P.54

距離同起街車程約10分鐘的第三郡，是地方色彩濃厚的地區，境內有數家頗受好評的餐館。當地地標是耶穌聖心堂和對面的新定市場。

第一郡北部
Quận.1(North)

Pizza 4P's Le Thanh Ton >>>P.21

第一郡北部位於二徵夫人街以北。有俗稱日本街的黎聖宗街，日本餐廳和居酒屋林立。也有多家Spa會館和美甲沙龍。

同起街周邊
Đồng Khởi
>>>P.86

胡志明市第一郡是最繁榮的市中心區。主要大街同起街上聚集多家飯店、商店和餐廳。殖民地建築坐落其間，歐亞文化兼容並蓄。

同起街 >>>P.86 
人民委員會大廳 >>>P.55

胡志明市 | EAT | SIGHTSEEING | BEAUTY | SHOPPING | TOWN | STAY

在市區東北部的西貢河沿岸，有81層樓、高度約461m的「Landmark 81」開幕，是越南的最高樓。

EAT 01 必吃絕品河粉！

到越南絕不可錯過這一味！

說到台灣人最熟悉的越南菜，莫過於河粉！
雖然都叫河粉，但每家店的湯頭和用料各具特色。上人氣餐館一嘗正宗河粉吧！

WHAT IS

河粉
米漿製成的薄粉皮切成長條狀就是河粉。以牛骨或雞骨熬煮高湯。牛骨湯底加牛肉片為牛肉河粉，雞骨湯底加雞肉片為雞肉河粉。

生牛肉河粉
Phở Tái
9萬VND

牛肉河粉。配料簡單，只有牛肉和蔥花，可以加點香草生菜食用。

湯底
把牛肉和牛骨放入廚房大鍋熬煮10小時以上，滋味鮮美。

牛肉
可以選擇半熟的Tái或全熟的Chín，半熟牛肉比較軟嫩。

麵條
也有形狀扁平的河粉，這家店選用易入口的細條狀河粉。

經典
鮮美清澈的牛骨湯令人回味無窮！

當地河粉專賣店
Pho Hoa Pasteur
Phở Hòa Pasteur

從早上營業到深夜的人氣餐館。店內共有3層樓，中午時常客滿。湯底有牛肉和雞肉可選，菜色豐富。

店內坐滿當地人。

📍 260c Pasteur, Q.3　☎ 028-3829-7943　🕐 5:30〜22:30　🚫 全年無休　🚇 聖母院大教堂搭乘約10分鐘　刷卡OK　英語OK

第三郡　▶MAP P.6 C-1

HOW TO

越南河粉正統吃法

1 加香草生菜
另外裝盤的香草生菜無限量免費供應！種類多樣，有香菜、薄荷、羅勒、紫蘇葉等。

2 加點調味料
桌上放有檸檬片、辣椒片、辣醬等，可依喜好自行調味。配料當中的牛肉可沾甜麵醬食用。

3 其他配菜
說到河粉的基本配菜，就是油條。因為沒有調味，可以沾取湯汁食用。1份售價3000〜5000VND。

胡志明市 EAT

隱身巷弄的名店
Pho Minh
Phở Minh

當地人上班前必去的早餐店，只在早上營業。菜單僅有牛肉河粉。

- 🏠 63/6 Pasteur, Q.1
- ☎ 028-3822-0345
- 🕐 6:30～10:00左右　㊡ 不固定
- 🚶 市民劇場步行7分鐘
- 同起街周邊
- ▶ MAP P.8 C-2

生牛肉河粉
Phở Bò Tái
7萬 VND

半熟牛肉河粉。也有咬勁十足的牛筋肉Gân河粉。

只在早上營業
到位於巷弄內的在地餐館吃早餐

雞肉河粉
也適合當早餐。
味道清爽的美味雞湯河粉

剛煮好的，請用！

雞肉河粉
Phở Gà
6萬 VND

配料可選雞胸肉6萬VND或雞腿肉9萬VND。

主打雞高湯的麵店
Mai Xuan Canh
Mai Xuân Cảnh

該店特色是清爽無雜味的雞高湯。麵類除了河粉外、還有冬粉及普通麵條可選。

- 🏠 57 Nguyễn Du, Q.1
- ☎ 090-919-6989
- 🕐 6:00～凌晨2:00
- ㊡ 全年無休
- 🚶 市民劇場步行約5分鐘
- 同起街周邊
- ▶ MAP P.8 C-1

全年無休，營業到深夜的餐館
Pho Quynh
Phở Quỳnh

位於背包客眾多的范五老街，招牌菜是紅燒牛肉河粉。也有一般牛肉河粉。

- 🏠 323 Phạm Ngũ Lão, Q.1
- ☎ 08-3836-8515　🕐 8:00～凌晨3:00　㊡ 全年無休　🚶 濱城市場搭車約8分鐘
- 范五老街周邊
- ▶ MAP P.8 A-3

紅燒牛肉河粉
Phở Bò Kho
7萬9000VND

配料豐富，有牛肉和蔬菜等，濃郁的紅燒湯頭相當美味。

西式
風味截然不同的紅燒牛肉口味！

正宗河粉
體驗河內風味的正宗河粉！

店內坐滿附近居民。

生牛肉河粉
Phở Bò Tái
9萬VND

加了牛肉、蔥花、香菜。中碗（M）9萬VND，大碗（L）10萬VND。

離市中心稍遠的名店
Pho Dau
Phở Dậu

位於大馬路轉進來的小巷內，從清晨開始營業。特色是湯頭美味爽口的北部河內風粉。

- 🏠 288/M1 Nam Kỳ Khởi Nghĩa, Q.3　☎ 028-3846-5866
- 🕐 5:00～13:00
- ㊡ 全年無休
- 🚶 聖母院大教堂搭車約12分鐘
- 第三郡　▶ MAP P.6 B-1

除了專賣店外，河粉也是路邊攤或餐廳的固定菜色。價格區間落在5～10萬VND，各有不同。

31

EAT **02**

不只有河粉！
吃遍越南麵食

除了常見的河粉外，還有當地才吃得到的各地特色麵食。
只有在越南最大城胡志明市，才能試吃評比各地的知名麵食！

番茄湯米線
Bún Riêu
6萬VND

蟹肉
番茄

隨餐附上香草生菜和
辣椒片等調味料。

= 1 =
番茄湯米線
Bún Riêu Cua

用大量番茄和蟹肉製作湯
底和配菜。主食是米漿製
成的圓條米線。是以河內
為首的北方名菜。

這裡的名產！

河內

位於老公寓內的咖啡館
Bang Khuang Café
Bâng Khuâng Café

隱身於舊大樓內的咖啡館。提供的餐
點都在水準之上，建議列入午餐口袋
名單。

🏠 2F, 9 Thái Văn Lung, Q.1
☎ 090-366-7888 ⏰ 7:00～22:30
㊗ 全年無休 🚶 市民劇場步行約5分鐘
同起街周邊 ▶MAP P.9 E-1

= 2 =
順化牛肉米線
Bún Bò Huế

越南中部城市順化的名產。
辛辣的牛肉湯加米線，湯頭
微酸堪稱絕品。

這裡的名產！

順化

招牌菜是順化牛肉米線
Bun Bo Ganh
Bún Bò Gánh

位於離市中心有點距離的第三郡，可
以坐在室內或戶外用餐。除了順化牛
肉米線外，也推薦春捲。

🏠 110 Lý Chính Thắng, Q.3
☎ 028-6684-3263 ⏰ 7:00～21:00
㊗ 全年無休 🚶 聖母院大教堂搭車約
10分鐘 刷卡OK 英語OK
第三郡 ▶MAP P.6 B-1

依喜好添加
香草生菜！

米線
豬腳
火腿
牛肉

順化牛肉
豬腳米線
Bún Bò Huế Đạt Biệt
6萬5000VND

加了豬腳、火腿和牛肉等豐富
配菜。隨餐附上香草生菜和蔬
菜，可放入湯中一起品嘗。

32

= 3 =

烤豬肉米線
Bun Chả

沾醬中放了烤豬肉、肉丸等配菜，夾米線沾取醬汁食用。是河內名菜。

木瓜
米線
烤豬肉米線
Bún Chả
7萬VND
烤豬肉

特色是加了魚露調製的爽口沾醬。

這裡的名產！
河內

頗受遊客歡迎的專賣店

Bun Cha 145
Bún Chả 145

位於裴援街上，走咖啡館風裝潢的可愛小店。調味符合旅人的口味，頗受歡迎。

🏠 145 Bùi Viện, Q.1　☎ 091-933-6773　🕘 9:30〜16:00　休 全年無休　🚌 濱城市場搭車約7分鐘　英語OK

范五老街周邊　▶MAP P.8 A-3

濃稠醬汁

高樓麵
Cao Lầu
6萬5000VND

據說源自伊勢烏龍麵，配菜有豬肉片、蔬菜和炸蝦餅。

醬油沾醬
炸蝦餅　豬肉

湯粿條
Hủ Tiếu
7萬VND

有湯粿條Nuoc和乾粿條Kho可選

匯集越南中部的知名菜餚

Bep Hue
Bếp Huế

提供高樓麵或蜆飯等中越名菜。在餐具和裝潢都走時尚咖啡館風的店內用餐。

🏠 83 Thạch Thị Thanh, Q.1　☎ 03-9289-2407　🕘 6:30〜21:30　休 全年無休　🚌 聖母院大教堂搭車約10分鐘　刷卡OK　英語OK

第一郡北部　▶MAP P.6 C-1

= 4 =

高樓麵
Cao Lầu

選用會安特有、加了鹼水的米漿製成的粗麵條。是沾取甜醬油食用的乾麵。

這裡的名產！
會安

當地人愛去的地方小館

Thanh Xuan
Thanh Xuân

在店外座位用餐的道地店家。知名菜色是美荻粿條，基本吃法是和醬料一起攪拌後品嘗。

🏠 62 Tôn Thất Thiệp, Q.1　☎ 090-954-2097　🕘 6:00〜13:30　休 全年無休　🚌 市民劇場步行約7分鐘

同起街周邊　▶MAP P.9 D-3

= 5 =

粿條
Hủ Tiếu

越南南部的美荻粿條的特色是加了樹薯粉、口感有嚼勁的麵條。

這裡的名產！
美荻市

除了上述的美荻粿條外，還有自柬埔寨傳入的金邊粿條。特色是加入海鮮和豬肉等配料以及有嚼勁的麵條。

33

一看就懂 越南之旅 **STUDY**

越南人愛吃的 麵食圖鑑

河粉 Phở

米線 Bún

越南人的靈魂美食！
品嘗地方色彩濃厚的麵食

　　早晨在越南街頭，會看到上班上學的人們來麵攤吃碗熱麵。對越南人而言，麵食既是家常菜，也是在路邊攤或餐館等各處都吃得到的國民美食。

　　麵體主要是河粉或米線等米漿製成的米粉條。說到越南就會想到河粉，其實最多人吃的是名為米線的圓形條狀麵。相較於扁平狀的河粉，米線是像涼粉般擠壓製成的細粉條。也有很多菜餚是把米線整形成圓球狀當米飯配菜吃，麵類是無可取代的主食。

　　因為各地都有用不同食材或烹調方式製作的特色麵食，如添加大量海鮮的港都特色麵、以豬骨或牛骨熬製高湯味道樸實的農村地方麵食等，請務必品嘗這塊土地上才有的地方麵食。

代表性麵食

河粉
Phở
【扁平米粉條】
米磨碎加水製成米漿，蒸熟成片狀後切成長條狀的食物。有寬粉條也有細粉條，口感柔軟。

米線
Bún
【粉漿壓製成的粉條】
就是米粉。加水揉製的米粉團放入模具壓榨成線條狀，煮熟後再風乾的圓麵。特色是口感滑順。

粿條
Hủ Tiếu
【乾粉條】
米漿蒸熟成粉皮，烘至半乾再切成細條狀。口感粗糙，麵體彈性佳且富咬勁。

麵
Mì
【小麥麵】
用麵粉製成的麵條。有的加雞蛋製作，類似拉麵。有生麵和乾燥的熟麵，以細麵為主。

冬粉
Miến
【冬粉】
用綠豆製成的冬粉。特色是口感滑溜，可煮湯或拌炒。在越南視為主食。

NICE!

34

越南麵食MAP

河內
螃蟹 **番茄**
番茄湯米線
Bún Riêu Cua
米線放入加了蟹肉和番茄的酸味高湯內。配菜有炸蟹肉棒或火腿等。是北部名菜。
在這裡！ Bang Khuang Café >>>P.32
Quan An Ngon >>>P.160

河內
必吃 **牛肉**
牛肉河粉
Phở Bò
河內是牛肉河粉的發源地。在用牛肉和牛骨長時間熬煮的湯內，放入煮熟的牛肉或是涮兩三下的半生熟牛肉。
在這裡！ Pho Thin >>>P.156

河內
必吃 **豬肉**
烤豬肉米線
Bún Chả
在魚露醬汁內放入碳烤豬肉和肉丸，夾取米線沾醬食用。也可以搭配隨餐附上的香草生菜。
在這裡！ Dac Kim >>>P.160

峴港 會安
粗麵 **乾麵**
廣南麵
Mì Quảng
中越廣南省的名菜。寬扁米粉條加香濃醬汁的拌麵。配菜有水煮蛋、蝦子和豬肉等。
在這裡！ Mi Quang 1A >>>P.114

海防
螃蟹 **扁麵**
螃蟹紅河粉
Bánh Đa cua
加了甘蔗製作的扁米粉條配上鮮美的螃蟹高湯。配菜有蟹肉、魚漿和火腿等。
在這裡！ 海防的餐館等 >>>P.205

順化
辛辣 **牛肉**
順化牛肉米線
Bún Bò Huế
添加香茅的辛辣牛骨湯麵。配菜豐富，有豬腳或火腿等，也可以搭配生菜或香草生菜食用。
在這裡！ Bun Bo Ganh >>>P.32

峴港
炸魚餅 **鳳梨**
魚蛋米線
Bún Chả Cá
使用鮮魚、豬骨、鳳梨和番茄熬煮成的酸味湯麵。配菜有白肉魚炸魚餅，搭配生菜或香菜葉菜食用。
在這裡！ Bun Cha Ca 109 >>>P.115

美萩市
乾米粉 **海鮮**
海鮮粿條
Hủ Tiếu
南部麵食。有帶酸味和濃稠的醬汁的美萩粿條，以及在偏甜的豬骨湯頭中加入海鮮的金邊粿條。可選湯麵或乾麵。
在這裡！ Thanh Xuan >>>P.33

會安
粗麵 **乾麵**
高樓麵
Cao Lầu
如烏龍麵般的粗麵條淋入甜醬油的乾拌麵。配菜有叉燒、炸蝦餅和香草生菜。
在這裡！ Hai >>>P.130

也有用米漿或樹薯粉製成的Q彈米苔目（→P.115），或拌炒用的通心粉。

胡志明市 EAT SIGHTSEEING BEAUTY SHOPPING TOWN STAY

EAT 03 越南風味三明治
越式法國麵包試吃評比大會

香脆法國麵包夾著大量蔬菜和肉類的越南風味三明治，是適合當早餐或點心的國民美食。以下是備受歡迎的當地名店或時髦咖啡館。

經典 Bánh Mì

19cm

豬肉越式法國麵包
Bánh Mì Thịt
3萬VND

Point 香脆的法國麵包

NICE!

內餡
- ☑ 肉鬆
- ☑ 火腿
- ☑ 肉排
- ☑ 香菜
- ☑ 辣椒
- ☑ 小黃瓜
- ☑ 洋蔥
- ☑ 醋漬蘿蔔絲
- ☑ 美乃滋

剛做好的，請用！

Point 3種豬肉

說到絕品越式法國麵包就在這裡！

Nhu Lan
Như Lan

胡志明市口耳相傳的美味名店。除了外帶外，店內也提供飲品，可以坐下享用。

辣度　普通 ━━━★━━ 辣
麵包　軟 ━━━★━━ 硬
份量　普通 ━━★━━━ 多

🏠 50 Hàm Nghi, Q.1　☎ 028-3829-2970
🕐 6:00～24:00　全年無休
🚇 市民劇場搭車約5分鐘　刷卡OK

同起街周邊　▶MAP P.9 E-3

創新 Bánh Mì

18cm

越式法國麵包
（烤雞）
Bánh Mì
(Roasted Chicken)
13萬5000VND

Point 麵包外皮酥脆裡面鬆軟
Point 醬料自選！
Point 餡料種類豐富！

愛心形狀的越式法國麵包♪

內餡
- ☑ 烤雞肉
- ☑ 黑胡椒
  （自選調味料）
- ☑ 香菜
- ☑ 小黃瓜
- ☑ 青蔥
- ☑ 美乃滋

聖母院大教堂附近的咖啡館

My Banh Mi
My Bánh Mì

裝潢可愛的越式法國麵包專賣店。提供牛肉、豬肉、雞肉和魚肉等造型新穎、種類豐富的越式法國麵包。

辣度　普通 ━━★━━━ 辣
麵包　軟 ━━━★━━ 硬
份量　普通 ━★━━━━ 多

🏠 57 Nguyễn Du, Q.1　☎ 089-853-6691
🕐 9:30～19:00　全年無休　市民劇場步行7分鐘　刷卡OK　英語OK

同起街周邊　▶MAP P.8 C-1

WHAT IS

越式法國麵包

法國殖民時期傳入的三明治，加了越南醬油和香菜等食材發展成當地美食。是路邊常見的小吃。

HOW TO

點餐方式（當地餐廳）

1. **告知數量並付錢**
告訴櫃檯人員欲購買的數量，通常要先結帳。

2. **告知不吃的餡料**
如果有不吃的餡料，如香菜或辣椒等，請先告訴店員。

3. **領取現做美食！**
工作人員現場製作。外帶的人很多。

胡志明市

EAT / SIGHTSEEING / BEAUTY / SHOPPING / TOWN / STAY

20cm

Point 麵包口感扎實偏硬

→ Huỳnh Hoa 越式法國麵包
Bánh Mì Huỳnh Hoa
6萬8000VND

道地 Bánh Mì

內餡
- ☑ 香腸
- ☑ 肉排
- ☑ 香菜
- ☑ 辣椒
- ☑ 小黃瓜
- ☑ 青蔥
- ☑ 醬油

地方口味專賣店

Banh Mi Huynh Hoa
Bánh Mì Huỳnh Hoa

當地人大排長龍的名店。口感脆硬的法國麵包和加了大量香菜及辣椒的餡料，美味無比。

🏠 26 Lê Thị Riêng, Q.1 ☎ 0962-455-517
🕕 6:00～22:00 全年無休 濱城市場步行約10分鐘 刷卡OK

范五老街周邊 ▶MAP P.8 A-3

也可以外帶

Point 當地人愛吃的香辣口味！

辣度	普通	★———	辣
麵包	軟	———★	硬
份量	普通	——★——	多

店內現做

16cm

剛出爐的麵包

Point 鬆軟的麵包

→ 綜合肉排越式法國麵包
Banh Mi Bít Tết Thập Cẩm
14萬9000VND

西式 Bánh Mì

內餡
- ☑ 香腸
- ☑ 火腿
- ☑ 牛肉
- ☑ 起司
- ☑ 番茄
- ☑ 生菜
- ☑ 歐姆蛋

Point 肉類和蔬菜份量十足！

賣點是自製手工麵包

Banh Mi Tuoi
Banh Mi Tuoi

每天出爐1000個以上的鬆軟麵包頗受好評。照片中是外帶餐點，內用則是麵包和餡料分開擺盤。

🏠 62 Mạc Đĩnh Chi, Q.1 ☎ 028-3822-2498
🕕 6:00～20:30 全年無休 聖母院大教堂搭車約10分鐘 刷卡OK 英語OK

第一郡北部 ▶MAP P.7 D-1

NICE!

辣度	普通	★———	辣
麵包	軟	★———	硬
份量	普通	———★	多

→ 冰拿鐵
3萬9000VND

Bang Mi Tuoi的越式法國麵包，特色是加了香腸和歐姆蛋的西式食材。

37

EAT 04 像越南人一樣早起看看吧？
清晨咖啡館的3種利用方式

WHY
越南的麵包為什麼好吃？
越南在19世紀末～20世紀中葉是法國殖民地，拜這段期間傳來的飲食文化所賜，在當地也吃得到道地法國麵包。

~ 1 ~
彷彿就像在巴黎
Bakery Café
的早晨時光♡

西貢唪露12萬VND是芒果百香果慕斯。

奶油乳酪拌入藍莓餡的泡芙 10萬VND。

外皮酥脆、裡面濕潤。飯店才做得出的美味。

迷你可頌 Mini Croissant 2萬VND

拿鐵 Latte 6萬5000VND

也有丹麥麵包6萬VND等鹹口小菜麵包。

也有很多像濃郁的咖啡拿鐵等咖啡菜單。

① 可頌（大）4萬VND。烘焙點心推薦可麗露。② 所有商品都可外帶。

可在店門口的露天座位或店內享用。

像置身巴黎咖啡館令人怦然心動
Bánh by Mia
Bánh by Mia

草田區的熱門飯店「Mia Saigon Luxury Boutique Hotel」（→P.96）開設的專業烘焙坊。除了麵包，也能品嘗蛋糕和烘焙點心。

🏠 10 Trần Ngọc Diện, Thảo Điền, Q.2
☎ 070-852-8515
🕐 7:00～21:00　全年無休
🚇 市民劇場搭車約20分鐘
刷卡OK　英語OK
草田區
▶MAP P.5 F-1

肉桂捲 Cinnamon Roll 4萬5000VND
散發肉桂香氣的點心麵包，口感紮實有嚼勁。

麵包可以外帶或內用。

Saint Honoré 可頌 Croissant Saint Honoré 4萬5000VND

招牌是使用法國奶油的特製可頌。

越南各地皆有分店的人氣店家
Saint Honoré 西貢
Saint Honoré Saigon

除了有種類豐富的烘焙點心，還有從法國進口的葡萄酒、乳酪和經典食品雜貨。到咖啡品嘗看看吧。

🏠 33 Tống Hữu Định, Thảo Điền, Q.2
☎ 028-3620-1816
🕐 7:00～21:30（週二從6:00～）　全年無休
🚇 市民劇場搭車約18分鐘
刷卡OK　英語OK
草田區
▶MAP P.5 F-1

越南人非常早起。從清晨6～7點就開始營業的店家也不少。享受早餐和咖啡館的早晨活動吧。

2
Banh Mi
Banh Mi
探訪越式法國麵包的餐車

美乃滋越式法國麵包
Bánh Mì Trứng Mayo
5萬5000VND

夾入使用美乃滋的蛋沙拉做成西式的越式法國麵包。

Banh Mi 74
Bánh Mì '74'
8萬5000VND

內餡有香腸、叉燒、肉排等都是豬肉，份量十足。

從早上開始營業的越式法國麵包咖啡館
Banh Mi 74
Bánh Mì 74

從大馬路穿過門口後在廣場的一角。種類豐富的越式法國麵包和飲品很適合當早餐。也可以外帶。

🏠 74/7 Hai Bà Trưng, Q.1　☎ 028-3825-1676
🕐 8:00～22:00　週日
🚶 市民劇場步行約5分鐘
刷卡OK　英語OK
同起街周邊　▶MAP P.9 E-1

餐車前面有一個小咖啡館空間。

烏龍奶茶
Ô Long Sữa
5萬5000VND

用虹吸法熬煮的烏龍茶中加入牛奶和砂糖。也有熱飲。

3
Milk Tea CAFE
奶茶咖啡館！

奶茶的種類很豐富
Phe La Cho Ben Thanh
Phê La Chợ Bến Thành

招牌是有機烏龍茶添加牛奶的烏龍鮮奶茶。使用虹吸法、冷萃法、法式濾壓壺等，對沖泡方式也很講究。

🏠 1-3 Phan Chu Trinh, Phường Bến Thành, Q.1
☎ 019-003-013　🕐 7:00～23:00　全年無休
🚶 濱城市場步行約1分鐘
刷卡OK　英語OK
范五老街周邊　▶MAP P.8 C-3

拿鐵
LATTE
5萬5000VND

越南產的羅布斯塔與巴西產的阿拉比卡配方咖啡。也有冰咖啡。

[1] 在胡志明市開設10家以上店鋪的人氣店家。[2][3] 3層樓的寬廣店內空間。濱城市場就在眼前。

名為Tous Les Jour的連鎖店也是人氣麵包咖啡館。在胡志明市有數家分店。　39

EAT 05 下午茶要選哪樣！？
越南咖啡or英式下午茶

喝得到越南經典煉乳咖啡的咖啡館，或是享用豪華甜點加輕食的平價英式下午茶。
挑一樣來度過微奢華的午後時光吧。

越南冰咖啡
Cà Phê Sữa Đá
14萬VND

把濾杯放在加了煉乳的咖啡杯上。萃取出的咖啡液倒入放了冰塊的玻璃杯做成冰咖啡。

越南咖啡 VIETNAM COFFEE

裝潢美麗的咖啡館
RuNam d'Or
RuNam d'Or

在華麗的店內啜飲越南咖啡。也可以買自有品牌咖啡豆帶回家。

🏠 3 Công Xã Paris, Q.1　☎ 028-3829-3229　🕐 7:00～23:00
🚫 全年無休　🚶 市民劇場步行約7分鐘　💳 刷卡OK　🗣 英語OK
📍 同起街周邊　🗺 MAP P.8 C-1

也推薦這個

蛋咖啡
Cà Phê Trứng
14萬5000VND

加生蛋和煉乳調製成香濃滑順的咖啡。在越南才喝得到

人氣連鎖品牌
一起去中原傳奇咖啡館♪

越南咖啡連鎖店
中原傳奇咖啡館
Trung Nguyen Legend Café

胡志明市有超過60家分店。提供自有品牌咖啡的咖啡館。也備有蛋糕或冰淇淋等甜點。

🏠 66 Lê Lợi, Q.1　☎ 028-3521-0194
🕐 6:30～22:00　🚫 全年無休　📍 濱城市場步行約5分鐘　💳 刷卡OK　🗣 英語OK
📍 范五老街周邊　🗺 MAP P.8 C-2

越南咖啡
Cà Phê Sữa
11萬9000VND

冷熱皆有。也有不加煉乳的黑咖啡。

HOW TO
越南咖啡的喝法

① 裝上濾杯
加了咖啡粉的鋁製濾杯放在杯子上。

② 注入熱水靜置
濾杯內注入熱水並蓋上杯蓋，等待咖啡液萃取。

③ 攪拌飲用
杯中事先倒入煉乳，用湯匙攪拌均勻後飲用。

40

英式下午茶
AFTERNOON TEA

公園酒吧
英式下午茶
Afternoon High Tea at Park Lounge
147萬5000VND（2人份）

週一～五14～17點限定提供。內容有飲料、司康、鹹點和甜點。週六、日提供其他下午茶菜單。

Menu
A. 紅茶or咖啡or熱可可
B. 2種司康
C. 3種鹹點
D. 3種甜點

殖民地飯店的優雅酒吧
Park Lounge
Park Lounge

位於西貢柏悅飯店1樓的酒吧。店內典雅的裝潢充滿魅力。

🏠 2 Công Trường Lam Sơn, Q.1 （西貢柏悅飯店→P.96內） ☎ 028-3824-1234 ⏰ 7:00～24:00（下午茶時段為週一～五14:00～17:00）㊡ 全年無休 🚇 市民劇場步行約1分鐘 刷卡OK
英語OK
同起街周邊　▶MAP P.9 E-1

WHAT IS
英式下午茶
源自英國的飲食文化。在高級飯店享用豪華下午茶，只有越南才這麼便宜！

▶時段
大部分的供應時段限定下午14～17點。

▶訂位
很多家餐廳不用訂位也可以點餐，不過也可以事先電話訂位。

▶服務
雖然在高級飯店卻不拘束。如同在咖啡館般輕鬆享用即可。

光吃這些就很飽。

香草下午茶
Trà Chiều Thảo Mộc
58萬8000VND／1人
（照片中是2人份）

司康、甜點、輕食和飲料無限暢飲的組合。香草主題。

平日限定的英式下午茶
Café Cardinal
Café Cardinal

位於六星級飯店6樓，空間奢華。下午茶限定時段為週一～四的14～17點。

🏠 22-36 Nguyễn Huệ, 57-69F Q.1 （The Reverie Saigon內）☎ 028-3823-6688 ⏰ 6:00～24:00 ㊡ 全年無休 🚇 市民劇場步行約5分鐘
刷卡OK　英語OK
同起街周邊　▶MAP P.9 E-2

英式下午茶不只提供咖啡或紅茶，也有提供氣泡酒選項的豐富菜單。

胡志明市

EAT

SIGHTSEEING

BEAUTY

SHOPPING

TOWN

STAY

EAT 06 收穫按讚數！
#社群媒體廣受討論的咖啡館

粉紅教堂美景！

Nice View

耶穌聖心堂就在眼前的越南咖啡館

3樓的露天座位很受歡迎。

KEYWORD

#耶穌聖心堂
#美景　#露天座位
#咖啡種類很豐富
#復古的裝潢很可愛

想到精華地段選這裡準沒錯

共咖啡
Cộng Cà Phê

遍布越南全國的連鎖咖啡館。這家分店可看到耶穌聖心堂就在眼前，社群媒體熱烈討論中！

🏠 274 Hai Bà Trưng, Q.1
☎ 091-186-6513　🕐 7:00～23:00
⊗ 全年無休　🚇 聖母院大教堂搭車約5分鐘　💳 刷卡OK　🗣 英語OK

第一郡北部　▶ MAP P.6 C-1

椰子咖啡4萬5000VND（前方）。

嚴選烘焙咖啡

義式奶酪
Panna Cotta
4萬VND

也準備好各種適合搭配咖啡的甜點。

在洋溢咖啡香氣的舒適咖啡館歇息片刻

Coffee

拉花咖啡
Latte Art
8萬5000VND

選擇大叻產或衣索比亞產咖啡豆。

KEYWORD

#自家烘焙咖啡
#使用越南生產的咖啡豆
#店內充滿咖啡芳香
#空間舒適

離市中心稍遠的祕境咖啡館

Saigon Coffee Roastery
Saigon Coffee Roastery

使用精選咖啡豆並提供自家烘焙咖啡，菜單有傳統越南咖啡、義式濃縮咖啡、手沖咖啡等。

🏠 232 Võ Thị Sáu, Q.3
☎ 093-880-8385　🕐 7:00～22:00
⊗ 全年無休　🚇 聖母院大教堂搭車約15分鐘　💳 刷卡OK　🗣 英語OK

第三郡　▶ MAP P.6 B-2

廣受胡志明市年輕人喜愛的時髦咖啡館，無論是店內裝潢或甜點都非常好拍！提供的餐點不僅造型漂亮且美味無比，贏得不少加分。

WHAT IS

越南巧克力
越南土地肥沃，在湄公河流域等地栽種的可可豆近年來備受矚目。有越來越多巧克力品牌從種植到加工都由自家工廠負責。

空間美麗的咖啡館

當地巧克力

圓拱好可愛的時尚空間♪

找到了使用滿滿巧克力的甜點咖啡館！

巧克力塔
Bánh Tart Sô Cô La(M)
11萬5000VND

塔皮中放入黑巧克力打發鮮奶油、巧克力甘納許、布朗尼等。

特色是圓弧設計。

KEYWORD
#彷彿就像現代主義建築!?
#胡志明市中心有數家分店
#咖啡菜單很豐富
#甜點　#巧克力

KEYWORD
#越南生產的巧克力
#各種巧克力產品
#推薦巧克力伴手禮
#超讚的工業風裝潢

獨特的建築設計
The Running Bean
The Running Bean

開放空間和時尚設計充滿魅力。在胡志明市有2間分店。除了咖啡外，也有多種甜點和食物。

招牌熱巧克力11萬VND。

📍 33 Mạc Thị Bưởi, Q.1
☎ 028-7300-3633　🕗 8:00〜22:00
🈚 全年無休　🚶 市民劇場步行約5分鐘
💳 刷卡OK　🗣 英語OK
同起街周邊　▶MAP P.9 E-2

露天座位也很漂亮！

知名品牌Marou的直營店
Maison Marou
Maison Marou

也有送禮用的巧克力！

使用越南南部可可豆製作巧克力片的知名品牌Marou經營的咖啡館也有送禮用的巧克力。有分店。

📍 167-169 Calmette, Q.1　☎ 028-7300-5010　🕗 9:00〜22:00（週五〜日〜22:30）　🈚 全年無休　🚶 濱城市場步行5分鐘
💳 刷卡OK　🗣 英語OK
范五老街周邊　▶MAP P.8 C-3

還有巧克力飲料。

選物店也買得到多種Marou巧克力。

胡志明市 | EAT | SIGHTSEEING | BEAUTY | SHOPPING | TOWN | STAY

43

EAT 07 I LOVE ♡ 越南甜點！

餐後決定來份當地甜品

越南的美味甜點選項豐富，如南洋才有的水果甜品或越南自創的冰品等。到咖啡館、外帶專賣店或路邊攤找看看吧！

Chè 越式甜湯

碎冰加椰奶、煉乳、水果和果凍的越南風味剉冰。配料種類豐富。

Che Suong Sa Hot Luu
Chè Sương Sa Hột Lựu
2萬5000VND Ⓐ

加了各種果凍和豆類，再淋上大量椰奶的經典越式甜湯。

Che Ba Mau
Chè Ba Màu
3萬5000VND Ⓑ

紅豆、白腰豆、果凍、椰奶加剉冰的冰品。

Che Me Den
Chè Mè Đen
3萬VND Ⓑ

用大量黑芝麻熬煮成的熱甜湯。味道柔和不會太甜。

還些也推薦～

什錦西米露 2萬5000VND。加了椰奶、煉乳、綠豆沙、果凍等配料。Ⓒ

Bánh Flan 焦糖布丁

卡士達布丁。越南焦糖布丁的特色是咖啡風味糖漿。微苦帶甜，搭配得恰到好處！

Banh Flan
Bánh Flan
2萬5000VND Ⓑ

經典的卡士達布丁。和剉冰一起混合吃。一份2入。

HOW TO

越式甜湯的點法

如照片所示，在專賣店可以看到櫃檯上擺滿水果或果凍等豐富配料。除了菜單上的固定品項外，也可以指著喜歡的配料跟店員點餐。

越式甜湯和糯米飯都很好吃

Ⓐ Xoi Che Bui Thi Xuan
Xôi Chè Bùi Thị Xuân

越式甜湯除了菜單上的固定品項外，也可以在櫃檯自選配料。雞肉糯米飯也是熱賣選項。

🏠 111 Bùi Thị Xuân, Q.1
📞 028-3833-2748 🕐 7:00～21:00 ㊡ 全年無休 🚗 濱城市場搭車約10分鐘

範五老街周邊
▶MAP P.6 C-3

位於堤岸華人區的名店

Ⓑ 何記甜品店
Chè Hà Ký

從基本口味到中式風味共提供37種越式甜湯。因為地處華人區，也有中文菜單。

🏠 138 Châu Văn Liêm, Q.5
📞 028-3856-7039 🕐 10:00～22:30 ㊡ 全年無休 🚗 堤岸巴士總站步行約14分鐘

有中文菜單

堤岸 ▶MAP P.4 B-3

>>>P.93

市場裡的在地店家

Ⓒ Be Che
Bé Chè

在濱城市場（→P.74）1154號的越式甜品店。櫃台前面附有圖片菜單，可以用手指點餐。

🏠 Lê Lợi, Q.1 濱城市場內
📞 0909-634-917 🕐 6:00～18:00 ㊡ 全年無休 🚗 濱城市場步行馬上抵達

英語OK

範五老街周邊
▶MAP P.8 C-2

胡志明市

EAT

Sinh Tố 水果冰沙
越南話的「Sinh To」的意思是冰沙。水果加煉乳、碎冰放進果汁機攪打成的甜蜜冰飲。

小杯冰淇淋 Small Cap Ice 4萬5000VND ⓕ
使用較不甜的苦甜巧克力做成綜合冰淇淋。可可豆的口感很棒。

芒果冰沙 Sinh Tố Xoài 3萬5000VND ⓓ
店內現做
加了芒果和百香果，也有芒果肉。

Kem 冰淇淋
「Kem」是越南話冰淇淋的意思。除了香草和巧克力等基本口味外，也有多種南洋水果口味。

Kem Trai Dua / Kem Trái Dừa 15萬5000VND ⓔ
在椰殼中裝入椰子冰淇淋、椰糖和荔枝等水果。

Kem Bon Mua / Kem Bốn Mùa 12萬5000VND ⓔ
有草莓、芋頭、香蘭等4種冰淇淋的拼盤。

Chuoi Nuong 烤糯米香蕉
用糯米包住香蕉烤熟的路邊攤甜點。剛烤好趁熱吃最美味！也可以沾椰奶吃。

烤糯米香蕉 Chuối Nướng 1萬8000VND ⓖ
用香蕉葉包起來方便入口。

位於小巷內的外帶店
ⓓ Five Boys Number One
Five Boys Number One

冰沙&現打果汁外帶專賣店。雖然是路邊小店，但顧客絡繹不絕。

🏠 84 Bùi Viện, Q.1
☎ 078-988-2290 🕙 10:00～22:00 ❌ 全年無休
🚌 濱城市場搭車約7分鐘
範五老街周邊
▶MAP P.8 B-3

>>>P.91

主打冰淇淋
ⓔ Kem Bach Dang
Kem Bạch Đằng

咖啡館提供以椰殼為容器的超大號冰淇淋等造型特殊的冰品。

🏠 26D Lê Lợi, Q.1
☎ 028-3821-6879
🕗 8:00～23:00 ❌ 全年無休
🚶 市民劇場步行約6分鐘
英語OK
同起街周邊
▶MAP P.8 C-2

越南產巧克力
ⓕ Maison Marou
Maison Marou

「Marou」使用越南各地種植的可可豆製造巧克力片。在胡志明市有8間店鋪，附設咖啡館的商店能品嘗到原創巧克力甜點。巧克力風味的冰淇淋滋味濃郁！
>>>P.43

範五老街周邊
▶MAP P.8 C-3

烤香蕉攤
ⓖ Chuoi Nuong Dakao
Chuối Nướng Dakao

離市中心有段距離，是內行人才知道的人氣小店。因為是路邊攤，天氣不好時會休息。請注意下午才開始營業。

🏠 144 Đinh Tiên Hoàng Q. Bình Thạnh ☎ 091-627-8276 🕑 14:00～18:00 ❌ 週日 🚌 聖母院大教堂搭車約10分鐘
第一郡北部
▶MAP P.7 E-1

SIGHTSEEING
BEAUTY
SHOPPING
TOWN
STAY

挑戰一下季節限定的榴槤冰和香蘭葉做的綠色冰淇淋等越南才有的特殊口味吧！

45

EAT
08 挑選超美味海產店

吃遍新鮮漁獲！

越南面海，不但漁獲種類豐富，價格也實惠，能開懷大吃。擺盤精緻的餐廳和氣氛輕鬆的小餐館，該選哪家好呢？

🔸 **Ngoc Suong生捲**
Gỏi Cá Ngọc Sương
21萬5000VND

鋪鋪白肉魚和香草生菜放在米紙上捲起來吃。

🔸 **焗烤大蝦**
Tôm Càng Đút Lò Thermidor
104萬VND/kg

美乃滋洋蔥焗烤長臂大蝦。

🔸 **椰子蒸蝦**
Tôm Sú Hấp Trái Dừa
82萬VND/kg

椰子蒸蝦。沾檸檬鹽享用。

創業超過60年的老店
Ngoc Suong
Ngọc Sương

離市區車程15分鐘的海鮮名店。放在店內水槽的活魚時價計算，用餐價格依進貨價而異。

📍 11 Nguyễn Văn Trỗi, Phú Nhuận
☎ 090-988-6058
🕙 10:00～22:00　全年無休　聖母院大教堂搭車約15分鐘
刷卡OK　英語OK
富潤郡　▶MAP P.6 B-1

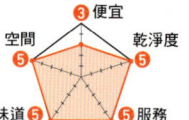

CHART
- 便宜 5
- 乾淨度 5
- 服務 5
- 味道 5
- 空間 5

🐟🐟 RESTAURANT 🐟🐟

🔸 **炸魚**
Cá Diêu Hồng Chiên Giòn
38萬VND（時價）

炸吳郭魚。淋上羅望子煮的娘惹醬。

🔸 **黑胡椒炒蟹**
Cua Sốt Tiêu Đen
149萬9000VND/kg（時價）

黑胡椒炒青蟹。

🔸 **咖哩螃蟹**
Cua Sốt Ớt
149萬9000VND/kg（時價）

使用蟹螯大、味道濃郁的青蟹，是餐廳招牌菜。

奢華氛圍！

來自新加坡的高級餐廳
珍寶海鮮
Jumbo Seafood

總店位於新加坡，以辣椒蟹聞名的海鮮店。店內有水槽，螃蟹以外的海鮮菜色也很齊全。

📍 2-4-6 Đồng Khởi, Q.1
☎ 028-3823-9796　🕚 11:00～14:00、17:00～22:00
全年無休　市民劇場步行約6分鐘　刷卡OK
英語OK
同起街周邊　▶MAP P.9 F-3

WHAT IS

越南的代表性海鮮

新鮮的漁獲可以直接吃，也可以搭配越南調味料，品嘗異國風味。海鮮種類也很豐富。

- **螃蟹 Cua**：主要是體型小的梭子蟹和結實的青蟹。
- **蝦子 Tôm**：有明蝦、長臂大蝦、河蝦等各式品種。烹調方式多變。
- **烏賊 Mực**：除了軟絲和北魷外，也有小卷。養殖業相當盛行。
- **白肉魚 Cá**：有鯰魚、雷魚、鯖魚和鱸魚等。大多用來紅燒。

椒鹽烤蝦
Tôm Nướng Muối Ớt
13萬VND

整隻鮮蝦做成串燒，用辣椒調味很辛辣。

蓮蓉蝦沙拉
Ngó Sen Tôm Thịt
8萬5000VND

加了鮮蝦、蓮藕、蔬菜的沙拉。特色是爽脆的口感。

蒸蛤蜊
Nghêu Hấp Sả
7萬VND

香茅蒸蛤蜊。湯汁爽口充滿貝類的鮮美滋味。

店裡有活魚水槽！
79 Restaurant
79 Restaurant

位於平民區以海鮮為主的餐廳。價格合理，每天都有很多越南客人。

- 🏠 44 Đề Thám, Q.1
- ☎ 無
- 🕐 16:00～凌晨2:00
- 全年無休
- 濱城市街搭車約8分鐘
- 刷卡OK　英語OK
- 范五老街周邊　▶MAP P.5 D-3

LOCAL STYLE

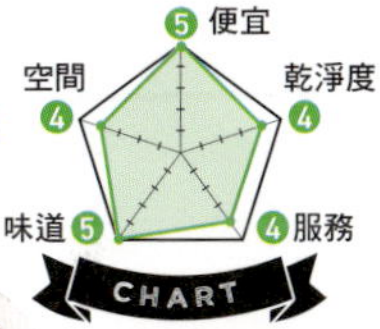

便宜 5 / 乾淨度 4 / 服務 4 / 味道 5 / 空間 4
CHART

蟹肉炒飯
Cơm Chiên Cua
21萬VND

加了大量蟹肉絲的炒飯。醬油調味相當下飯。

蒸螃蟹
Cua Hấp
100萬VND

奢侈地享用一整隻大螃蟹。用剪刀切開食用。

炸春捲
Chả Giò
21萬VND

香酥的炸春捲內塞滿蟹肉。

奢華的螃蟹料理
94 Thuy
94 Thúy

餐館賣點是可以吃到各種螃蟹菜色，如蒸蟹或羅望子醬炒螃蟹等。也有蝦子和蛤蜊。

- 🏠 84 Đinh Tiên Hoàng, Q.1
- ☎ 028-3910-1062
- 🕐 10:00～21:00
- 全年無休
- 聖母院大教堂搭車約10分鐘
- 刷卡OK　英語OK
- 第一郡北部　▶MAP P.7 D-1

珍寶海鮮除了同起街分店外，在第一郡、第三郡皆有分店。

47

EAT 09 地方小館便宜美味的午餐！
挑戰自助餐館！

想痛快大吃越南家常菜時，建議到當地人常去的地方小館。
可以點合菜共享。

- 米飯
- 蔬菜湯
- 炒空心菜
- 炒豆芽菜
- 醬燒白肉魚
- 烏賊鑲肉
- 紅燒肉
- 烤茄子

這些總共
28萬VND！
（約330台幣）

炒蔬菜免費。附白飯和湯，超有飽足感！

🌸 **WHAT IS**

自助餐館
店內長桌上擺滿剛做好的菜餚，自行夾取需要的份量再結帳。因為店員聽不太懂英語，請用手指點選菜色。

中午時人潮最多。Ⓐ

有些菜色每天替換。Ⓐ

3個人點4道菜。附贈炒蔬菜和飯後水果。

【自助餐館基本常識】

☑ **沒有菜單**
沒有寫上菜名或價格的菜單，點餐時請用手指。

☑ **不用點飯**
不需要點白飯，會依人數附上。價格3人份約2萬VND。

11點以後出的菜色最多。

☑ **最佳時段**
中午12點左右人最多，提早約11點到就能自在用餐。

☑ **濕紙巾收費**
放在桌上的濕紙巾付費使用。1個約2000VND。

【實用越南語】

「請結帳」
Tính tiền

「請給我～」
Cho tôi

「有～位」
Cho～người ăn

自助餐的固定菜色

小卷鑲肉 Mực Nhồi Thịt Sốt Cà
豬肉塞進小卷內加番茄燉煮入味。
7萬VND **A**

醬燒白肉魚 Cá Kho
鯰魚或雷魚等淡水魚加醬油調製的醬汁燒煮入味。8萬VND **A**

烤茄子 Cà Tím Nướng
去皮的烤茄子淋上加魚露炒過的絞肉。
3萬VND **A**

苦瓜炒牛肉 Khổ Qua Xào
苦瓜炒牛肉。
5萬VND **B**

紅燒肉 Thịt Kho Trứng
使用魚露燉煮的滷蛋和紅燒肉。肉質軟嫩用筷子就能夾斷。8萬VND **A**

涼拌芒果絲 Xoài Dầm
芒果絲沾取魚露加辣椒、蒜頭調製的醬汁食用。2萬VND **B**

HOW TO
自助餐館的用餐方式

1 告知人數
告訴店員人數後入座。有些店員會帶位，不過只要有空位都可以自行入座。

2 手指點餐
到擺滿菜餚的櫃台用手點選菜色。並告訴店員要小份還是大份。

3 回座位等
點完餐就回座位。坐在位子上點飲料，店員會送餐到桌邊。

4 共享餐點
2人分食點2〜3盤菜的份量就夠了。提供的白飯份量不少，一定吃得飽。

5 結帳
桌邊結帳付款。每盤菜約2〜6萬VND，總價差異太大時請跟店員反應。

＼ 推薦這裡！ ／

只供午餐的地方小館
A Dong Nhan Com Ba Ca
Đồng Nhân Cơm Bà Cả

提供越南北部的家常菜，中午時經常坐滿當地人。菜色每天更換。

🏠 42 Trương Định, Q.1
☎ 028-3822-1010 ⏰ 9:00〜14:30、16:00〜20:00 全年無休 濱城市場步行約5分鐘 英語OK
范五老街周邊 ▶MAP P.8 B-2

當地人愛去的大飯館
B Minh Duc
Minh Đức

飯館共2層樓。只有越南語菜單，點餐時請到櫃台用手點選。菜色每天不同。

🏠 35 Tôn Thất Tùng, Q.1
☎ 028-3839-2240 ⏰ 7:00〜21:00 全年無休 濱城市場搭車約5分鐘
范五老街周邊 ▶MAP P.6 C-3

☀ Minh Duc在馬路左右兩邊各有1家店，一邊是外帶專賣店，另一邊是內用餐館。

胡志明市 | EAT | SIGHTSEEING | BEAUTY | SHOPPING | TOWN | STAY

49

EAT 10 在口袋名單中的**越南菜餐廳**吃晚餐

味道與空間都是高質感！

想在胡志明市吃晚餐，就到熱門越南菜餐廳。選擇米其林星級和殖民地風格建築等廣受討論的名店吧。

dinner
米其林摘星！

一口大小的酥脆餅皮中加入了豬肉醬。用現代手法詮釋越式法國麵包（套餐內的菜色）。

裝飾著越南藝術家作品的地面層和1樓提供套餐料理。

在竹炭塔皮上以茴香鮮奶油、煙燻鮭魚和秋葵做裝飾（套餐內的菜色）。

氛圍輕鬆的2〜3樓，頂樓則提供菜單點餐料理。

MEMO
預算
1人US$95〜
訂位
最好訂位（套餐需預訂）

將越南菜的越南煎餅與塔可餅結合。內餡有鮮蝦和豬肉。

湄公河特產炸象耳魚。附3種調料。

用現代手法重建越南料理

Anan Saigon
Ănăn Saigon

越裔美國主廚以現代手法製作的奢華越南料理。為胡志明市摘下第一顆米其林1星。Saigon精選套餐為US$95（需預訂）。也有菜單式料理。

🏠 89 Tôn Thất Đạm, Q.1
☎ 無（請到hello@anansaigon.com預約）
🕐 17:00〜22:00最後點餐、週四、六最後點餐〜23:00（精選套餐分18:00〜、20:30〜2個時段，需預訂）
🚫 週一
🚶 市民劇場步行約10分鐘
刷卡OK　英語OK

同起街周邊　▶MAP P.9 D-3

50　※也是套餐內的菜色。

殖民地風格餐廳 *dinner*

Hoa Tuc
Hoa Túc

舊鴉片工廠改建

提供越式煎餅或河內烤肉米粉17萬5000VND等，傳統越南菜的時尚新吃法。

MEMO
預算 1人75萬VND～
訂位 可訂位（最好）

🏠 74/7 Hai Bà Trưng, Q.1　☎ 028-3825-1676　🕚 11:00～22:00　全年無休
🚶 市民劇場步行約5分鐘
刷卡OK　英語OK

同起街周邊　▶MAP P.9 E-1

1 也有露天座位。 2 小份量越式煎餅Banh Xeo 13萬5000VND。 3 開放的挑高天花板店內空間。

老公寓 *dinner*

1 沒有電梯，請走樓梯上5樓。 2 紅燒豬肉加滷蛋Thit Heo Kho Trung 12萬5000VND。

MEMO
預算 1人30萬VND～
訂位 可訂位（最好）

越南通都知道！
祕密花園
Secret Garden

藏身於老公寓5樓的餐廳。盛放在小江陶器中的越南南部家常菜，味道和CP值都很完美。

🏠 158 Pasteur, Q.1　☎ 090-990-4621
🕚 11:00～22:00　全年無休　🚶 市民劇場步行7分鐘　刷卡OK　英語OK

同起街周邊　▶MAP P.8 C-2

Cuc Gach Quan
Cục Gạch Quán

布萊德彼特和安潔莉娜裘莉都來過的名店

法式別墅改建成的宅邸餐廳。提供多間包廂，隱密性高為餐廳加分不少。2棟餐廳分別位於道路兩旁。

MEMO
預算 1人40萬VND～
訂位 須訂位

🏠 9-10 Đặng Tất, Q.1　☎ 028-3848-0144　🕘 9:00～23:30左右　全年無休　🚶 聖母院大教堂搭車約15分鐘　刷卡OK　英語OK

第一郡北部　▶MAP P.6 C-1

隱藏版餐廳 *dinner*

1 位於郊外。 2 香煎軟殼蟹 Cua Lot Rang Muoi Toi 30萬VND。炸豆腐 Dau Hu Trung Chien Xa Ot 11萬VND。

Anan Saigon只有套餐需要預訂，想單點時先提早用mail預約比較安心。

胡志明市

EAT
SIGHTSEEING
BEAUTY
SHOPPING
TOWN
STAY

51

EAT
11 精選特色續攤酒吧

在深夜景點享受胡志明市的夜晚！

吃完晚餐再續一攤！這時想去有夜景的頂樓酒吧、私藏酒吧，還是熱鬧的精釀啤酒屋？

酒吧位於飯店內，服務周到

琴酒加蔓越莓果汁調製的雞尾酒，Red Passion 25萬VND。

飯店頂樓酒吧
Social Club Rooftop Bar
Social Club Restaurant & Rooftop Bar

位於24樓，將胡志明市的高樓盡收眼底。設有室內和露天座位區，後者20點以後有DJ播放音樂。

🏠 76-78 Nguyễn Thị Minh Khai, Q.3（Hotel Des Arts Saigon M gallery Collection內） ☎ 028-3989-8888 ⏰ 15:00～24:00 Ⓗ 全年無休 Ⓢ 聖母院大教堂步行約10分鐘
刷卡OK　英語OK
第三郡　▶MAP P.8 C-1

夜景　飽覽胡志明市夜景的頂樓酒吧

眺望來回穿梭的遊船
M Bar
M Bar

位於Hotel Majestic Saigon 8樓的頂樓酒吧。自酒吧俯瞰西貢河夜景，並有現場演奏。

🏠 1 Đồng Khởi, Q.1（Hotel Majestic Saigon內） ☎ 028-3829-5517 ⏰ 15:00～24:00 Ⓗ 全年無休 Ⓢ 市民劇場步行約6分鐘
刷卡OK　英語OK
同趣街周邊　▶MAP P.9 F-3

夜景　位於西貢河畔殖民地飯店的酒吧

飯店外觀的照明很美。雞尾酒約28萬VND。

52

位於老公寓內的私藏酒吧
Snuffbox Lounge
Snuffbox Lounge

店內流淌著爵士樂，氣氛沉穩自在。務必試試造型別致的特色招牌調酒。

🏠 14 Tôn Thất Đạm, Q.1　☎ 090-233-8559
🕐 18:00～凌晨1:00　休 全年無休
🚶 市民劇場搭車約5分鐘
[刷卡OK] [英語OK]
[同起街周邊]
▶ MAP P.7 E-3

私藏酒吧　坐在吧檯或沙發區聽著音樂品酒

特色菜單如利用液態氮煙燻過的威士忌調酒很吸引人。約27萬VND。

磁磚地板及古典沙發等裝潢也很漂亮。

酒廠直營啤酒屋
East West Brewing Company
East West Brewing Company

喝得到10種以上美國啤酒專家釀製的啤酒。菜色選項也很豐富，春捲拼盤13萬5000VND。

🏠 181-185 Lý Tự Trọng, Q.1　☎ 091-306-0728
🕐 11:00～24:00　休 全年無休
🚶 濱城市場步行約6分鐘
[刷卡OK] [英語OK]
[范五老街周邊]　▶ MAP P.8 B-2

精釀啤酒　在釀酒廠直營的店內試喝評比精釀啤酒

附上10種啤酒的啤酒綜合盤King's Flight 46萬5000VND。

排列著啤酒桶的店內，設有吧檯座位和沙發座位。

釀酒廠位於胡志明市
巴士德街釀酒廠
Pasteur Street Brewing Company

酒廠自營的品酒室（Taproom）。除了種類齊全的自家釀製啤酒外，還有以啤酒入菜的創意餐點。

🏠 144/3 Pasteur, Q.1　☎ 028-7300-7375
🕐 11:00～23:30　休 全年無休　🚶 市民劇場步行約6分鐘
[刷卡OK] [英語OK]
[同起街周邊]
▶ MAP P.9 D-2

精釀啤酒　率先掀起越南的精釀啤酒熱潮！

每天座無虛席的人氣啤酒屋。除了室內外也有露天座位區。

附6種啤酒的Sampling Flight 28萬5000VND。

巴士德街釀酒廠在Le Thanh Ton街▶MAP P.9 E-1和草田區▶MAP P.5 F-1皆有分店。

胡志明市 / EAT / SIGHTSEEING / BEAUTY / SHOPPING / TOWN / STAY

53

SIGHTSEEING 01

實地感受法國文化
殖民地建築巡禮

胡志明市中心留有19世紀末～20世紀初，法國殖民時期興建的建築物。
有些目前還在使用，有的開放入內參觀！

豎立著聖母馬利亞雕像

位於同起街北端
❶ 聖母院大教堂
Nhà Thờ Đức Bà

建於1880年的基督教堂。內部的花窗玻璃相當漂亮，不過截至2025年7月仍在整修中，不開放參觀。

🏠 1 Công Xã Paris, Q.1
🚫 內部不對外開放
🚶 市民劇場步行約7分鐘
同起街周邊　▶MAP P.8 C-1

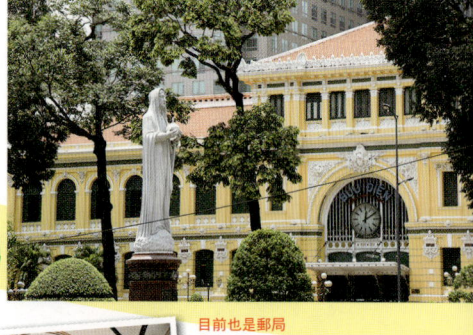

美麗的穹頂

目前也是郵局
❷ 中央郵局
Bưu Điện Trung Tâm

建於1891年。可自由入內參觀建築物，繪有興建時期的胡志明市周邊地圖等。也有賣郵票的禮品店。

🏠 2 Công Xã Paris, Q.1　⏰ 8:00～17:00　📅 全年無休　💰 免費
🚶 市民劇場步行約7分鐘
同起街周邊　▶MAP P.8 C-1

一定要打卡的景點！

打卡熱點粉紅教堂
❼ 耶穌聖心堂
Nhà Thờ Tân Định

人氣拍照景點基督教堂位於離市中心車程10分鐘的第三郡。內部不開放參觀，只能拍攝外觀。

🏠 289 Hai Bà Trưng, Q.3
⏰ 8:00～12:00、14:00～17:00
🚶 聖母院大教堂搭車約5分鐘
第三郡　▶MAP P.6 C-1

搭車去第三郡

入住殖民地建築！
❻ Hotel Majestic Saigon
Hotel Majestic Saigon　>>>P.94

位於主街道同起街南端，是1925年開業的老字號飯店。掛著華麗水晶燈的大廳和典雅客房深具魅力。

🏠 1 Đồng Khởi, Q.1　☎ 028-3829-5517
🚶 市民劇場步行約6分鐘
同起街周邊　▶MAP P.9 F-3

去殖民地風格餐廳用晚餐

舊鴉片工廠改建而成的餐廳。在簡潔的空間享用頂級越南料理。

❽ Hoa Tuc
Hoa Túc
>>>P.51

54

建議參觀路線　⏱需時：約3小時

1. 聖母院大教堂 — 步行1分鐘
2. 中央郵局 — 步行2分鐘
3. RuNam d'Or — 步行5分鐘
4. 人民委員會大廳 — 步行3分鐘
5. 市民劇場 — 步行6分鐘
6. Hotel Majestic Saigon — 搭車15分鐘
7. 耶穌聖心堂 — 搭車5分鐘
8. Hoa Yuc

地圖：耶穌聖心堂／黎文八公園／西貢動物植物園／巴士總站賴元起義街／START／聖母院大教堂❶／❷中央郵局／戰爭遺跡博物館／統一宮／❽統一宮／GOAL／RuNam d'Or❸／人民委員會大廳❹／❺市民劇場／Hotel Majestic Saigon❻／濱城市場／西貢河／0 500m

到咖啡館歇息片刻
面對聖母院大教堂和中央郵局廣場的咖啡館。高質感裝潢和餐具頗受歡迎。

加了蛋黃和煉乳的傳統飲品雞蛋咖啡14萬5000VND。

❸ RuNam d'Or
>>>P.40

店內採開放式露天空間，相當涼爽。

餐廳和咖啡館 / 有可愛的

漫步同起街…
>>>P.86

XIN CHÀO

夜晚點燈更漂亮。

現為胡志明市市政廳
❹ 人民委員會大廳
Trụ Sở Ủy Ban Nhân Dân Thành

位於阮惠街北端，建於1902～1908年。目前用來作市政廳，不開放內部參觀。

🏠 86 Lê Thánh Tôn, Q.1　內部不對外開放
🚶 市民劇場步行約3分鐘

同起街周邊　▶MAP P.9 D-2

美麗的巴洛克風格劇院
❺ 市民劇場
Nhà Hát Lớn Thành Phố

面對同起街，目前也會舉辦音樂會或芭蕾舞等表演。內部一般不對外開放，僅限來看表演的觀眾進場。

建築物裝飾得相當漂亮。

🏠 7 Công Trường Lam Sơn, Q.1　內部不對外開放
🚶 聖母院大教堂步行約7分鐘

同起街周邊　▶MAP P.9 D-2

殖民地建築在太陽下山到22～23點間會點燈，展現不同的美麗風情。人民委員會大廳則點燈至天明。

胡志明市 / EAT / SIGHTSEEING / BEAUTY / SHOPPING / TOWN / STAY

55

一看就懂 越南之旅 STUDY

漫遊胡志明市
殖民時期建築

胡志明市的 **代表性**

聖母院大教堂
位於同起街西北端，暱稱「西貢大教堂」，用紅磚砌成的基督教堂。建於19世紀末。
>>>P.54

人民委員會大廳
現在的市政廳，是20世紀初的建築物。位於阮惠街北端，晚上點燈時很漂亮。
>>>P.55

走訪有「東方巴黎」之稱的美麗街區

　　濕熱的天氣加上此起彼落的喇叭聲和轟隆機車引擎聲。靜立於亞洲特有喧囂中的殖民地風格建築，是這座城市歐亞文化交融的歷史象徵。

　　自1858年法國和西班牙同時占領中越峴港開始，掀起法國長期殖民的序幕。隔年占領西貢（現在的胡志明市），之後連北部河內也納入統治範圍。受到法國殘酷的壓榨行為，如課重稅、剝削勞力等。說來諷刺，越南的苦難時期，正是這條美麗街道的興建期。

　　自基督教堂為起點的熱鬧大街、以廣場為中心呈放射狀向外延伸的道路，還有各棟歐風色彩濃厚的建築物。到深受法國影響的美麗街道散步吧。

必買&必吃

法式風格美食&商品
受到法國影響的不只是街道或建築風格，也涉及飲食&裝飾文化。越式法國麵包就是那時利用來自法國的麵包，研發出的越南風味三明治。選用法國護膚品、採殖民地風格裝潢的Spa會館等也很受歡迎。

▶ **美食**
市區有多家結合越南食材和法式技巧的創意料理餐廳，頗受旅客歡迎。

▶ **商品**
購買法國美妝品牌Yves Rocher產品！

胡志明市的地標

面向黎聖宗街的人民委員會大廳。汽機車川流不息，是胡志明市特有的風景。

殖民地建築

市民劇場
巴洛克式建築的歌劇院。面向同起街，現在也會舉辦音樂會等表演。
>>>P.55

Hotel Majestic Saigon
位於同起街東端，立於西貢河沿岸的老字號飯店。1925年開業，古典風格裝潢相當漂亮。
>>>P.54

認識越南歷史！
歷史觀光景點

集結越南的藝術品
美術博物館
Bảo Tàng Mỹ Thuật Thành Phố Hồ Chí Minh

1987年成立。展出古代美術、傳統工藝、戰爭時的繪畫和現代美術等作品。

🏠 97A Phó Đức Chính, Q.1　☎ 028-38 21-6331　🕗 8:00～17:00　全年無休　💴 3萬VND　🚶 濱城市場步行約3分鐘

範五老街周邊　▶MAP P.8 C-3

殖民地建築

法國殖民時期的宮殿建築
胡志明市博物館
Bảo Tàng Thành Phố Hồ Chí Minh

館藏內容廣泛，有關於抗法戰爭和越南戰爭等的史料、民族服飾及貨幣等。

🏠 65 Lý Tự Trọng, Q.1　☎ 028-3829-9741　🕗 8:00～17:00　全年無休　💴 4萬VND　🚶 市民劇場步行約8分鐘

第三郡　▶MAP P.8 C-2

殖民地建築
日本政府也曾占領過。

每年超過100萬人次到訪
戰爭遺跡博物館
Bảo Tàng Chứng Tích Chiến Tranh

展出約1500件有關越南戰爭的文件、工藝品、影像、照片。

🏠 28 Võ Văn Tần, Q.3　☎ 082-203-0682　🕗 8:00～15:30　全年無休　💴 4萬VND　🚶 聖母院大教堂搭車約7分鐘

第三郡　▶MAP P.8 A-1

博物館
戶外展示著戰鬥機和坦克車。

舊法屬印度支那總督的宅邸
統一宮
Dinh Độc Lập

南越政權時代的總統官邸。擁有100間以上的房間，部分開放參觀。

🏠 135 Nam Kỳ Khởi Nghĩa, Q.1　☎ 028-3822-3652　🕗 8:00～15:30　全年無休　💴 4萬VND（含參觀展覽的套票6萬5000VND）　🚶 濱城市場步行約12分鐘

範五老街周邊　▶MAP P.8 B-2

昔日總統官邸 
現在的建築物於1966年完工。

深入了解！
越南歷史年表

公元前	
203年	南越國立國於中國南部到越南北部。
111年	漢武帝滅掉南越國。之後成為漢朝的藩屬國。

公元後	
1～2世紀	扶南王朝誕生於南部。
2世紀中期	占婆（占波）王國*1誕生於中部。 *1 開國始祖是來自印尼的占婆人。在4世紀左右建立美山遺址（>>>P.129）。

美山遺址

550年左右	高棉滅掉扶南王朝。
907年	唐朝滅亡，成為南漢的藩屬國。
938年	吳權將軍打敗南漢，從此脫離中國獨立。首都在河內。
944年～	丁朝、前黎朝等各朝興起。
982年	前黎朝滅掉占婆王國，統一越南。
1010年	李朝興起。以河內為首都。
1225年	陳朝取代李朝興起。
1257年	蒙古人（之後的元朝）入侵。
1400年	陳朝滅亡，胡氏掌握政權。
1414年	明朝滅掉胡氏王朝。再度歸入中國的藩屬國。
1428年	黎利帶領反軍擊敗明朝。成立黎朝。
1527年	因舊臣反叛，分裂成南北朝。
1786年	西山3兄弟舉兵起義，統一南北朝。
1082年	阮氏統一南北，成立阮氏王朝*2。 *2 越南最後的王朝，約有230年。當時的首都順化還保有皇宮遺跡（>>>P.143）。

阮氏王朝皇宮

1862年	敗給法國簽訂越南條約。
1882年	法國占領河內。
1899年	成立法屬印度支那聯邦。
1940年	日本軍隊進駐海防及南部。
1946年	發動第一次印度支那戰爭，希望脫離法國獨立。
1954年	在奠邊府戰役中打敗法國。
1964年	美國以東京灣事件為由轟炸越南北部（越南戰爭*3）。 *3 北越軍對南越解放軍，美國援助南越政府軍的戰爭。戰場擴大到寮國、柬埔寨（第2次印度支那戰爭）。
1968年	新春攻勢（北越在越南農曆新年發動的突襲戰）。
1973年	美國退出越南，簽署越南和平協議。
1975年	西貢（現在的胡志明市）淪陷，越南統一。
1976年	成立越南社會主義共和國。
1977年	越軍入侵柬埔寨。
1986年	通過革新開放政策。
1995年	和美國恢復邦交。

胡志明主席

胡志明市　EAT　SIGHTSEEING　BEAUTY　SHOPPING　TOWN　STAY

統一宮是1871年法國殖民時代，為法國總統興建的「諾羅敦宮」。之後也成為日本政府總部。

57

SIGHTSEEING 02

話題名店急速增加中！

草田區
時尚景點逛一圈

三角屋簷很顯眼，店門口是露天座位

開放區域的咖啡館空間

像隧道一樣有可愛曲線的入口。

② 在有機咖啡館吃素食午餐

🔸 MUST BUY

腰果起司
Kashew Cheese
18萬9000VND～

可當伴手禮的真空包裝。有原味和辣味。

🔸 MUST TRY

黃瓜麵
"Mì" Dưa Leo
25萬VND

切成像麵條一樣細絲的小黃瓜沙拉。撒莓果點綴。

飲品也很健康

① 去逛逛
聚集人氣商店的"Saigon Concept"！

🔸 MUST TRY

莫札瑞拉青醬三明治
Sandwich Mozza Pesto
14萬5000VND

腰果起司、巴西里和番茄做成三明治，份量十足。

芒果拉西8萬VND。使用腰果優格和腰果奶製作。

加了水果和香草的排毒水。

店內是半開放的寬廣空間，也有沙發座位。

充滿起司的熟食&飲品

1 Kashew Cheese Deli

在複合空間Saigon Concept的商店。所有菜單都使用在起司中添加腰果的「腰果起司」。

🏠 14 Trần Ngọc Diện, Thảo Điền, Q.2
📞 098-989-0927　🕐 9:00～20:00（週四～日～21:00）　全年無休　市民劇場搭車約20分鐘　刷卡OK　英語OK

草田區　▶MAP P.5 F-1

像住宅一樣有中庭的餐廳

2 Hum, Garden & Restaurant

使用蔬菜、水果、菇類等食材的正宗素食餐廳。以亞洲料理為主的創意菜，外觀也很華麗。

🏠 32, Số 10, Thảo Điền, Q.2
📞 0899-189-229　🕐 10:00～22:00　全年無休　市民劇場搭車約20分鐘　刷卡OK　英語OK

草田區　▶MAP P.5 F-1

胡志明市

WHAT IS

草田區在哪裡？

草田區原本是外國人居留的居住區，有高樓和別墅的高級住宅區。近年隨著發展持續，咖啡館、商店和飯店急速增加。也預計要蓋地鐵車站！

西貢河從胡志明市中心流經草田區，聚集許多人氣咖啡館及商店。吸引旅客和越南人目光的店家躍入眼前！

EAT

SIGHTSEEING

壁畫很可愛的咖啡館空間

繽紛的店內設計也很吸睛！

③

前往有可愛周邊商品的人氣咖啡館♪

日本主廚製作的蛋糕5萬5000VND～

▶ MUST BUY

越式法國麵包托特包
Tote Bag Bánh Mì
23萬VND

越南創作者設計的帆布材質包包。

▶ MUST TRY

熱奶茶
Trà Sữa Chai Nóng
8萬VND

充滿香料香氣、加了大量鮮奶的熱奶茶。也很推薦咖啡拿鐵。

濾掛咖啡15萬VND。

越南風俗習慣插畫馬克杯15萬VND。

BEAUTY

在流行的日用品店購物！

④

SHOPPING

集結越南風格日用品的一角。也有民族風日用品。

原創托特包44萬VND。

TOWN

在半戶外的寬敞店內稍作休息

③ L'Usine Thao Dien

人氣咖啡館「L'Usine」的草田區店。在通風的寬廣店門口附近也有設計日用品的商品空間。有分店。

🏠 24 Thảo Điền, Thảo Điền, Q.2
☎ 028-3898-9111、028-3898-9862　🕐 8:30～21:00（最後點單20:30）　🚫 全年無休　🚇 市民劇場搭車約20分鐘

[刷卡OK] [英語OK] [草田區] ▶MAP P.5 F-1

宛如玩具箱般的選物店

④ Vesta Lifestyle & Gifts

寬敞的店面集結家飾品、美妝、文具、時尚商品、美食特產等商品。也有販賣美味蛋糕的咖啡廳。

🏠 34 Ngô Quang Huy, Thảo Điền, Q.2
☎ 070-244-6153　🕐 9:00～21:00（週六・日～21:30）　🚫 全年無休全年無休　🚇 市民劇場搭車約20分鐘

[刷卡OK] [英語OK] [草田區] ▶MAP P.5 F-1

STAY

※L'Usine在俗稱日本街的黎聖宗街▶MAP P.9 E-1和S.C.的西貢購物中心▶MAP P.9 D-3也有分店。　59

SIGHTSEEING 03
美麗的懷舊空間！
走訪老公寓咖啡館&商店

老公寓是現今流行文化發射站！
到時尚咖啡館和話題商店聚集的公寓內部瞧瞧吧。

---

42 Nguyen Hue Apartment
42 Nguyễn Huệ Apartment

面朝像公園一樣的阮惠街大馬路。從公寓大樓住宅改建，聚集了咖啡館和商店。

🏠 42 Nguyễn Huệ, Q.1
🚶 市民劇場步行約4分鐘
同起街周邊 ▶MAP P.9 E-2

店內主題色是橘色！

吃甜甜圈休息一下♪

去裝潢可愛的甜甜圈咖啡館♡

這個霓虹燈是標誌！

像棋盤格一樣排列整齊的商店。招牌亮燈後的夜景也很漂亮。

露天區 面向馬路的小露天座位。風景很好。

甜甜圈的外觀和味道都很棒。
Dosh Doughnuts
販賣柔軟的招牌甜甜圈的咖啡館。有18種口味。位於3樓（台灣的4樓）。

☎ 090-131-2205
🕗 8:00～22:00
📅 全年無休
刷卡OK 英語OK

1 咖啡拿鐵・提拉米蘇6萬5000VND。**2** 加入焦糖化卡士達醬的甜甜圈4萬5000VND。**3** 焦糖香蕉甜甜圈4萬3000VND。

來自京都的越南1號咖啡館
Arabica Ho Chi Minh City, The Cafe Apartments

全世界展店195間分店的咖啡品牌。以夏威夷科納的自家農場咖啡豆為主，從世界各地採購。

☎ 無
🕗 7:00～22:00
📅 全年無休
刷卡OK 英語OK

1 義式濃縮咖啡6萬5000VND、咖啡拿鐵10萬VND。**2** 時尚的裝潢。也有露天座位。

想買天然美妝
Nau Nau

在Saigon Oi Cafe內的天然美妝商店。以越南為靈感的香水是人氣商品。

>>>P.87

草田區的Saigon Concept▶MAP P.5 F-1也有分店。

60

26 Ly Tu Trong Apartment
26 Lý Tự Trọng Apartment

位於同起街的轉角，聚集許多服飾店。1樓的KATINAT咖啡館是路標。

🏠 26 Lý Tự Trọng, Q.1
◎ 市民劇場步行約4分鐘
同起街周邊　▶MAP P.9 D-1

也有度假風單品♪

受越南年輕人支持的在地品牌

只販賣女裝。

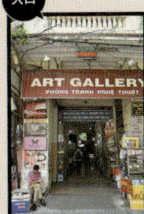

凸顯穿搭的繽紛單品。

入口

穿過藝廊之後有樓梯。

受10〜20歲女孩歡迎的商店

LIBE
LIBÉ

從走在時尚尖端的都會造型到有南洋風情的度假單品皆有販賣的商店。連身洋裝約30萬VND。

☎ 090-940-8169　　9:00〜21:00
全年無休　　刷卡OK　英語OK

---

14 Ton That Dam Apartment
14 Tôn Thất Đạm Apartment

越南年輕創作家齊聚一堂的文化發射站。

🏠 14 Tôn Thất Đạm, Q.1　◎ 市民劇場搭車約5分鐘
同起街周邊　▶MAP P.7 E-3

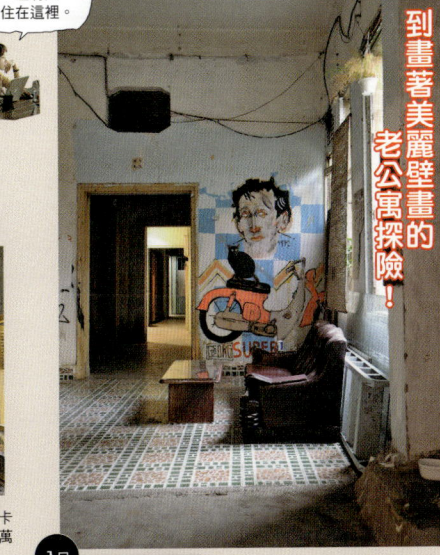

也有人住在這裡。

到畫著美麗壁畫的老公寓探險！

微暗店內的沉靜空間。

重新翻修的舒適咖啡館
Things Cafe

在放著復古沙發和擺飾的寧靜空間品嘗咖啡。隔壁是民宅請不要走錯。

☎ 055-977-6749
8:30〜22:00
全年無休　英語OK

阿拉比卡咖啡4萬VND。

入口

公共空間也有壁畫。

從最裡面的樓梯上樓。

42 Nguyen Hue Apartment的咖啡館Saigon Oi Cafe（→P.87）的食物菜單也很美味，廣受好評。 61

SIGHTSEEING 04 迷人的胡志明市夜景！
豪華**西貢河遊船**

吸睛POINT
Bitexco金融塔
地上68層，高265.5m的摩天大樓。收費觀景台及景觀酒吧頗受歡迎。

吸睛POINT
時代廣場
擁有六星級飯店The Reverie Saigon的商業複合設施。

西貢公主號晚餐遊輪
🕐 需時：約3小時　🍽 85萬VND～　需預約

西貢河遊船中最高級的郵輪。從胡志明市第四郡出發，眺望第一郡夜景，到第二郡西貢橋前折返約3小時的夜遊行程。

❶ 從遊艇停靠處上船
抵達多艘遊艇出航的港口。走登船橋進入遊艇。

❷ 聆聽現場演奏
進入船艙後，開始有樂隊現場表演。氣氛沉穩大器。

❸ 享用晚餐
有亞洲海鮮、無國界料理及西餐三種套餐供選擇。

❹ 到甲板欣賞夜景
樓上甲板設有沙發和躺椅，可以坐下來欣賞夜景。

就像這樣→

62

從船上欣賞胡志明市夜景的遊船行程。有提供娛樂表演採自助餐式的歡樂遊船，也有供應套餐的優雅郵輪等多種型式。

HOW TO
西貢河遊船
有很多家旅行社都有夜遊西貢河的項目。想參加團體行程，可從價格或內容等挑選自己喜歡的方案。

☑ **事先預約**
有很多遊船須事先預約。除了上網或打電話外，參加旅行團也很方便。

☑ **搭車到乘船處**
上船處離胡志明市中心車程約10分鐘。晚上可搭計程車不用擔心。

☑ **大多附晚餐**
以傍晚出航附晚餐的行程為主。多採自助餐形式。

☑ **也有白天遊船行程**
欣賞西貢河白天景致附午餐的行程也很受歡迎。

吸睛POINT
Vietcombank Tower
越南大型商銀「外貿銀行」的辦公大樓，高35層樓。

1 亮點是胡志明市第一郡的夜景。西貢橋附近的新開發區也頗受矚目。 2 頂層甲板上的氣氛很浪漫。 3 用餐空間宛如高級餐廳。 4 甲板上設有沙發座位。也推薦欣賞白天風景附午餐的遊船行程。

體驗優雅的航行
西貢公主號
Saigon Princess

可載198人的豪華郵輪，充滿法式殖民情。提供擺盤美麗的套餐料理。飲料費用另計。

🕐 18:00〜21:00　💰 85萬VND〜
刷卡OK　英語OK　需預約
乘船處 第四郡 ▶MAP P.7 F-3

預約方式　☎ 088-890-1068
URL　www.saigonprincess.com.vn

還有這些遊船！

搶眼的帆船造型
Indochina Junk Cruise
Indochina Junk Cruise

搭上叫做Junk的傳統木造帆船遊河。晚餐是和其他遊客併桌享用合菜。也有傳統音樂表演可看。

☎ 028-3895-7438、028-3547-1651、028-3547-1652
🕐 18:30〜21:15　💰 54萬VND
刷卡OK　英語OK　需預約
乘船處 第四郡 ▶MAP P.7 F-3

從遊船上也看得到高396.9m的越南最高樓Landmark 81 ▶MAP P.5 E-2。

SIGHTSEEING 05
說到越南傳統表演就是這個！？
體驗水上木偶劇！

水上木偶劇 Water Puppets

觀賞好笑可愛的越南傳統木偶劇！

聽不懂台詞也看得很開心♪

【預約】建議 【需時】50分鐘

50分鐘一轉眼就過了！

位於胡志明市區的劇場
金龍水上木偶劇院
Nhà Hát Múa Rối Nước Rồng Vàng

位於統一宮附近，每天上演水上木偶劇的劇院。採對號入座制，建議挑選前方座位看得比較清楚。節目手冊也有英文介紹。

- 55B Nguyễn Thị Minh Khai, Q.1
- ☎ 028-3930-2196　⏰ 18:30～
- 全年無休　30萬VND
- 濱城市場步行12分鐘
- 刷卡OK

統一宮周邊　▶MAP P.8 B-2

HOW TO

購票方式
可到劇院窗口直接買票，或是請旅行社代訂。

預訂方式
可以提前幾天購票並劃位。

當天前往劇院
請在表演開始前10分鐘抵達。結束後天色已晚建議搭計程車比較安全。

傳統表演 Traditional Show

【預約】需預約 【需時】30分鐘

在老字號飯店觀賞傳統表演
Hoa Mai Restaurant

在飯店餐廳邊用餐邊觀賞傳統音樂和民族舞蹈表演（免費）。不是固定表演項目需事先預約。

- 141 Nguyễn Huệ, Q.1（Rex Hotel）
- ☎ 028-3829-2185　⏰ 6:00～23:00
- 全年無休　市民劇場步行5分鐘
- 刷卡OK　英語OK　需預約

同起街周邊　▶MAP P.9 D-2

使用越南民族樂器演奏

以蜂蜜燉煮的香辣蝦。附砂鍋飯。

64

水上木偶劇源自河內。雖然發源地在河內，但胡志明市內也有正統劇院，能實際體驗到越南傳統文化戲劇。另外，餐廳也是輕鬆觀賞傳統技藝的地點之一。

WHAT IS 水上木偶劇

11世紀左右來自越南北部的人偶劇。以北邊的鄉村生活或傳說為題材，從水池舞台的後方操控人偶。

由大叔人偶解說！

START!! 觀賞流程

購票 — 在劇院右邊的售票處買票。還有空位的話就買得到當日票。

進入現場 — 在工作人員的帶領下進入現場。依票券指示對號入座。

開幕！ — 舞台兩側有樂隊。在民族樂器的現場演奏下拉開表演序幕。

主要節目

① 舞龍 — 龍在越南是很特別的存在。象徵權威及名譽，被視為吉祥物。

② 水牛和牧童 — 北部農村自古以來就很重視水牛的勞動力。

③ 抓青蛙 — 在池塘邊追活蹦亂跳的青蛙。

④ 釣魚 — 坐在小船上的老爺爺叼著耳朵一邊冒煙，一邊和魚兒搏鬥！

⑤ 鳳凰舞 — 2隻鳳凰優雅地游水。後來生下孩子共組家庭。

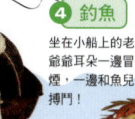

⑥ 梨王還劍傳說 — 流傳在河內還劍湖的故事。

⑦ 戲水 — 3位活潑孩童邊耍雜技邊玩水。

⑧ 仙女舞 — 優美的列隊團體舞蹈。

⑨ 壓軸 — 最後以巨龍噴火炒熱整場氣氛。

操偶師從水中登場！

操控人偶的表演者出來向觀眾致意。

烹飪教室 Cooking Class

學做經典越南菜

Hoa Tuc 西貢烹飪課
Saigon Cooking Class by Hoa Túc

預約	需預約
需時	3小時

教室位於知名餐廳「Hoa Tuc」2樓。每週更換菜單，除了做三道菜外，還贈送甜點。

🏠 74/7 Hai Bà Trưng, Q.1　☎ 028-3825-1676
🕐 8:00〜12:00、14:30〜17:30
🚫 週一　💰 84萬VND〜　🚶 市民劇場步行約5分鐘　刷卡OK　英語OK　需預約

有蓮立炒飯、生春捲等，擺盤也很講究。

同起街周邊　▶ MAP P.9 E-1

🪷 Hoa Tuc西貢烹飪課也有從市場採購開始學起的課程。　65

胡志明市 / EAT / SIGHTSEEING / BEAUTY / SHOPPING / TOWN / STAY

BEAUTY 01 價廉物美
上高級Spa療癒身心！

到越南旅遊一定要體驗CP值超高的美容Spa！無論是豪華的飯店Spa，或是街上的平價Spa，都能以台灣難以想像的價格享受得到。

別墅Spa

在法式殖民風住宅進行美麗Spa療程

HOW TO

Spa流程

▶ **必須事先預約**
原則上採預約制。可以請飯店櫃檯人員幫忙打電話預約。也會有會講英語的店家，溝通無礙。

▶ **也有英語OK的會館**
有些會館的電話接待人員或美容師會講英語，也有英文目錄參考。

▶ **不收小費**
療程價格不加收服務費，若對服務很滿意也可以給5～10萬VND。

▶ **下午人多擁擠**
14～16點是最多人預約的時段，最好提前預約。中午前人比較少。

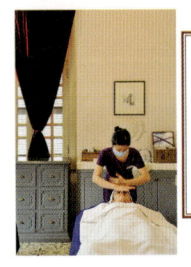

推薦療程 MENU
逆齡療程（臉部）
Soin Therapeutic (Facial)
90分鐘 200萬VND

具逆齡效果的臉部精華護理。蒸氣相當舒服。

伴手禮保養品在這裡！

也有販售天然香皂和法國製造的眼霜等自家美妝品。

漂亮的殖民地建築
L'APOTHIQUAIRE

在第一郡和第三郡都有分店，距離市中心較遠的第三郡是豪華獨棟別墅。提供臉部、身體和包套等多種療程。

🏠 64A Trương Định, Q.3
☎ 028-3932-5181
🕘 9:00～21:00（最晚預約19:30）
⊗ 全年無休　🚗 聖母院大教堂搭車約15分鐘　[刷卡OK] [需預約]

第三郡　▶ MAP P.6 B-2

66

知名飯店才有的
優質Spa

附泳池

推薦療程 MENU
精油
舒緩療程
Relaxing Aroma
Indulgence
60分鐘 145萬VND

從頭到腳的全身保養。有改善偏頭痛和失眠的效果。

記得帶泳衣

設備與服務絕佳的飯店Spa
Spa InterContinental
預約Spa項目的話，在按摩前後都可以使用飯店泳池。Spa內的設施齊全，有蒸汽浴和三溫暖。

🏠 39 Lê Duẩn, Q.1（西貢洲際飯店內）
☎ 028-3520-9999　⏰ 10:00〜20:00
（最晚預約時間依項目而異）　🚫 全年無休　🚶 市民劇場步行約10分鐘
刷卡OK　英語OK　需預約
同起街周邊　▶ MAP P.8 C-1

日本語 OK

設備齊全價格實惠
Anam QT Spa
可選擇在獨立包廂或公共區做Spa。也有頭皮、頭髮護理等頭部Spa療程。

🏠 26/1 Lê Thánh Tôn, Q.1　☎ 028-3520-8108　⏰ 9:00〜19:00　🚫 全年無休　🚶 市民劇場步行約10分鐘
刷卡OK　英語OK
同起街周邊　▶ MAP P.9 E-1

推薦療程 MENU
傳統
藥草按摩
Traditional Herbal Massage
75分鐘 110萬VND

用藥草和按摩的療效從深處舒緩疼痛和肌肉痠痛。

日本語 OK

胡志明市有5家分店的人氣會館
miu miu Spa
預約和按摩時都能用英語溝通，令人放心。除了精油按摩外還有指壓和泰式按摩等豐富選項。

🏠 90 Lê Thị Hồng Gấm, Q.1　☎ 028-2200-1618　⏰ 9:30〜23:00、週日9:00〜22:30（最晚預約時間為關門前1小時）　🚫 全年無休　🚶 濱城市場步行約6分鐘
刷卡OK　英語OK　需預約
同起街周邊　▶ MAP P.7 E-2

推薦療程 MENU
miu miu招牌
臉部保養
miu miu Signature Facial
60分鐘 60萬VND

不只做臉，連脖子、肩膀都會溫柔按摩。也包含臉部去角質及敷面膜。

日本語 OK

可以說英語的大型Spa
Sen Spa
擁有豐富的設施，如腳底按摩和臉部保養的專用包廂、濕蒸桑拿、乾蒸桑拿和按摩浴缸等。

🏠 10B1 Lê Thánh Tôn, Q.1　☎ 028-3825-1250　⏰ 9:30〜20:00　🚫 全年無休　🚶 市民劇場步行約15分鐘
刷卡OK　英語OK
同起街周邊　▶ MAP P.7 E-2

推薦療程 MENU
熱石
按摩
Hot Stone Massage
75分鐘 110萬VND

使用玄武岩熱石和指壓按摩，消除全身僵硬和緊張。

---

miu miu Spa在范五老街周邊 ▶ MAP P.8 C-3 有分店。　67

BEAUTY 02

700台幣以下超滿足！
高CP值腳底按摩

胡志明市中心有多家平價按摩店！只要有空位不用預約也能進去，結束一天行程或血拼後順路過去按摩吧。

累了就來這裡！

英語OK

會講英語令人放心！
街頭時髦Spa

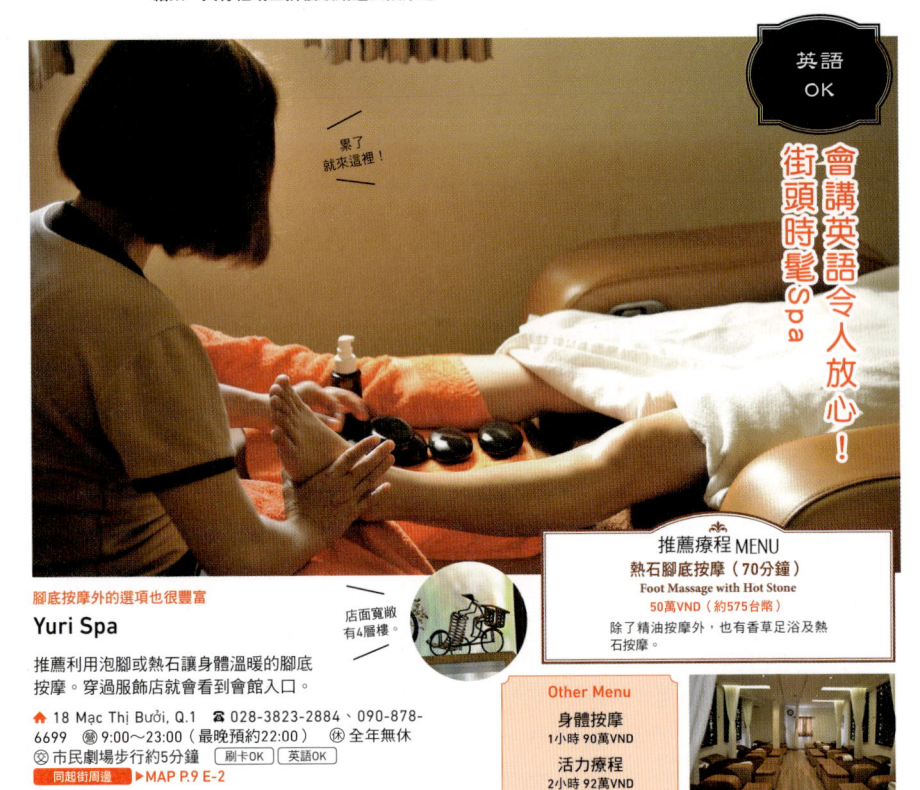

腳底按摩外的選項也很豐富
Yuri Spa

推薦利用泡腳或熱石讓身體溫暖的腳底按摩。穿過服飾店就會看到會館入口。

店面寬敞有4層樓

🏠 18 Mạc Thị Bưởi, Q.1 ☎ 028-3823-2884、090-878-6699 🕙 9:00～23:00（最晚預約22:00） 休 全年無休
🚶 市民劇場步行約5分鐘   [刷卡OK] [英語OK]
[同起街周邊] ▶MAP P.9 E-2

推薦療程 MENU
熱石腳底按摩（70分鐘）
Foot Massage with Hot Stone
50萬VND（約575台幣）
除了精油按摩外，也有香草足浴及熱石按摩。

Other Menu
身體按摩
1小時 90萬VND

活力療程
2小時 92萬VND

裝潢美麗

工作人員穿著奧黛迎賓

您好！

裝潢美麗的Spa
Spa Gallery

大廳和浴室都貼磁磚。Spa產品選用備受歡迎的泰國品牌THANN。

🏠 15B Thi Sách, Q.1 ☎ 028-6656-9571
🕙 10:00～23:00   休 全年無休
🚶 市民劇場步行約5分鐘
[英語OK]
[同起街周邊] ▶MAP P.9 E-1

推薦療程 MENU
基本腳底按摩（30分鐘）
Express Foot Massage
27萬VND（約310台幣）
使用熱石和芳療精油。也有60分鐘、1小時30分鐘、2小時的療程。

Other Menu
身體按摩
60分鐘 42萬VND

套裝療程
3小時 125萬VND

68

HOW TO

平價按摩館注意事項

▶ **可預約**
需要預約的平價按摩館不多，有空位的話就能直接進入。若是擔心可以先打電話預約。

▶ **不收小費**
項目單上沒有寫小費價格就不用給小費。覺得服務很好時也可以給5萬～10萬VND。

▶ **有些店無法刷卡**
療程便宜的店家有些只收現金。另外，有些店收日圓或美元。

▶ **擁擠時段**
週六、日或14～16點、20～22點經常客滿，最好先預約。沒有預約的話就在店內候位。

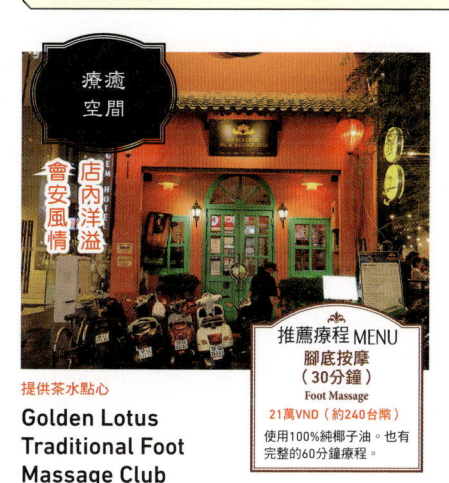

療癒空間
店內洋溢會安風情

推薦療程 MENU
腳底按摩（30分鐘）
Foot Massage
21萬VND（約240台幣）
使用100％純椰子油。也有完整的60分鐘療程。

提供茶水點心
Golden Lotus Traditional Foot Massage Club

有豐富的平價快速療程。週一～五的9～12點是折價時段，桑拿和去角質打八折。

🏠 15 Thái Văn Lung, Q.1　☎ 028-3822-1515　🕘 9:00～23:00（最晚預約21:30）　全年無休　市民劇場步行約5分鐘
[刷卡OK] [英語OK]
同起街周邊　▶MAP P.9 E-1

Other Menu
身體按摩
60分鐘 39萬5000VND
泰式按摩
1小時30分鐘 55萬VND

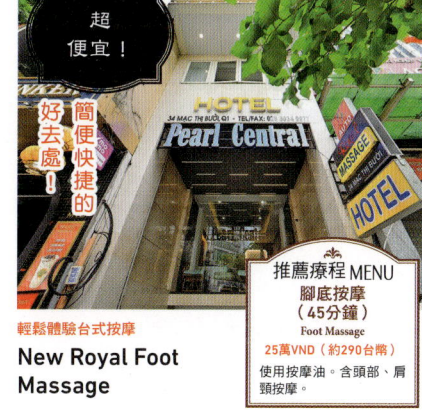

超便宜！
好去處　簡便快捷的

推薦療程 MENU
腳底按摩（45分鐘）
Foot Massage
25萬VND（約290台幣）
使用按摩油。含頭部、肩頸按摩。

輕鬆體驗台式按摩
New Royal Foot Massage

走在地風格的便宜按摩店。全身按摩1小時40萬VND～。店家接受美金付款。

🏠 34 Mạc Thị Bưởi, Q.1　☎ 03-9952-4250　🕘 10:00～24:00　全年無休　市民劇場步行約4分鐘
[刷卡OK] [英語OK]
同起街周邊　▶MAP P.9 E-2

Other Menu
泰式按摩
1小時 40萬VND
熱石按摩
1小時30分鐘 55萬VND

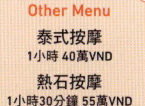

挑戰越南美甲

去有手部保養、腳部保養及凝膠美甲服務的美甲專業沙龍。推薦以下2家技術精湛的沙龍！

色彩繽紛！

想做到府美甲就選這家！
Kawaii Nail

提供多款可愛造型，如手工繪製越南傳統陶瓷缽場陶藝花紋的「旅行美甲」85萬VND等。凝膠美甲35萬VND～。

🏠 只有到府服務　☎ 090-259-8011　🕘 10:00～18:00　全年無休　濱城市場步行約8分鐘
[英語OK]

時尚法式沙龍
Merci

1樓設有咖啡館

自創的「OOH LALA」凝膠就算長時間配戴也不傷指甲。凝膠美甲39萬VND～、藝術美甲1片5萬VND。

🏠 17/6 Lê Thánh Tôn, Q.1　☎ 028-3825-8799　🕘 6:00～21:00　全年無休　市民劇場步行約8分鐘
[刷卡OK] [英語OK]
同起街周邊　▶MAP P.9 E-1

同起街周邊是便宜按摩店的激戰區！找出中意的店家吧。

胡志明市 | EAT | SIGHTSEEING | BEAUTY | SHOPPING | TOWN | STAY

SHOPPING
01 精選復古越南陶瓷

很適合買來居家妝點！

想買亞洲風情餐具送自己！上眼光獨到、品項豐富的選物店就能滿足這項心願。來去尋找中意的商品吧。

小江陶器
Sông Bé

手繪花紋很可愛 質樸的平民器皿

義式濃縮咖啡杯&茶托、湯匙可以買齊一套相同花色。Ⓐ

茶壺和茶杯的茶具組。托盤也是相同花色！Ⓑ

顏色和圖案種類豐富

▸ **橢圓餐盤** 各45萬VND
可以輕鬆融入日常餐桌的橢圓形扁盤。Ⓐ

▸ **圓盤** 65萬VND
配色很復古的扁盤。當分菜盤用剛剛好。Ⓑ

萊眺陶瓷
Lái Thiêu

時尚設計和骨董質感很棒

▸ **圓盤** 20萬VND
特色是霧面，且稍微帶有凹凸質感的花紋。感覺像骨董一樣。Ⓐ

中國風設計

▸ **圓盤** 98萬VND
模仿越南國旗，鮮豔的星星圖案很有特色。Ⓑ

WHAT IS

越南傳統陶器
特色是材質與設計依產地而異。

缽場陶瓷燒 
產地位於越南北部的缽場村。圖案主要是蜻蜓或花草等自然元素。

小江陶器 
出自越南南部的日常器皿。特色是陶土質感和樸實圖案。

萊眺陶瓷 
出自越南南部平陽省的陶器。特色是藍色和綠色的獨特設計。

缽場陶瓷
Bát Tràng

置物盒 18萬VND 
圓潤的愛心造型。圖案是越南國花「蓮花」。Ⓐ

置物盒 18萬VND 
手掌大小的附蓋置物盒。像日本畫一樣的筆法很素雅。Ⓐ

圓潤的造型很可愛！

附蓋置物盒85萬VND，可以在廚房使用。Ⓑ

鮮豔的配色

咖啡壺組 45萬VND
越南咖啡濾網和茶杯組合。Ⓑ

沉穩的配色營造出骨董感的茶杯35萬VND。Ⓑ

扁盤 55萬VND
可以拿來裝首飾的心形扁盤。也有不同圖案。Ⓑ

牙籤罐 35萬VND
設計成像置物盒一樣，為餐桌增添色彩的牙籤罐。Ⓑ

在這裡 GET

Ⓐ 找得到設計稀有的器皿
SONG BE
SÔNG BÉ

越南女店長的選物品味很出色。很多骨董餐具僅有一件。除了餐具以外也有日用品。

🏠 14 Trần Ngọc Diện, Thảo Điền, Q.2
在 Saigon Concept 內　☎ 093-867-5026　⏰ 9:00〜17:00　全年無休
🚇 市民劇場搭車約20分鐘
刷卡OK　英語OK

草田區　▶MAP P.5 F-1

Ⓑ 復古選物絕無僅有
KITO　>>>P.79

集結了胡志明市最優秀的復古小江陶器。豐富的原創缽場陶瓷等商品充滿魅力。

🏠 13. Tôn Thất Thiệp, Bến Nghé, Q.1
☎ 028-3829-6855
⏰ 9:00〜20:00　全年無休
🚇 市民劇場步行約6分鐘
刷卡OK

同起街周邊　▶MAP P.9 D-3

想找現代款！
amaï Dong Khoi

現代餐具品牌，可以用折扣價格購入amaï商品的專賣店。咖啡杯24萬VND。

🏠 76 Đ. Đồng Khởi, Bến Nghé, Q.1
☎ 028-3636-4169
⏰ 9:00〜21:00
全年無休　市民劇場步行約2分鐘
刷卡OK　英語OK

同起街周邊　▶MAP P.9 E-2

amaï Dong Khoi的本店在草田區　▶MAP P.5 F-1

SHOPPING 02 越南製造的可愛商品們！
布藝&時尚商品大集合

盛行製作手工藝品的越南才找得到的高品質布藝&皮革製品！

item 1 刺繡商品

繡了一個圖案的布製品，是經典的越南伴手禮。挑選可以長期使用的手作商品吧！

19萬8000VND
束口袋（中）
旅行時使用的束口袋，有許多不同尺寸。Ⓐ

29萬4000VND
面紙套
放一個面紙套就能讓家裡變雅致。Ⓐ

19萬8000VND
小拉鍊包
以越南質樸的鄉村風景為主題。Ⓐ

29萬9000VND（6個1組）
杯墊
有銀荊等種類豐富的花朵圖案刺繡。Ⓐ

item 2 少數民族布料

越南北部少數民族製作的傳統布製品。很多藍染布料搭配刺繡製作的繽紛商品。

40萬VND
手提包
使用瑤族的刺繡製作精細的幾何圖案。Ⓑ

8萬7500VND
鑰匙圈
洋裝部分是刺繡布。也可當包包吊飾。Ⓑ

37萬5000VND
肩背包
苗族的刺繡使用紅色、橘色等鮮豔顏色！Ⓑ

item 3 亞麻&絲綢

越南有多家高級的亞麻和絲綢商店。絲綢製品屬於越南的傳統產業，高品質廣受好評。

127萬5000VND
首飾收納包
旅行用，可以收納戒指和項鍊。Ⓒ

120萬VND
細肩帶（亞麻）
觸感很好的亞麻內衣。也有短褲。Ⓒ

87萬5000VND
小拉鍊包
碎花圖案刺繡的高級設計。可以收納內衣。Ⓒ

165萬VND
細肩帶（絲綢）
光滑的觸感。尺寸有S～L。Ⓒ

💬 慢慢挑選商品吧

Ⓐ Ha Phuong
帶著尋寶的心情找喜歡的商品！

胡志明市市區販售珍貴手工刺繡商品的專賣店。店內擺滿餐具和童裝等商品。

🏠 89 Lê Thánh Tôn Q.1
☎ 028-3824-5754　🕗 8:30～19:00
　全年無休　🚶 市民劇場步行約3分鐘
英語OK
同起街周邊　▶MAP P.8 C-2

Ⓑ Mystere
目標是少數民族日用品和絲綢

位於同起街的紀念品商店。刺繡絲巾售125萬VND，還有賣餐具、家居日用品等。

🏠 141 Đồng Khởi, Q.1
☎ 028-3823-9615　🕗 8:30～21:00
　全年無休　🚶 市民劇場步行約1分鐘
刷卡OK
同起街周邊　▶MAP P.9 D-2

Ⓒ Catherine Denoual Maison
亞麻寢具和家居用品

法國設計師開的商店。從歐洲進口高級亞麻在越南國內加工製造。

🏠 38 Lý Tự Trọng, Q.1
☎ 028-3823-9394　🕗 9:00～21:00
　全年無休　🚶 市民劇場步行約5分鐘
刷卡OK　英語OK
同起街周邊　▶MAP P.8 C-2

item 4 皮革製品

職人製作的皮革製品是越南的傳統產業。越南設計師創作的現代設計太可愛！

\NICE!/

WHERE IS
哪裡買布製品？
布品專賣店的繡品、少數民族布藝種類齊全。市場貨價格便宜。

445萬VND

各29萬5000VND

25萬VND

手提包
偏小的尺寸有豐富的顏色選項。**D**

395萬VND

49萬5000VND

可以挑選吊飾！
掛在包包上的吊飾也是皮革製。搭配當天的穿搭輪流吊掛。有玫瑰、芒果和郵票等造型。

75萬VND

護照套
主題是越南國旗。也可以放卡片。**D**

49萬5000VND

手提包
包中包也是皮革製，很講究。**D**

item 5 布包

一定要逛逛越南風格的流行設計布包品牌「Ipa-Nima」！

item 6 編織包

越南盛行用塑膠或藤編織成編織包。現代造型包包可作日常使用。

50萬VND

US$130

手提包
將打包帶編織包與絲巾結合。**F**

US$148

78萬VND

肩背包
小口金包。也有手拿包。**E**

肩背包
重點是亮片裝飾。也有不同顏色。**E**

手提包
用藤編織而成的幾何圖案很時髦。提把是竹製。**F**

現代設計的皮革包
D Desino
販售造型美麗的皮革包包。由越南設計師設計，在越南國內手工製作。

🏠 10 Nguyễn Thiệp, Q.1 ☎ 028-3822-0049 🕐 9:00～21:00
全年無休
市民劇場步行約3分鐘 [刷卡OK] [英語OK]
同起街周邊
▶MAP P.9 D-2

越南代表性國內品牌
E Ipa-Nima Showroom
越南女設計師創立的知名品牌。特色是使用串珠和亮片做成充滿個性的設計。

🏠 280B1 Lương Định Của, Q.2
☎ 093-882-6716 🕐 11:00～18:00
全年無休 市民劇場搭車約20分鐘 [刷卡OK] [英語OK]
草田區周邊
▶MAP P.5 F-2

種類豐富的打包帶編織包一字排開
F Happer's
設計、配色和尺寸都非常豐富，一定可以找到自己喜歡的包包。店長是日本人。

🏠 15A/39・40 Lê Thánh Tôn, Q.1
☎ 028-3602-0264 🕐 10:00～19:00
全年無休 市民劇場步行約10分鐘 [刷卡OK] [英語OK]
同起街周邊
▶MAP P.7 F-2

胡志明市 EAT SIGHTSEEING BEAUTY SHOPPING TOWN STAY

Desino店裡也有製作娃娃配件和吊飾的工作坊。 73

SHOPPING 03

胡志明市最大的伴手禮市場
潛入濱城市場！

越南伴手禮的集中市場，是必訪的購物景點。
到匯集各色貨物的大型亞洲傳統市場挖寶吧！

布製商品推薦到950號的良心商家Binh Minh購買♪

濱城市場DATA
- 面積：1萬m²
- 攤商數：約1500間
- ▶布製品、服飾、工藝品：約650間
- ▶涼鞋、包包、皮件：200間
- ▶美食區：200間
- ▶生鮮食品（蔬菜、水果等）：250間
- ▶加工品：200間

宛如迷宮般的亞洲用品寶庫

越南伴手禮齊聚一堂
濱城市場
Chợ Bến Thành

市場占地面積廣大，約有1萬m²。從日用品及工藝品伴手禮店到餐飲店等，擠滿1500家攤商。

- 🏠 Lê Lợi, Q.1
- ☎ 無
- 🕐 6:00～19:00
- 📅 全年無休
- 🚶 市民劇場步行約10分鐘

范五老街周邊　▶MAP P.8 C-2

冰沙
Sinh Tố
3萬VND
芒果或百香果等水果冰沙。

市場配置圖
北門	
生鮮食品	生鮮食品
加工品	加工品
餐飲店	蔬菜水果
餐飲店	布製品、工藝品、服飾
涼鞋、包包	皮件、包包
	皮件、包包
布製品、工藝品、服飾	布製品、工藝品、服飾

西門　／　東門　／　夜市
南門（正門）黎利街

🪷 HOW TO 逛市場

▶**最好中午前到**
市場內沒有空調，最好上午過來比較涼爽而且人少。

▶**殺價OK**
沒有定價要自行喊價。一開始就先砍半價。也可以湊數量殺價。

▶**略通日語**
店員會說價格等簡單的日語。

⚠ ATTENTION！

☑ **有扒手！？**
在狹窄的店內或通道上挑貨時，要多留意自己的隨身物品。

☑ **強行拉客**
會發生強拉顧客手腕不放行的情況。不買的話盡量不要摸商品。

☑ **小心不要被敲竹槓**
注意價格位數。不放心的話可以按計算機或寫在紙上確認清楚。

☑ **注意仿冒品**
服飾、運動鞋或包包等的名牌仿冒品很多。不要誤認為正貨。

還能休息片刻
市場西邊角落有一排可坐下來吃東西的小店。除了越南菜外，也有剉冰等甜點。

在市場採購的商品

零錢包 — 各3萬VND
附拉鍊的薄型零錢包。有豐富的顏色選擇。

置物漆盒 — 15萬VND
附蓋子的置物漆盒。越南盛產膠漆，漆製品為傳統工藝品。

椰殼碗 — 5萬VND
在椰殼內側上漆的碗。以奧黛服女性為圖。

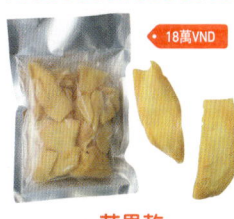

芒果乾 — 18萬VND
水果乾或堅果除了小包裝外，也有整公斤的量販品。

咖啡濾杯 — 4萬VND
放入咖啡粉緩慢濾滴成越南咖啡！

打包帶編織包 — 10萬VND
用塑膠打包帶編織而成的編織包是經典商品。尺寸選項豐富。

束口袋 — 各2萬5000VND
歐根紗繡品。圖案種類豐富。

涼鞋 — 35萬VND
款式豐富，有不同的高度和造型，可在店內試穿。

藤編包 — 50萬VND
小尺寸藤編包。有肩背等各種款式。

逛夜市！
市場關門後，在建築物兩邊通道有夜市可逛！還有小吃攤美食可以吃。

在露天餐館也吃得到。
蒸蝦12萬VND。

直到半夜都很熱鬧。

HOW TO

逛夜市
▶晚上19點開始
夜市每天從19點開到24點左右。
▶MAP P.8 C-2

沒有廁所
只能跟附近飯店借廁所，或到餐廳、咖啡館消費使用。

清城市場是以旅客為主的觀光市場，價格比當地市場貴。

胡志明市 / EAT / SIGHTSEEING / BEAUTY / SHOPPING / TOWN / STAY

75

一看就懂 越南之旅 STUDY

當地市場玩法

市場購物訣竅

▶ 試著討價還價
因為商品沒有標價，要先跟店員喊價。有機會以開價對折成交。

▶ 大量購買最划算
比起只買一個，多買幾組比較容易殺價。買不同顏色的商品當分送用伴手禮。

▶ 按計算機或寫在紙上確認價格
遊客多的市場可用簡單英語溝通。語言不通時可以寫在紙上或利用店內的計算機確認價格。

▶ 小心仿冒品
市場也會賣高仿精品。賣假貨是違法的行為，請不要購買。

▶ 遇到強拉情況……
有些以觀光客為主的店家會拉住顧客不放行。不想買的話請斷然拒絕。

造訪朝氣蓬勃的越南市場

說到亞洲旅行的樂趣，就是逛當地傳統市場！戶外賣肉、魚或蔬果等生鮮食品的攤位，一大早就很熱鬧，室內則擠滿各式小店，有生活用品店、服飾店、乾貨店或伴手禮店等。

市場一隅也有餐館，主客戶是在那裡工作的人們，不曾在遊客餐廳看過的當地特色菜熱氣騰騰，令人垂涎。

在胡志明市規模最大的濱城市場，有超過1500家小店，相當驚人。場內劃分成好幾區，貨物高疊宛如迷宮。市場內的商品沒有定價，以喊價的方式買賣。和店員交涉頗有趣，也是旅行探索的樂趣之一。

好多當地T恤，也是必買伴手禮。

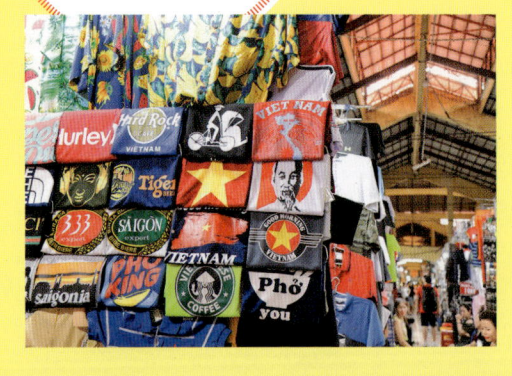

上市場必做的5件事

1 搜刮便宜貨
幾乎所有越南用品如刺繡錢包、束口袋、藤編包、漆器具或飾品等都買得到。多逛幾家店找出喜歡的商品。

2 挑戰平民美食♡
市場一隅有當地小吃店或果汁吧。有些商店沒有菜單，可以用手比當地人吃的餐點點菜。

3 購買美食特產
也賣水果乾、堅果或咖啡等。除了秤重計價外，還有小袋包裝。

4 潛入夜市！
濱城市場每天都有夜市。除了吃小吃或路邊攤等市場美食外，也有多家伴手禮攤販可逛。

5 當地市場引人注意
平西市場、太平市場、新定市場在地氣氛濃厚。很少會拉客，因此可以輕鬆購物。新定市場的布料豐富。

胡志明市的主要市場

胡志明市的大市場
濱城市場
Chợ Bến Thành
>>>P.74

日用品◎ 美食◎
服飾◎
夜市◎

范五老街周邊 ▶MAP P.8 C-2

位於堤岸華人區
平西市場
Chợ Bình Tây
>>>P.92

日用品◎ 美食◎
服飾○
夜市×

堤岸 ▶MAP P.4 A-3

想逛地方傳統市場
太平市場
Chợ Thái Bình
>>>P.91

日用品○ 美食○
服飾△
夜市×

范五老街周邊 ▶MAP P.8 A-3

布料種類豐富
新定市場
Chợ Tân Định
>>>P.79

日用品◎ 美食◎
服飾○
夜市×

第三郡 ▶MAP P.6 C-1

市場的營業時間大多是從早上6點開門，傍晚18～19點左右關門。市場收工後才有夜市。

SHOPPING 04
訂做喜歡的服飾！
訂製奧黛&西服

從試著嘗鮮的奧黛到量身打造的西服等手工縫製服，
挑戰越南才有的低價「訂製」服務！

奧黛 Áo Dài

預算 訂製奧黛
369萬7000VND〜
刷卡OK

除了訂做奧黛外，也有西服或配件用品！

奧黛（手繪蠟染布料）
610萬VND

使用高級蠟染（Batik）布料。有很多不同的平價手蓋印染圖案可選。

奧黛洋裝
250萬VND〜

以奧黛風格設計的連身裙。比傳統奧黛更方便在日常穿搭。

束口袋
13萬5000VND
收口後像葉片一樣的造型！

手提包
20萬4000VND
很適合當化妝包的尺寸&形狀。

英語OK的訂製店
Flame Tree by Zakka

除了用手工印染布料裁製的奧黛外，也可訂做連身裙等西服。幾天內就完成留在越南期間即可取貨。

【本店】
🏠 7A Đỗ Quang, Thảo Điền, Q.2
📞 0703-134-714　週五・六11:00〜16:00
❌ 週一〜週四・週日　🚇 市民劇場搭車約15分鐘
刷卡OK
草田區　▶MAP P.5 F-1

【Saigon Concept店】
🏠 14 Trần Ngọc Diện, Thảo Điền, Q.2
📞 0703-134-714　11:00〜16:00
❌ 全年無休　🚇 市民劇場搭車約20分鐘
刷卡OK
草田區　▶MAP P.5 F-1

訂做流程

① 挑選設計
傳統的七分袖奧黛，或是短袖休閒服飾。

② 挑選布料
有高級印花布等多種材質和圖案。也有12種裝飾可選。

③ 丈量尺寸
丈量胸圍、腰圍、肩寬等尺寸，縫製完全符合身形的服飾。

④ 再來試穿
數天完成。試穿成品，若不合身再修改。

可用同塊布做錢包。

🪷 WHAT IS
訂製服的魅力

① 比在台灣划算
相同價格，在台灣只能購買成衣，在越南卻能輕鬆訂做喜愛的服飾。若想自帶布料最好事先詢問店家。

② 數日交件
數日即可完工，旅途中就能下單&取貨很棒。

③ 有些店家也通華語或英語
細節部分還是用華語溝通比較順暢。挑選華人經營的店舖或是店員會說華語或英語的商家比較放心。

奧黛連身裙
Áo Dài Dress

訂製奧黛
230萬VND～
刷卡OK

布料種類豐富
KITO

招牌款是參考奧黛設計的連身裙。可以自由搭配喜歡的手工印染民族風圖案布料訂製。

同起街周邊 ▶MAP P.9 D-3
>>>P.71

布料種類豐富到令人難以抉擇！

手帕
各35萬VND
附刺繡的繽紛手帕。

訂製流程

① 挑選設計
可以和店員討論後自由設計領子和袖子造型、身長等。

② 挑選布料
材質與圖案種類豐富。販賣不同的印度手工印染布和越式復古圖案布等。

③ 量身
可以請店家量身縫製成合身尺寸。最快隔天完成！

奧黛連身裙
280萬VND
設計特色是突顯身形。穿起來很舒適。

洋裝
Dress

訂製洋裝
140萬VND～
刷卡OK

洋裝
160萬VND

客製化設計，也受到當地人熱烈討論！

洋裝
140萬VND

亞麻無內裡的洋裝140萬VND。自備布料則是80萬VND。

訂製流程

① 告知想要的設計
出示雜誌或照片提出要求。可以用日文溝通很棒。

② 挑選布料
從店內眾多布料中挑選自己喜歡的布料。也可以自備喜歡的布。

③ 量身
配合身型製作。完成後試穿，必要時微調。

老闆通日語
Usagi

老闆曾到日本留學。提供洋裝樣品或照片就能訂做。也經常有客人訂製大衣、白襯衫。

🏠 44 Hai Bà Trưng, Q.1　☎ 028-3822-6366
🕘 9:30～19:00　休 全年無休
🚶 市民劇場步行約4分鐘　刷卡OK

同起街周邊 ▶MAP P.9 E-1

可以跟任何一位店員諮詢。

第三郡的新定市場▶MAP P.6 C-1有很多布莊！1公尺約6萬VND。

胡志明市

EAT

SIGHTSEEING

BEAUTY

SHOPPING

TOWN

STAY

SHOPPING 05 流行越南設計引人注意！
前往店長推薦日用品的選物店

想買越南創作者設計的日用品就到時尚的選物店。
現代&流行的設計充滿越南風格！

在童心未泯的選物店遇見喜歡的設計！

OHQUAO Concept Store是聚集特色商店的區域。 A

購物POINT

文具及服飾眾多！！

A 在OHQUAO除了經典的明信片以外，還有很多文具類商品。時尚商品也很豐富，所以一定找得到很棒的紀念品。

店內裝潢和展示也很時髦。

磁鐵11萬VND，買四送一。

80

胡志明市 SHOPPING

A 托特包
參考越南建築設計的幾何圖案。共有3色。
45萬VND

A 鴨舌帽
把越南國旗的星星圖案放在頭頂上！
45萬VND

B 鴨舌帽
當地建築333的圖案很可愛。也有白色。
25萬5000VND

A 明信片
胡志明市的地標和越南咖啡等明信片&信封
6萬VND

A 串珠包
完全由串珠做成的小尺寸手提包。
35萬VND / 55萬VND

A T恤
有個越南小塑膠椅圖案。
6萬VND

購物POINT
木工作品不容錯過！
B 越南的傳統工藝「木工創作」也升級成現代版！The Craft House販賣從小東西到桌遊等豐富的木製品。

B 杯墊
陶製杯墊每個插圖都不同。4入一組。
26萬200VND

B 胸針
以室外理髮和越南料理等當地文化為主題。
8萬VND / 8萬VND

A 鑰匙圈
將創作者畫的可愛插畫做成塑膠吊飾。
6萬VND / 5萬5000VND

反映當季藝術&文化
A OHQUAO Concept Store
OHQUAO Concept Store

創作者情侶檔經營的選物店。從胡志明市起家照亮越南當地藝術家。

🏠 58/12 Phạm Ngọc Thạch, P. Võ Thị Sáu, Q.3
☎ 079-983-0021　⏰ 9:00～20:00
休 全年無休　🚇 聖母院大教堂搭車約8分鐘
刷卡OK　英語OK　第三郡　▶MAP P.6 C-1

融合傳統與現代的商品
B The Craft House
The Craft House

擺設在越南國內製作的手工藝作品和以越南文化為主題的日用品。也有咖啡和巧克力等美食特產。

🏠 32 Đồng Khởi, Q.1　☎ 091-996-2320
⏰ 9:00～22:00　休 全年無休　🚇 市民劇場步行約4分鐘
刷卡OK　英語OK　同街周邊　▶MAP P.9 E-2

OHQUAO Concept Store在草田區 ▶MAP P.5 F-1 也有分店。

81

SHOPPING 06 特別的越南逸品
把美食特產帶回家

好想送人用的越南美食！這時就到大型食品店！
包裝漂亮的咖啡或堅果是最佳伴手禮。

Dried Fruits & Nuts

gourmet gift 1 水果乾＆堅果

輕巧好攜帶最適合一次買足的「乾貨」。鎖定有機廠商Monsieur Luxe的產品。

8萬5000VND

8萬5000VND

Monsieur Luxe的水果乾＆堅果
在選物店也買得到的人氣品牌。推薦給重視健康的人。

各2萬4000VND

水果乾 百香果／芒果
五顏六色的包裝。常見的鳳梨或木瓜等口味都有。

NICE!

17萬2000VND～

腰果
推薦略帶苦味的帶皮腰果！

Coffee & Tea

gourmet gift 2 咖啡＆茶

咖啡有咖啡豆、咖啡粉或即溶咖啡。茶類則有蓮花茶、茉莉花茶或綠茶等多種選項。

23萬8000VND

12萬VND～

19萬1000VND

蓮花茶
帶有蓮花清香的高級茶。書本造型盒裝適合送人。

咖啡
咖啡粉。有羅布斯塔或阿拉卡比等各種豆子。

附濾杯的咖啡
在越南是把包裝內的濾杯放在杯子上濾滴咖啡。

WHERE IS

哪裡買美食特產？

推薦到品項齊全的大型食品店。而在百貨公司超市，就能找到包裝精美的優質商品。

選項豐富的高級超市

Annam Gourmet Market

位於高島屋百貨公司地下樓層，從食品到保養品應有盡有。除了越南在地品牌外也有國外進口商品。

🏠 67 Lê Lợi, Q.1　☎ 03-9204-3674
🕐 8:30～21:30（週五到週一～22:00）
㊡ 全年無休　濱城市場步行約5分鐘
[刷卡OK]　[英語OK]
范五老街周邊　▶MAP P.9 D-3

Seasoning

帶回越南才有的特殊調味料，在家重現越南菜！

gourmet gift 調味料

雞肉河粉 1萬7000VND

6萬9000VND

順化牛肉米線 1萬7000VND

2萬2000VND

胡椒粒
胡椒產地富國島的白胡椒。也有黑胡椒。

越南高湯塊
只要把高湯塊和配料一起放進鍋煮熟即可。

魚露
越南風味魚露。可以炒菜、燉煮料理或調製春捲沾醬。

好攜帶 2
保存期限 3
CP值 3
適合分送 2
份量 3

Rice Paper & Rice Noodle

XIN CHÀO

gourmet gift 米紙 & 米粉

製作生春捲或河粉等經典越南菜的食材。

1萬6000VND

3萬6000VND

4萬3000VND

米紙
乾燥米紙建議越薄越好，方便入口。

粿條
乾粿條。和河粉一樣放入雞或牛高湯煮。

河粉料理包
有河粉、湯頭、配料和調味料的4件組。包裝上有寫做法。

好攜帶 3
保存期限 3
CP值 3
適合分送 3
份量 3

🌸 Annam Gourmet Market除了高島屋分店外，在二徵夫人街 ▶MAP P.9 E-2 也有分店。

SHOPPING 07

一次買齊分送用伴手禮！
便宜超市伴手禮

想採購很多便宜伴手禮分送給同事或同學！這時上當地超市準沒錯。
從食品、日用品到保養品應有盡有，真令人開心。

要找低於200台幣（≒17萬VND）的便宜伴手禮！？

編輯A：原本以為越南物價便宜，伴手禮的價格也很低廉！結果大錯特錯。越南目前經濟起飛，物價也跟著飆漲。注重品質的專賣店價格居然不便宜呢。

編輯B：這麼棒的伴手禮倒是適合買來送自己（笑）。帶到公司或學校分送的大量伴手禮還是以價格為導向！

所以推薦當地人常去的超市！位於胡志明市區的大型超市，除了越南咖啡或水果乾等必買美食特產外，還有比較特別的商品，重點是價格便宜。

到生活用品區看當地人才會買的物品也很有趣！

還有日本品牌的防曬乳和洗髮精，旅途中也能買來用，超方便。大力推薦走一趟當地超市開眼界！

DRIED FRUITS & NUTS
濃縮熱帶水果的美味

可以買到比台灣價格便宜的水果乾和堅果！

木瓜乾 10萬500VND
大容量且價格實惠很吸引人！也有杏仁和開心果。Ⓐ

腰果 29萬3000VND
大顆的整粒帶殼腰果。口感醇厚香甜。Ⓑ

香蕉乾 2萬2300VND
切片乾燥的香蕉吃起來有零食般的口感。Ⓐ

南瓜籽 5萬8320VND
健康的南瓜籽是人氣零食。也有向日葵籽。Ⓒ

芒果乾 3萬8500VND
推薦酸味及甜味平衡的芒果乾。整箱裝也很適合當伴手禮。Ⓑ

火龍果乾 3萬2900VND
乾燥火龍果不會太酸且甜度剛好，吃起來很順口。Ⓑ

DRINKS
目標是當地飲品！

一定要試試看超便宜的當地啤酒！茶葉和咖啡留給自家喝。

Huda啤酒 1萬2300VND
越南中部城市順化的當地品牌。滋味清爽可口。

333（BaBaBa） 1萬2800VND
越南知名酒商「西貢啤酒廠」生產的經典啤酒。Ⓐ

蓮花茶 1萬9500VND
以越南國花蓮花薰製而成的茶葉。茶包包裝。

即溶咖啡 6萬300VND
只須用熱水溶解的顆粒狀咖啡。含砂糖與奶精。Ⓑ

BIA SAIGON LAGER 1萬2000VND
和333齊名的人氣品牌。有SPECIAL和CILL等不同品牌，其中最經典的是LAGER。Ⓑ

HOW TO

目標是購物中心
胡志明市市區的購物中心地下樓層大多有大型超市。西貢購物中心地下層有高級超市Annam Gourmet Market（→P.83）。

大部分都可刷卡
大部分超市都可以使用信用卡。依調味料、零食等分門類排列商品，用信用卡購物的流程也和日本相同。

都是沒看過的零食！？ SNACKS

買在台灣很稀有的越南傳統知名點心和使用了南洋水果的點心當伴手禮。

綠豆糕 3萬5000VND
用綠豆製作的傳統點心。有椰子等4種口味包裝。Ⓐ

榴槤蛋糕 5萬6600VND
用榴槤和綠豆，放入鹹鴨蛋做成像日式饅頭的點心。Ⓐ

椰子糖 4萬1700VND
像牛奶糖一樣的軟糖。有許多不同品牌。Ⓑ

越南版雷米香 3萬3700VND
用麥芽糖包裹杏仁和紫米做成像雷米香一樣的糙米棒。Ⓑ

也有許多簡便美食 FOODS

帶回速食食品和調味料，在自己家中享受越南料理吧！

速食河粉 9200VND
含1人份麵條、湯包、調味料的牛肉河粉組合。Ⓐ

蝦醬 9000VND
可以用來炒菜或當沾醬使用的辣蝦油。充滿異國香氣。Ⓑ

好好調味鹽 1萬5800VND
越南經典速食麵品牌「好好」的香料鹽。鮮蝦風味。Ⓑ

蝦餅 1萬9000VND
油炸後膨脹的鬆軟煎餅。越南料理的經典配菜。Ⓐ

順化牛肉米線 1萬6100VND
越南中部的特色麵食「順化牛肉米線」的調味粉。用鍋子煮。Ⓐ

蜂蜜薑黃 3萬3900VND
蜂蜜&薑黃的綜合錠。推薦給注重健康的人！？Ⓑ

在Vincom Center地下層的大型超市
Ⓐ Winmart

以無可匹敵的店舖數量為豪的當地品牌。便宜價格很吸引人。

🏠 72 Lê Thánh Tôn、45A Lý Tự Trọng, Q.1 Vincom Center B3F ☎ 無
🕗 8:30～22:00　全年無休　市民劇場步行約3分鐘
刷卡OK　英語OK
同起街周邊　▶MAP P.9 D-1

當地人愛去的地方超市
Ⓑ Coop Mart

胡志明市屈指可數、面朝大馬路的大型超市。1樓是生鮮食品和生活百貨賣場，2樓則是餐廳及服飾賣場。也有自有品牌商品。

🏠 189C Cống Quỳnh, Q.1　☎ 028-3832-5239　🕗 8:00～22:00　全年無休
濱城市場搭車約5分鐘　刷卡OK
范五老街周邊　▶MAP P.6 B-3

※Winmart除了超市以外也有便利超商Winmart+。店舖數量多，遍布越南全國。

胡志明市的主街道

同起街周邊
Đồng Khởi

從聖母院大教堂延伸到西貢河的熱鬧大街同起街周邊，美麗的法式建築坐落其間。還有多家咖啡館、商店及餐廳等以觀光客為主的商店，外國人絡繹不絕。

- 新山一國際機場
  搭計程車約25分鐘
- 濱城市場
  步行約5分鐘

漫步主街道

日：◎、夜：○
美食、購物、Spa等全在這區包辦！

Đồng Khởi 01
漫步在建築優美的街道♪

目前仍有節目上映的市民劇場，扮演市政府角色的人民委員會大廳、老字號飯店Hotel Majestic Saigon等，都是兼具實用性的歷史建築物。

聖母院大教堂附近的中央郵局（>>>P.54）。至今仍在使用，開放內部參觀。

聖母院大教堂 Ⓐ >>>P.54
市民劇場 Ⓑ >>>P.55
人民委員會大廳 Ⓒ >>>P.55
Hotel Majestic Saigon Ⓓ >>>P.54、94

Ⓐ 聖母院大教堂 >>>P.54
Ⓔ LIBE >>>P.61
Ⓑ 市民劇場 >>>P.55
Ⓒ 人民委員會大廳 >>>P.55
Ⓕ Mystere >>>P.72

阮惠街是當地居民的休閒去處

這裡也是聚會場所，半夜都還很熱鬧。人民委員會大廳的點燈景致必看。

Đồng Khởi 02
走訪大街商店購物

在同起街兩旁有櫛比鱗次的越南伴手禮店。有喜歡的店就都去逛逛吧。

位於Ly Tu Trong Apartment 2樓的服飾店。只賣女裝。
LIBE Ⓔ >>>P.61

販售適合當伴手禮的刺繡或織品等布藝商品，也有盛容器和花瓶等。
Mystere Ⓕ >>>P.72

陶器品牌量販店，特色是現代設計和柔和色彩。
amaï Dong Khoi Ⓖ >>>P.71

86

同起街上的餐廳「Vietnam House」。

人民委員會大廳前的黎聖宗街車水馬龍。

Đồng Khởi 03
潛入阮惠街老公寓！

阮惠街的馬路中間宛如公園造景。42 Nguyen Hue Apartment是棟8層樓的舊建築，內有人氣咖啡館和商店。

蔚為話題的可愛裝潢
Saigon Oi Cafe H

以白色和木頭為基調的自然系裝潢，不但是打卡網紅店，也是頗受年輕人好評的咖啡館。可從戶外座位俯瞰街景。

- 🏠 5F, 42 Nguyễn Huệ, Q.1 ☎ 090-934-1006
- 🕗 8:00～23:00   全年無休
- 🚇 市民劇場步行約4分鐘

刷卡OK　英語OK
同起街周邊　▶MAP P.9 E-2

珍珠拿鐵咖啡6萬VND

要找有機保養品就來這裡
Nau Nau I

店內陳列著天然香皂和護手乳等包裝可愛的護膚產品。位於Saigon Oi Cafe隔壁。

- 🏠 5F, 42 Nguyễn Huệ, Q.1
- ☎ 093-894-6681   🕘 9:00～21:00   全年無休   市民劇場步行約4分鐘

刷卡OK　英語OK
同起街周邊
▶MAP P.9 E-2　>>>P.60

人氣商品是香水170萬VND和沐浴露35萬VND。

西貢河沿岸飯店林立

西貢河沿岸以Hotel Majestic Saigon為首的飯店林立，可從餐廳或酒吧欣賞美麗風光。

- **J** Annam Gourmet Market
- **G** amaï Dong Khoi >>>P.71
- **D** Hotel Majestic Saigon >>>P.54,94
- **H** Saigon Oi Cafe
- **I** NauNau

步行3分鐘
二徵夫人街

知名超市分店在這裡
大量的美食特產商品
Annam Gourmet Market J

販售豐富越南品牌美食特產的高級超市。2樓也有廣受好評的自助式午餐內用空間。

- 🏠 16-18 Hai Bà Trưng, Q.1 ☎ 090-266-8876
- 🕖 7:00～21:00   全年無休   市民劇場搭車約5分鐘

刷卡OK　英語OK
同起街周邊　▶MAP P.9 E-2　>>>P.83

有多家如柏悅飯店(→P.96)、喜來登飯店、The Reverie Saigon、Caravelle等知名飯店。

胡志明市

EAT / SIGHTSEEING / BEAUTY / SHOPPING / TOWN / STAY

87

胡志明市的頂級時尚區！

草田區
Thảo Điền

和胡志明市中心隔著西貢河的草田區，是近年來備受矚目的新開發區。境內有富豪或當地外國人居住的豪宅大樓、購物中心、時髦咖啡館及商店，而且數量年年遞增！

- 新山一國際機場　搭計程車約25分鐘
- 同起街　步行約20分鐘

到時髦城市遊玩！

日：◎　夜：◎

滿足購物、美食需求的地區。也有Spa和美甲沙龍。

Thảo Điền 01
空間時髦的午餐館！

從隱密咖啡館到優雅的法國餐廳等，介紹草田區才有的微奢華美食地點享用午餐！

❶後方建築物設有開空調的室內座位區。也販售小江陶器的餐具等伴手禮。❷宛如置身叢林間的Quan Bui Garden露天座位區。

越南現代創意料理
Quan Bui Garden Ⓐ
Quán Bụi Garden

靜立於巷弄間的私藏餐廳。從早營業到晚，只喝杯咖啡也OK。擺盤美麗的創意料理頗受好評。

- 🏠 55 Ngô Quang Huy, Q.2
- ☎ 028-3898-9088　🕐 7:30～23:00　全年無休　市民劇場搭車約20分鐘　英語OK
- 草田區　▶MAP P.5 F-1

乾豬肉燒肉米粉12萬9000 VND。

到雅致的宅邸餐廳吃午餐
Trois Gourmands Ⓑ

附泳池的法式別墅改建成的餐廳。提供裝潢沉穩的室內座位區和泳池畔的露天座位區。

- 🏠 39 Trần Ngọc Diện, Q.2　☎ 090-225-884　🕐 11:30～16:00、17:00～22:00　全年無休　市民劇場搭車約25分鐘　刷卡OK　英語OK　需預約　僅限晚餐時段
- 草田區　▶MAP P.5 F-1

除了單點菜色外，還有5道菜式的套餐199萬VND。

步行很遠…？

Thao Dien街周邊店家林立，熱鬧區域逐漸擴大，所以從頭走到尾約30分鐘。推薦搭Grab移動。

Ⓐ Quan Bui Garden

Ngo Quang Huy街

Xuan Thuy街

Thao Dien Pearl

內有電影院和購物中心。逛街時這2棟高塔大樓相當醒目。

Banh by Mia有像巴黎一樣的氣氛（→P.38）。

在Quan Bui Garden入手餐具。

Thảo Điền 02
前往聚集熱門店家的複合空間！

一定要去逛聚集了胡志明市活躍創作者所開的小商店和人氣咖啡館的複合空間。

設施中心處有開放的共享咖啡館空間。

購物也可稍作休息
Saigon Concept C

融合咖啡館&日用品的Kashew Cheese Deli（→P.58），以及販賣選物餐具的SÔNG BÉ（→P.71）不容錯過。

草田區　▶MAP P.5 F-1

SÔNG BÉ販售骨董小江陶器和鉢場陶瓷。

西貢河

D The Muse

B Trois Gourmands

BLOQ

Orchard Road

Thao Dien街　步行4分鐘

Tran Ngoc Dien街

Saigon Concept

時髦咖啡館及商店坐落其間

尤其是Thao Dien街和Tran Ngoc Dien街周邊分布許多咖啡館和商店。

Thảo Điền 03
走遠一點造訪美景酒吧

Mia Saigon Luxury Boutique Hotel（→P.96）的頂樓酒吧，必看夕陽時刻！

不是住宿旅客也可進場
The Muse D

可從大面玻璃窗眺望西貢河的酒吧。在充滿高級感的空間品嘗小點和雞尾酒。

草田區　▶MAP P.5 F-1

飯店等級的雞尾酒26萬VND～小點也很吸引人。

2024年底通車的地鐵，行駛路線從濱城市場穿過西貢河底下到草田區。

胡志明市

EAT

SIGHTSEEING

BEAUTY

SHOPPING

TOWN

STAY

日夜都熱鬧的背包客街！

范五老街周邊
Phạm Ngũ Lão

濱城市場西邊一帶的范五老街、堤岸街和裴援街附近，聚集多家以背包客為主客群的青年旅館。也有不少開到半夜的餐飲店。

- 新山一國際機場 搭計程車約35分鐘
- 同起街 步行約10分鐘

從早熱鬧到晚

日：◎ 夜：◎
有多家飯店和美食地點！上市場閒逛也很有趣。

Phạm Ngũ Lão 01
大啖深受旅客歡迎的便宜美味午餐！

道地越南美食。只在這區才有這麼多家便宜小吃店！這間店也很受當地人歡迎。

放了帶骨雞腿的雞腿飯5萬
50000VND

越式雞肉飯店家
海南雞飯 Ⓐ
Cơm Gà Hải Nam

淋上雞高湯的雞肉飯名店。放在飯上的配料豐富，除了雞肉外也有豬肉、鴨肉、叉燒等。

🏠 205 Calmette, Q.1　☎ 028- 3821-7751
🕐 9:30～20:30　㊡ 全年無休　🚶 濱城市場步行約5分鐘　刷卡OK　英語OK

范五老街周邊　▶ MAP P.8 C-3

附近有多家旅行社
可以幫忙預定團體行程或票券。TNK Travel（>>>別冊 P.25）有常駐的日本員工。

Ⓓ 太平市場
CHỢ THÁI BÌNH

濱城市場

范五老街

Ⓒ Pho Quynh
>>>P.31

裴援街整夜都很熱鬧
有啤酒吧等多家酒館。還有越式餐館以外的各種餐廳。

Ⓑ Bun Cha 145
>>>P.33

在時髦餐館品嘗河內名產烤豬肉米線4萬VND。

Bun Cha 145 Ⓑ
>>>P.33

招牌菜紅燒牛肉河粉6萬9000VND。

Pho Quynh Ⓒ
>>>P.31

Phạm Ngũ Lão 02
到當地景點散步！

市場或路邊攤等充滿在地氣息的魅力私房景點。和當地人一起逛街吧。

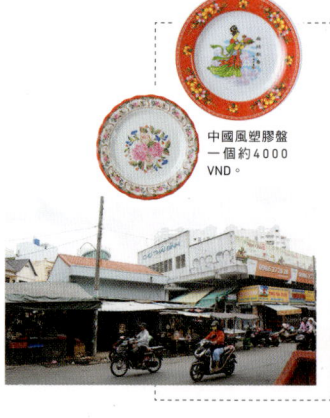

中國風塑膠盤一個約4000VND。

90

地標濱城市場（>>>P.74）。　　　　　　　　　　　　　　　　　　　　　　　　居酒屋林立的裴援街。

胡志明市 EAT SIGHTSEEING BEAUTY SHOPPING TOWN STAY

>>>P.74
濱城市場

E Pho Viet Nam

黎來街

步行5分鐘

月23號公園

A 海南雞飯

提探街

美術博物館
>>>P.57

F Five Boys Number One
>>>P.45

牛尾河粉8萬VND。

Phạm Ngũ Lão 03
在小巷弄發現！
人氣外帶店

提探街附近有多條車子進不來的小巷，還有不少在戶外炒菜的小吃攤。到果汁外帶店補充水分！

勘查當地市場
太平市場 D
Chợ Thai Binh

位於范五老街西邊的當地傳統市場。早上賣蔬菜或魚等生鮮食品，中午很多人來餐館吃飯。

🏠 Phạm Ngũ Lão - Cống Quỳn h, Q.1　⏰ 5:00〜18:00　❌ 全年無休　🚶 濱城市場步行約10分鐘
[刷卡OK] [英語OK]

范五老街周邊
▶MAP P.8 A-3

營業到深夜的河粉專賣店
Pho Viet Nam E
Phở Việt Nam

自製麵條的河粉專賣店。裝在石鍋中熱騰騰的石鍋河粉10萬VND，非常少見！

🏠 14 Phạm Hồng Thái Q.1
📞 094-363-5050
⏰ 6:00〜凌晨3:00　❌ 全年無休　🚶 濱城市場步行約3分鐘
[刷卡OK] [英語OK]

范五老街周邊
▶MAP P.8 B-3

用於蚊蟲叮咬的軟膏1個約7萬VND。

位於裴援街的小巷內
Five Boys Number One F

使用大量南洋水果打成果昔、冰沙的飲料店。也有果汁。

范五老街周邊
▶MAP P.8 B-3

>>>P.45

芒果百香果冰沙3萬5000VND。

Pho Viet Nam附近的Ca phe Linh ▶MAP P.8 B-3，是營業到深夜、受年輕客人歡迎的人氣店家！

造訪胡志明市最大的華人區！

堤岸
Chợ Lớn

位於胡志明市西側的第五郡和第六郡，曾是昔日華僑居住的區域。街道兩旁佛具、布料或手工藝等的批發商林立，載著大件貨物的汽機車穿梭來回。中國菜更是必吃美食！

- 新山一國際機場
  🚕 搭計程車約30分鐘
- 同起街
  🚶 步行約25分鐘

開心地邊走邊吃

日：◎　夜：○
中國餐館散布其間。上市場買東西也很好玩。

Chợ Lớn 01
到新翻修的 大市場 探險！

當地人常去的在地市場。2層樓的建築物有多家批發店，有些店家也可零售。

顯眼的黃色外牆和鐘樓。

堤岸地標
平西市場 A
Chợ Bình Tây

從涼鞋、髮飾、西服到生活用品一應俱全。有些店家只接受批發採購，無法零售單賣。

🏠 57A Tháp Mười, Q.6　🕐 5:00～19:30　全年無休　堤岸巴士總站步行約3分鐘

堤岸　▶MAP P.4 A-3

指甲油1罐6萬VND。

也可以從第一郡搭1號公車過來
從濱城市場的巴士總站坐到終點堤岸巴士總站約30～40分鐘。車票約7000VND。

步行3分鐘

A 平西市場

鴻龐街
阮豸街
平西市場
堤岸巴士總站

Chợ Lớn 02
必吃！ 中式美食 散步小點！

華人區特有融合中越菜色的餐館頗具魅力。平西市場內也有餐廳。

招牌雞肉飯7萬8000VND～

必點雞肉飯
東源雞飯 B
Cơm Gà Đông Nguyên

店內名菜雞肉飯，是把雞肉放在加雞高湯炊煮的米飯上。淋入醬油食用的吃法及調味都充滿中國風味。附近也有分店。

🏠 801 Nguyễn Trãi, Q.5　☎ 1800-8383　🕐 9:30～20:00　全年無休　堤岸巴士總站步行約10分鐘　刷卡OK

堤岸　▶MAP P.4 B-3

92

有很多機車送貨員。 當地人會來參拜的溫陵會館。

Chợ Lớn 03
必逛的
中式
觀光景點！

街上有幾間佛教和道教等中國寺廟，當地人也常去上香祈福。內部對外開放，可自行走進廟內參觀。

彩色大門很顯眼。

原是華僑聚會點的寺廟
溫陵會館 E
Hội Quán Ôn Lang

18世紀興建的寺廟。從天花板吊掛下來的盤香值得一看。供奉道教的女神媽祖等16尊神像。

🏠 12 Lão Tử, Q.5　🕐 6:15〜17:00　全年無休　💰 免費　🚌 堤岸巴士總站步行約15分鐘

堤岸　▶MAP P.4 B-3

當地人也來上香
天后宮 F
Chùa Bà Thiên Hậu

從溫陵會館走幾步路就到。供奉中國女神媽祖，保佑海上航行安全及順產。

🏠 710 Nguyễn Trãi, Q.5　🕐 6:30〜16:30　全年無休　💰 免費　🚌 堤岸巴士總站步行約16分鐘

堤岸　▶MAP P.4 B-3

屋頂上的中國風雕刻相當漂亮。

D 何記甜品店
E 溫陵會館
C 大娘水餃
B 東源雞飯
F 天后宮

周文廉街
陳興道街
海上懶翁街
溫陵會館
天后宮

散步時注意隨身物品
治安比胡志明市中心的第一郡差。走路時小心搶劫或扒手。

剛煎好的煎餃。外皮柔軟。

飽滿的水餃&煎餃
大娘水餃 C
Sủi Cảo Đại Nương

當地餐館。是餃子專賣店，水餃和煎餃10個5萬5000VND，相當便宜。因為英文不通，請用手點選菜單。

🏠 125 Châu Văn Liêm, Q.5
📞 0783-464-168　🕐 7:00〜21:00　全年無休　🚌 堤岸巴士總站步行約13分鐘

堤岸　▶MAP P.4 B-3

挑戰攪拌甜點！
何記甜品店 D
Chè Hà Ky

越式剉冰甜湯店。加了紅豆、綠豆的三色冰3萬5000VND。

堤岸
▶MAP P.4 B-3
>>>P.44

有放了剉冰的冰甜湯和熱甜湯。

打包帶編織包批發店CHITU　▶MAP P.4 A-3，尺寸、顏色齊全，接受單件零售。

胡志明市

EAT

SIGHTSEEING

BEAUTY

SHOPPING

TOWN

STAY

胡志明市住宿推薦！
入住舒適嚴選飯店

胡志明市區的飯店種類廣泛，從大型飯店到青年旅館都有。即便是四、五星級飯店，一晚的房價也只要2000～4000台幣。從地點、服務和預算來挑選吧。

01 殖民地風格飯店
Colonial Hotel

1925年開業

雖是擁有百年歷史的老建築，大肆翻修後也很舒適。價格實惠只要2000～4000台幣，就能滿足當公主的夢想！

洋溢異國風情的古典療癒系飯店

STAY POINT
裝潢仿效法國殖民時代
一進門映入眼簾的是白色大理石地板和豪華水晶燈。花窗玻璃也很吸睛。

1 設置陳星牌廣告的大骨梯的扶手裝飾相當漂亮。 2 螺旋接待櫃台、酒吧和禮品店。 3 1樓有

越南第一家五星級飯店
Hotel Majestic Saigon
>>>P.54

★★★★★

1925年開業，接待過世界級貴賓的高規格古典飯店。有頂樓酒吧、泳池和賭場等設施。

🏠 1 Đồng Khởi, Q.1　☎ 028-3829-5517
💰 291萬2800VND～　🚇 市民劇場步行約6分鐘　刷卡OK　英語OK
URL majesticsaigon.com/ja/

同起街周邊　▶MAP P.9 F-3

WHAT IS

胡志明市的飯店概況
胡志明市的飯店選擇廣泛,從奢華六星級飯店到針對背包客的青年旅館都有。

殖民地建築最受歡迎
19世紀末〜20世紀初興建的法式建築翻修成的飯店。有迷人的古典風裝潢。

還有背包客區
濱城市場附近的提探街和范五老街有多家價格便宜的青年旅館。

飽覽西貢河風光的夜景酒吧頗受歡迎

新館8樓設有頂樓酒吧,可以一邊喝調酒或威士忌,一邊欣賞胡志明市夜景。

超有氣氛的夜景酒吧
M Bar >>>P.52
⏰ 15:00〜凌晨0:00
休 全年無休

1 開放非房客使用。這裡頗受歡迎,建議提早前來。 2 雞尾酒28萬VND〜

STAY POINT
提供舒適大床的**豪華客房**
共175間客房,都有大理石浴室和裝飾藝術風格的木製家具等高級配備。

附客廳的房間。臥室也很寬敞。

★★★★★
擁有百年歷史的老字號飯店

西貢洲際飯店
Hotel Continental Saigon

19世紀創立。殖民地建築白牆相當漂亮,有中庭和連接客房的迴廊等多處美照地點。

🏠 134 Đồng Khởi, Q.1
☎ 028-3829-9201 💰 227萬9000VND〜
🚶 市民劇場步行約1分鐘
[刷卡OK] [英語OK]
🔗 continentalsaigon.com/
[同起街周邊] ▶MAP P.9 D-1

1880年開業

入住眺望劇場的美麗法式建築

STAY POINT
胡志明市歷史最悠久的飯店
1880年開業。各國政治家和藝術家都曾入住,也曾作為電影場景。

1 面對同起街。 2 客房外的迴廊。中庭也很漂亮。
3 有86間客房,裝潢沉穩頗具魅力。

市區直到半夜都很熱鬧,住在大馬路邊的飯店會比較吵。喜歡安靜的話建議住郊外飯店。

95

STAY 入住舒適 嚴選飯店

02 豪華飯店
Luxury Hotel

從越南本土飯店到海外投資的飯店，市中心聚集多家知名飯店。享受一段奢侈時光吧。

優雅的隱密飯店，迎面而來的是西式白牆客房

★★★★★
宛如美術館的優美空間

Mia Saigon Luxury Boutique Hotel

在離市中心稍遠的地區，像隱藏飯店一樣的高級飯店。古典裝潢很漂亮。

🏠 2-4, Đường 10, An Phú　☎ 028-628-74222　請至官網查看
🚌 市民劇場搭車約20分鐘
刷卡OK　英語OK
URL www.miasaigon.com/
草田區　▶MAP P.5 F-3

STAY POINT
宛如美術館的優美空間
客房與走廊裝飾著越南的骨董藝術品，如郵票或雜誌等。每個樓層的主題都不同。

1 以紅寶石和藍寶石等寶石為主題色調的客房，特色是大陽台。 2 在有河景&泳池景觀的餐廳吃豪華自助式早餐。 3 殖民地風格建築很美麗。

佇立於市中心的典雅殖民地飯店

STAY POINT
餐廳頗受好評
提供甜點的大廳酒吧、開放式廚房晚餐或義大利餐廳，無論空間或味道均屬上乘。

雅致的歇息空間　★★★★★

西貢柏悅飯店
Park Hyatt Saigon

除了泳池、Spa和餐廳等舒適華麗的設施外，還有24小時待命的私人管家、前台人員等貼心尊榮的服務。

🏠 2 Công Trường Lam Sơn, Q.1　☎ 028-3824-1234　💰 666萬VND～　🚶 市民劇場步行約1分鐘
刷卡OK　英語OK
URL hyatt.com/en-US/hotel/vietnam/park-hyatt-saigon/saiph
同起街周邊　▶MAP P.9 E-3

1 1樓大廳酒吧提供英式下午茶（→P.41）。 2 在中庭泳池度過午後時光。 3 共245間客房裝潢都很古典。還有附客廳的套房。

03 市區飯店
City Hotel

每間房價約2000～4000台幣的市區飯店中，這間飯店地點佳且服務好，深受旅客歡迎。

蔚為話題的古典時尚精品旅館

STAY POINT
因打卡爆紅的市區飯店♪
造型特殊的外觀，加上骨董家具搭配裝潢時尚的客房，成為拍照熱點。

★★★★★
品味極佳的五星級飯店
The Myst Dong Khoi

雖然氣氛輕鬆隨意，服務卻很高檔，所有客房配備按摩浴缸，還有免費下午茶及豪華早餐等。客房每天都有甜點和水果招待。

🏠 6-8-10 Hồ Huấn Nghiệp, Q.1
☎ 028-3520-3040 💰 335萬6000VND～ 🚶 市民劇場步行約5分鐘
[刷卡OK] [英語OK]
URL themystdongkhoihotel.com
[同起街周邊]
▶ MAP P.9 E-2

1 共108間客房。設計概念各不相同，豪華套房有50m²大，相當寬敞。 2 頂樓泳池提供雞尾酒等飲品。也有三溫暖。 3 面對同起街轉進來的第一條巷子，地點優越。

同起街上的國營飯店　★★★
Bong Sen Hotel Saigon

所有客房配有浴缸，是旅客相當喜愛的飯店。雖是三星級，也有咖啡館和餐廳等完善設施。

🏠 123 Đồng Khởi, Q.1
☎ 028-3829-1516
💰 121萬7800VND～
🚶 市民劇場步行約2分鐘
[刷卡OK] [英語OK]
URL bongsenhotel.com/
[同起街周邊]
▶ MAP P.9 E-2

提供優質服務的三星級旅館　★★★
阿拉貢飯店與Spa中心
Alagon Hotel & Spa

位於濱城市場附近，設施完善有餐廳、酒吧、泳池、按摩浴缸及Spa等。

🏠 56-58 Phạm Hồng Thái, Q.1
☎ 028-3823-9004
💰 128萬4700VND～
🚶 濱城市場步行約6分鐘
[刷卡OK] [英語OK]
URL alagonhotels.com/
[范五老街周邊]
▶ MAP P.8 B-3

飯店面對阮惠街　★★★★
Royal Hotel Saigon

除了餐廳、咖啡館、泳池＆按摩設施外，還有24小時的客房服務及所有房間配備浴缸，相當吸引人。

🏠 133 Nguyễn Huệ, Q.1
☎ 028-3822-5914
💰 197萬8500VND～
🚶 市民劇場步行約5分鐘
[刷卡OK] [英語OK]
URL royalhotelsaigon.com
[同起街周邊]
▶ MAP P.9 D-2

殖民地風格時尚旅館　★★★★
A & EM Saigon Hotel

有24小時營業的餐廳＆酒吧，附池畔酒吧的頂樓泳池備受歡迎。

🏠 39-41 Thủ Khoa Huân, Q.1 ☎ 028-3823-9292
💰 170萬3000VND～
🚶 濱城市場步行約6分鐘
[刷卡OK] [英語OK]
URL a-emhotels.com/hotel?id=660
[范五老街周邊]
▶ MAP P.8 B-2

A & EM飯店集團在胡志明市區有4家飯店，須留意不要走錯地方。

跟團小旅行
from 胡志明市

拜訪文化小鎮
綠色古芝地道&
神祕國度西寧旅行團！

從胡志明市出發的一日遊行程，當天走完兩座小鎮，分別是最受歡迎的古芝，和一窺高臺教文化的西寧。在古芝會走進地道，請穿耐髒且方便活動的服裝。
▶ MAP P.3 B-5

充滿異國風情！

日：◎夜：✕
主要在白天觀光。跟團的話有附午餐，不用費神選餐廳。

胡志明市出發
古芝 🚌 約56km，1小時30分鐘
西寧 🚌 約100km，3小時

Củ Chi 01

體驗
古芝地道！ A

搭遊覽車1小時30分鐘～2小時就到古芝！前往越戰時代挖掘的地道。據說有200km長，跟著導遊進入部分地道參觀。

走進森林
往古芝地道出發

What is 古芝
稱為「鐵三角地帶」，越南南方民族解放陣線的根據地。

下車後走在綠意盎然的樹林間前往地道參觀區。

參觀
地道模型
展示戰爭時的武器、坦克車和地底設施。

在地道內發現蝙蝠！

參觀用的地道有拓寬過，據說實際的通道只有約60cm寬。

Watch!
地下隧道
為了不讓魁梧的美國軍人進入地道，內部通道相當狹窄。

從這裡
進入地道！

士兵蠟像！

這裡是拍照景點！

樸實滋味♪

Củ Chi 02

嘗試
越共食物
「木薯」！ B

參觀完地道後到休息處歇息片刻。這裡重現越南士兵當時的糧食。將珍珠的原料木薯烘乾後搭配竹葉茶食用。

木薯的口感和地瓜一樣並帶有甜味。

從樹葉遮住的地道入口探出頭來擺姿勢！

Watch!
寺廟裝飾
寺廟內隨處可見的絢麗裝飾，是來自中國文化的影響。

可以近距離看到祈福活動。

What is 西寧
以越南新興宗教高臺教聖殿而聞名，和柬埔寨國境相鄰的小鎮。

彩色寺廟

Watch!
禮拜
拉著二胡等樂器奏樂，同時合唱、讀經，開始禮拜活動。

寺廟正面雙塔聳立。開放信徒以外的人士參觀。

Tây Ninh 01
參觀神祕的高臺教彌撒！ C
新興宗教高臺教採用基督教、佛教、回教等五種宗教的教義。12點舉辦的彌撒開放信徒以外的人士參觀。請安靜觀看。

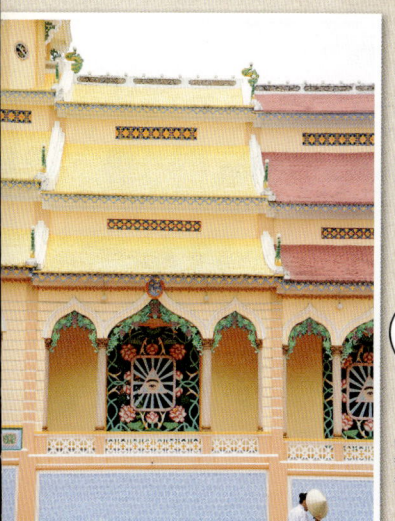

Tây Ninh 02
尋找網美拍照景點！ D
寺廟外牆漆上3種高臺教主色彩。據說紅色代表儒教、藍色是道教、黃色是佛教（眾說紛紜）。窗戶上有象徵神明的「高臺神眼」！

Watch!
「高臺神眼」
又名天眼，是象徵宇宙原理的標誌。

穿著特殊服裝的信徒。據說衣服顏色代表階級。

參加這團！

古芝地道&高臺教一日遊【包團】
含導遊隨行的私人行程。午餐在西寧市餐廳享用。

需時：約9小時
費用：1人US$122～
包含：交通費、英語導遊、古芝地道門票、午餐

- 胡志明市 TNK & APT TRAVEL JAPAN
>>>別冊P.25

7:30	從胡志明市出發！
↓	到指定飯店上車或是在旅行社辦公室集合。
9:00	抵達古芝地道　A
↓	從胡志明市搭車北上，約1小時30分鐘～2小時抵達目的地。
10:00	點心時間　B
↓	參觀完的休息時間。自費活動步槍射擊體驗。
11:30	抵達西寧
↓	從古芝再搭遊覽車，1小時後抵達寧靜的小鎮。
12:00	參觀彌撒　C D
↓	進入寺廟，參觀1天舉行4次的彌撒。可以照相攝影。
13:00	午餐
↓	在寺廟附近的餐廳享用越南菜。飲料費用另計。
16:30	回到胡志明市
	車程約2小時。可指定下車的飯店或到旅行社辦公室解散。

Short Trip_from Hồ Chí Minh

跟團一日遊 from 胡志明市

2天1夜的超充實小旅行！
在湄公河流域吃遍美食！
美萩市&芹苴市旅行團

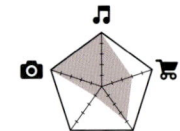

美萩市位於湄公河河口遼闊的湄公河三角洲上，欣賞完恬靜的小鎮風光後在芹苴市住一晚。還可將足跡延伸到從胡志明市很難當天來回的丐冷水上市場。

▶MAP P.3 B-6

感受大自然！

日：◎夜：○

到南部湄公河三角洲最大的城市芹苴市住一晚。跟團玩滿2天。

胡志明市出發
美萩 🚗 約70km，1小時30分鐘
芹苴 🚗 約170km，3小時30分鐘

Watch!
湄公河支流
搭手搖船前往熱帶植物茂密的小河。悠閒地欣賞河岸風光。

What is 湄公河
流經寮國、泰國、柬埔寨全長4000km的大河。湄公河形成的遼闊三角洲地區稱作湄公河三角洲。

Mỹ Tho 01
搭手搖船
遊湄公河
支流 Ⓐ

抵達美萩後，搭船遊湄公河。這一帶是富饒的魚米之鄉，農漁業興盛。到了支流換乘手搖船穿梭於大自然間。

也可以借越南傳統斗笠拍照紀念。

Watch!
湄公河午餐
湄公河流域的特產除了農作物外還有河鮮。菜色都很美味。

好吃！

Mỹ Tho 02
在水上餐廳享用
湄公河午餐 Ⓒ

午餐是越南南部的家常菜。有名香酥炸魚、附近的養殖蝦、春捲和水果等，份量十足。

Mỹ Tho 03
參觀
椰子糖工廠 Ⓑ

前往以椰子產地而聞名的湄公河小鎮檳知。在安靜的開放式工廠試吃剛做好的椰子糖。也可以買來當伴手禮。

口感獨特的炸麻糬登場！

每道都是經典好菜！

100　Short Trip_from Hồ Chí Minh

> **Watch!**
> **水上市場**
> 丐冷水上市場的規模號稱越南第一。只在早上交易。

Cần Thơ 01
早起前往朝氣十足的水上市場！ D

早上6點搭車離開芹苴，前往丐冷水上市場。觀賞堆滿蔬果的小船朝氣蓬勃的市場交易景象。那裡也賣即食水果。

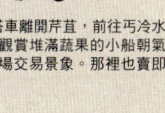

／甜度很高／
＼的鳳梨。＼

搭小船參觀市場。

Cần Thơ 02
到果園試吃熱帶水果 F

前往芹苴近郊的果園或米紙工廠。在果園試吃香蕉、木瓜或波羅蜜等南洋水果。照片中是2人份水果，份量十足。

點心時間，喵～

Cần Thơ 03
到「水上餐館」吃早餐 E

在丐冷水上市場有鍋具高疊賣河粉的小船或蓋在河上的餐館！搭船登上餐館，坐在充滿當地氛圍的店內用餐。

湯米線

參加這團！
湄公河三角洲
遊船＋水上市場觀光
2天1夜

主要交通工具是遊覽車和船。價格包含第1天中餐和第2天的早餐。

需時：1.5天
費用：1人US$224～
內容：當地交通費、英語導遊、第1天中餐、第2天早餐、住宿費、各種費用

DAY 1

7:30～8:00 從胡志明市出發！
在指定飯店上車或到旅行社辦公室集合。

10:00 抵達美萩 A
車程約1小時30分鐘。換搭船遊湄公河。

10:30 參觀椰子糖工廠&養蜂場 B
繞到湄公河的沙洲島嶼參觀工廠。也可以買伴手禮。

12:00 午餐 C
品嘗湄公河三角洲才有的絕品美食。

17:00 抵達芹苴＆住一晚
到芹苴的車程約3小時。入住芹苴的小旅館。

DAY 2

6:00 前往水上市場 D E
搭車抵達丐冷後，換坐船上市場。繞一圈參觀。

9:00 果園 F
到芹苴附近的小鎮參觀美食工廠。也有米紙工廠。

12:00 中餐
到想去的餐廳用餐（費用另計）。

18:00 抵達胡志明市
搭車約3小時30分鐘。可在指定飯店下車或到旅行社辦公室解散。

Short Trip_from Hồ Chí Minh

搭機離島遊 from 胡志明市

最近爆紅的美景小島
前往療癒的海灘度假區富國島！

位於和柬埔寨交界處的富國島，北部指定為國家公園，是擁有數處美景海灘，自然景觀豐富的小島。近年來成為備受關注的度假勝地，來自全球的觀光客絡繹不絕。
▶MAP P.3 B-6

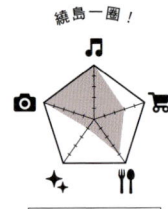

繞島一圈！
日：◎／夜：○
白天走訪島上景點，晚上回到飯店悠閒度假。

胡志明市出發
胡志明市搭機 ✈
新山一國際機場 →
富國國際機場 約1小時
機場搭車 🚗 到市中心約10～15分鐘

What is 離島海灘
離島才有的白色沙灘和澄澈大海。海灘周圍也有飯店。

發現海景鞦韆！

Watch! 度假區
海灘旁有數家度假飯店，可以悠閒地待上一整天。

Phú Quốc 01
在島上最棒的絕景海灘跳水！

靠近市區的長灘（Long Beach）或自然景觀豐富的Ong Lang Beach都很受歡迎。其中位於小島最南端的Sao Beach，號稱島上透明度最高的海洋美景頗具魅力！

Sao Beach
Bãi Sao 
🚗 機場搭車約25分鐘
富國島 ▶MAP P.102 Ⓐ

海灘周圍有咖啡館和餐廳，可以坐下來休息片刻。

Phú Quốc 02
購買島上特產

富國島盛產胡椒和魚露。可到農場或工廠參觀、購買伴手禮。在飯店包車遊覽主要景點吧。

可以買胡椒當伴手禮！

胡椒農場
Nông Trại Tiêu
🚗 機場搭車約15分鐘
富國島 ▶MAP P.102 Ⓑ
到一望無際的胡椒園。附設賣場。

魚露工廠
Nhà Máy Nước Mắm
🚗 機場搭車約20分鐘
富國島 ▶MAP P.102 Ⓒ
請注意魚露不可以帶上飛機喔。

Phú Quốc 03
拜訪當地漁村

位於島上東邊的漁村Ham Ninh，是可窺見當地生活的本地景點。漁村附近有多家海鮮餐廳，吃得到剛捕獲的海鮮。

Ham Ninh
Hàm Ninh
🚗 機場搭車約20分鐘
富國島 ▶MAP P.102 Ⓓ

漁船並排停靠港邊。也有海鮮市場。

剛撈到的超新鮮！

Ong Lang Beach
珍珠野生動物園
富國國家公園
Phú Quốc National Park
P.103 Dinh Cậu寺
陽東鎮 Dương Đông Town
Ⓔ Nha Hang Trung Duong Marina P.103
Ⓕ 胡椒農場 P.102
P.103 La Veranda Resort Phu Quoc
Ⓓ Ham Ninh P.102
富國島 Phú Quốc
長灘
富國國際機場
P.102 Sao Beach Ⓐ
富國看守所 (Coconuts Prison)
P.102 魚露工廠 Ⓒ

0 5 10km
1:65,000

越南全圖 ▶MAP P.3 B-6

102 Short Trip_from Hồ Chí Minh

蒸花枝18萬VND。

Phú Quốc 04

大啖
海鮮料理！

島上最熱鬧的小鎮陽東鎮有多家海鮮餐廳。到設有活魚池的餐廳吃頓海鮮大餐。

當地大型餐廳
Nha Hang Trung Duong Marina
Trùng Dương Marina

🏠 136, 30/4, Dương Đông Town
☎ 090-336-9569　🕘 9:00～23:00　㊡ 全年無休　✈ 機場搭車約20分鐘
刷卡OK　英語OK

富國島　▶MAP P.102 E

Watch!
石上寺廟
綠蔭扶疏的Cau岩。在岩石上立有小燈塔。

Phú Quốc 05

島上地標
「Dinh Cau寺」

Dinh Cau寺位於突出陽東鎮海面的岩石上。走上石階進入寺內，從這裡看出去的視野相當棒，整片大海盡收眼底。

在當地是座香火興旺的廟宇。入口處也立有鳥居。

寺內有漁船雕像和小神壇。

Dinh Cau寺
Đền Dinh Cậu

✈ 機場搭車約20分鐘

富國島　▶MAP P.102 F

Phú Quốc 06

在度假飯店放鬆一下

在富國島就是要住有海灘、泳池和Spa等輕鬆休閒的度假飯店。如果時間充裕，不妨住上2～3晚。

殖民地風格建築物和客房
La Veranda
Resort Phu Quoc

🏠 Trần Hưng Đạo, P.7, Dương Đông Town
☎ 0297-3982-988
💰 229萬VND～
✈ 機場搭車約12分鐘

富國島　▶MAP P.102 G

悠閒度假

1 Check in
先到開放式露天咖啡館check in。

2 到泳池放鬆一下
綠蔭環繞令人備感舒暢的泳池。也有按摩池。

3 到Spa舒緩身心
在飯店內的獨立Spa區按摩。

4 夕陽晚餐
在提供島上美食的餐廳享用晚餐。

5 奢侈早餐
自助式早餐菜色種類豐富，從越南菜到西方佳餚都有。

Short Trip_from Hồ Chí Minh　103

❶龍橋（曬稱Dragon Bridge）在週末晚上會從龍口噴火（→P.112）。　❷美溪海灘（→P.109）是離市區車程10分鐘的都市海灘　❸會安曾是日本人居住區。來遠橋（→P.127）別名日本橋。　❹夜市（→P.136）主要位於An Hoi島上，從古鎮過橋即達。

峴港 & 會安 & 順化

P.108　越南中部最佳海灘

峴港

TOWN
P.110　峴港街頭漫步

EAT
P.114　三大招牌麵

P.116　放鬆咖啡館

SHOPPING
P.118　日用品&美妝品

P.120　美食伴手禮

P.121　峴港2大市場

STAY
P.122　豪華度假村

會安

TOWN
P.126　會安街頭漫步

EAT
P.130　會安美食

P.132　人氣咖啡館

SHOPPING
P.134　購物清單

SIGHTSEEING
P.136　夜市

STAY
P.138　度假飯店or經典旅館

順化

TOWN
P.142　順化街頭漫步

EAT
P.142　古都經典美食

STAY
P.150　祕境度假村

～越南中部～
Đà Nẵng
Hội An
Huế
峴港 會安 順化

也有歷史景點！
悠閒度假區

越南中部的南海沿岸開發速度驚人，是現今全球矚目的海灘度假區。主要地區是作為門戶城市的繁榮城市峴港、世界遺產都市會安，以及昔日古都順化等，三座各具特色的城市。高級度假飯店分布在沿岸一帶，賣點是私人海灘或豪華Villa，可盡情享受南洋假期。

越南中部交通指南

城市間的移動
以汽車最方便

在峴港、會安、順化三座城市間移動搭車最方便。計程車的話從峴港到會安約40萬～50萬VND。

市區間的移動
以Grab最方便

短距離也能搭Grab很方便。除了Grab計程車也有Grab摩托車。也可以叫普通的計程車。

詳情參閱>>>P.212

中部有2座機場！

峴港國際機場
離市中心車程約10分鐘，地理位置優越，台灣也有直飛航班。國際線和國內線都在這裡起降，是前往度假區的玄關口。

符牌國際機場
離順化市區老街車程約30分鐘的國際機場。沒有直飛台灣的航班，不過有多條連接順化和越南各地的國內航線。

吸引旅人的古都風情。♪

順化

符牌國際機場
Cảng hàng không Quốc tế
Phú Bài

Cau Hai灣

白馬國家公園

順化
Huế   >>>P.142

1801年越南統一，阮氏王朝成為越南最後的朝代，立順化為首都，曾經繁榮一時。以香江為界，分成新舊市區，香江沿岸有順化皇城、陵寢及寺廟等王朝歷史景點散布其間。

順化皇城
>>>P.143

宮廷菜
>>>P.148

九重葛盛開的會安古鎮是必打卡地點。

0 10km

106

城際交通工具速見表

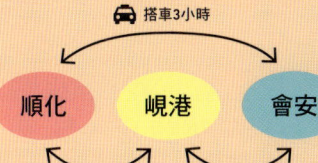

🚗 搭車3小時

順化 ⇆ 峴港 ⇆ 會安

🚗 搭車2小時30分鐘　🚗 搭車45分鐘

前一天訂車
旅行社或飯店可安排車輛接送。參考價格大約是峴港～順化130～180萬VND。前一天先訂好車比較放心。

也有火車或路線巴士！
越南鐵路在峴港和順化有設站。從峴港到順化搭巴士只要3萬5000VND，相當便宜，但站牌離市中心遠，不夠方便。

峴港
Đà Nẵng　>>>P.110
中部最大的城市，市中心位於瀚江兩岸約3km長。飯店餐廳櫛比鱗次，直到晚上還擠滿遊客。從市中心搭車只要10分鐘就到海灘，附近有數家度假飯店。

峴港大教堂 >>>P.111

峴港的海灘 >>>P.108

時下最夯的咖啡館 >>>P.116

公共海灘上別具南洋風情的椰子葉沙灘傘！

南海

擁有美麗海灘的度假區

峴港灣

峴港國際機場
Cảng hàng không Quốc tế Đà Nẵng

峴港

占婆島

會安

越南鐵路 VNR

當天來回峴港OK！

夜市 >>>P.136

會安
Hội An　>>>P.126
港都會安位於流入南海的秋盆江河口。16～17世紀曾是繁榮的國際貿易都市。登錄為世界遺產的古鎮，受到中國文化影響的美麗街道，相當迷人。

會安古鎮 >>>P.126

來遠橋 >>>P.127

峴港＆會安＆順化

EAT / SIGHTSEEING / BEAUTY / SHOPPING / TOWN / STAY

台北直飛峴港的航班每天約有4個航班，包含中華航空、長榮航空、星宇航空、越捷航空等4家航空公司　107

越南中部海灘Best 5

耀眼的藍色大海、乾爽白沙！

中部沿岸是越南首屈一指的度假勝地，有很多美麗的海灘。以下選出最受歡迎的5座海灘，連同特色進行深入解析！

WHEN IS

最佳季節是5～8月的乾季！

5～8月的平均溫度約為35℃，是最適合玩水的天氣。順帶一提，越南中部的9～12月是雨季。因為雨季時的海面風浪大，某些時期也會有大量水母出沒，要特別小心。

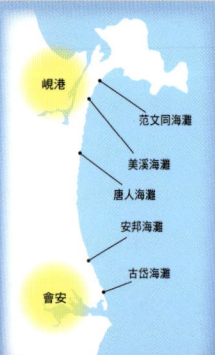

峴港
范文同海灘
美溪海灘
唐人海灘
安邦海灘
古岱海灘
會安

超清澈！

峴港 若想在海邊待一整天

范文同海灘
Bãi tắm Phạm Văn Đồng

廁所 淋浴間 商店

位於范文同街盡頭，從購物區過來也很方便。在峴港的海灘中人數相對少，可以盡情享受海邊的悠閒時光。

◎ 峴港大教堂搭車約10分鐘

峴港　▶MAP P.13 F-2

沙灘細緻度
商品齊全度／休閒指數
便利性／海上活動

沙灘躺椅
1張5萬VND～

還有豐富的海上活動！

會安 一整排的餐廳酒吧～

安邦海灘
Bãi Biển An Bàng

廁所 淋浴間 商店

會安最受歡迎的海灘。沿著海岸開了無數家酒吧和餐廳，夜晚有現場演唱相當熱鬧。

◎ 古鎮搭車約15分鐘

會安　▶MAP P.10 B-3

沙灘細緻度
商品齊全度／休閒指數
便利性／海上活動

新鮮水果是海灘必備點心。

108

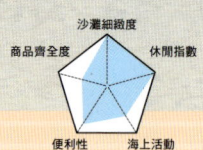

峴港 — 到海邊步道散步也很棒

美溪海灘
Bãi Biển Mỹ Khê

也有降落傘可以玩!

廁所 淋浴間 商店

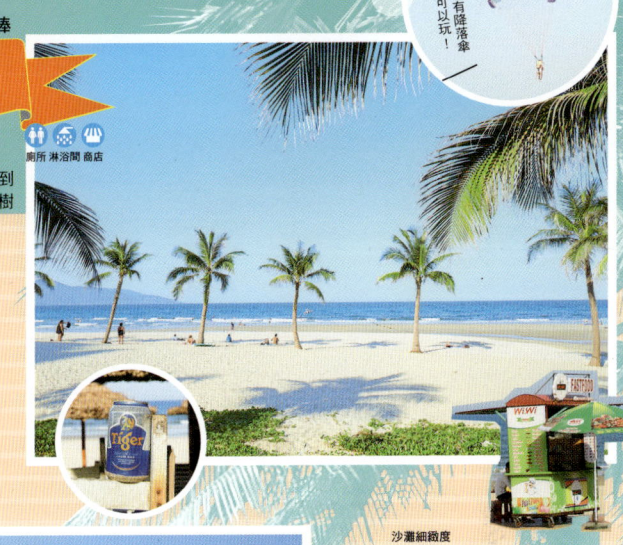

附近有多家度假飯店,從早到晚人潮絡繹不絕。海邊椰子樹和商店林立,充滿度假氣氛。

🚗 峴港大教堂搭車約10分鐘
峴港 ▶MAP P.13 F-3

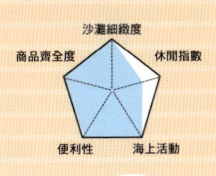

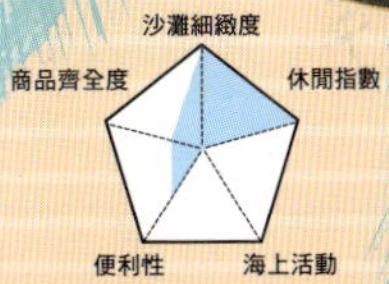

沙灘細緻度
商品齊全度　休閒指數
便利性　海上活動

兒童也能放心玩水的淺灘。

沙灘細緻度
商品齊全度　休閒指數
便利性　海上活動

峴港 — 天然無修飾

唐人海灘
Bãi Tắm Non Nước

廁所 淋浴間 商店

位於清靜高級度假區間的公共海灘,在當地人心目中排名No.1。沒有海灘椅或海上活動。取而代之的是白色純淨的沙灘。

有好多情侶。

🚗 峴港大教堂搭車約20分鐘
峴港 ▶MAP P.10 B-2

會安 — 度假飯店旁的幽靜海灘

古埭海灘
Bãi Biển Cửa Đại

道地南洋風光。

廁所 淋浴間 商店

位於度假飯店附近的海灘。有簡單的塑膠椅或餐廳海灘椅供遊客選擇。濃密的椰樹林形成美麗婆娑的樹影。

看夕陽也很棒!

🚗 古鎮搭車約15分鐘
會安 ▶MAP P.10 B-3

沙灘細緻度
商品齊全度　休閒指數
便利性　海上活動

所有海灘都附淋浴間&廁所,不用擔心。使用者付費,帶點零錢在身上比較方便。

峴港&會安&順化 | EAT | SIGHTSEEING | BEAUTY | SHOPPING | TOWN | STAY

109

快速發展！中部最大的都市
峴港
Đà Nẵng

瀚江流入峴港灣的河口一帶，是最熱鬧的峴港市中心。商店、咖啡館或飯店等主要聚集在峴港大教堂與韓市場周邊。搭車行經龍橋只要10分鐘就到海灘。

- 峴港機場到峴港大教堂 搭車10分鐘
- 會安 搭車45分鐘
- 順化 搭車2.5小時

深夜還很熱鬧

日：◎ 夜：◎
時尚美食&購物景點豐富，也有觀光勝地。

黎筍街

C 韓市場
>>>P.121

B 共市場
>>>P.121

雄王街

J 范鴻泰街
>>>P.113

A 峴港大教堂

范鴻泰街

陳國俊街

峴港大教堂

逛街時以大教堂為中心比較不會迷路

市區地標是峴港大教堂。逛街時以粉紅色教堂為指標。南邊是商店聚集的陳富街，河岸邊飯店餐廳林立。

步行5分鐘

陳富街

白藤街

E 陳富街
>>>P.112

H 占婆雕刻博物館
>>>P.112

110

沿著度假氣氛濃厚的瀚江邊散步。

晚上餐廳、酒吧、小吃攤等熱鬧無比。

Đà Nẵng 01
到峴港的地標
粉紅色大教堂！

可愛的粉色系外牆。

1923年法國統治時代興建的殖民地風格基督教堂。是頗受年輕人歡迎的拍照景點。

峴港大教堂 A
Nhà Thờ Chính Tòa Đà Nẵng
平日17點彌撒開始的前10分鐘，開放內部參觀。
🏠 156 Trần Phú
🕐 7:00～18:00
📅 全年無休
💰 免費
🚶 韓市場步行約5分鐘
[峴港市中心]
▶ MAP P.12 C-2

搭計程車過河／前往海邊

峴港大教堂周邊走路就能逛完，但要從全長666m的龍橋到對岸時，因為有段距離，建議搭計程車。

瀚江

龍橋

海灘
>>>P.108

F Login Coffee
>>>P.117
G Cua Ngo Café
>>>P.116
I Thanh Hien
>>>P.113

D 龍橋
>>>P.112

Đà Nẵng 02
上人聲鼎沸的
當地市場
探險！

必逛峴港市區的2座市場！有位於市中心的韓市場，和距離較遠充滿在地氣息的共市場。

▲ 共市場
當地傳統市場。販售多項生活用品及食品。

買果乾當伴手禮♪

共市場 B >>>P.121
韓市場 C >>>P.121

▲ 韓市場
位於峴港大教堂附近，伴手禮選項豐富。

峴港發展迅速，新商店陸續開幕。瀚江對岸的餐廳和咖啡館數量持續增加。

Đà Nẵng

Đà Nẵng 03
在峴港周邊的絕景沙灘悠哉度假

市區附近就有公共海灘真棒！從峴港大教堂附近到美溪海灘只要10分鐘。

峴港的海灘 >>>P.108

▼美溪海灘
最受歡迎的海灘，整天都擠滿人，相當熱鬧。還有多項海上活動。

▶范文同海灘
遊客比其他海灘少，適合喜歡安靜的旅人。

◀唐人海灘
想遠離塵囂親近大自然就選這裡。也有很多當地孩童！

Đà Nẵng 04
這是什麼！？吸睛龍橋美照景點

從峴港市區往沿海度假區路上出現的巨大龍形橋！18點後的亮燈景致值得一看。

存在感強烈
龍橋 D
Cầu Rồng

橫跨瀚江長666m的橋。週五、六、日的21點起還有龍口噴火秀。

🚶 峴港大教堂步行約11分鐘

峴港市中心 ▶ MAP P.13 D-2

Đà Nẵng 05
到陳富街逛商店

想逛時髦商店買禮物送自己，就到備受旅客歡迎，人氣店鋪聚集的購物街。

Hoa Ly >>>P.119
Pheva Chocolate >>>P.120
Co May >>>P.120

要找優質越南伴手禮！
陳富街 E
Trần Phú

尋找美妝品、日用品或巧克力等峴港代表性的伴手禮。有很多店可用英文溝通。

🚶 峴港大教堂步行約5分鐘

峴港市中心 ▶ MAP P.12 C-2

Đà Nẵng 06
探訪可愛咖啡館！

許多社群媒體上的人氣咖啡館坐落在美溪海灘周邊。不妨來尋找喜歡的咖啡館。也有Taran.和CAT TRANG（→P.118）等商店。

Login Coffee F >>>P.117 
Cua Ngo Café G >>>P.116

Đà Nẵng 07
前往展示中越歷史的博物館

多座雕工精緻的石俊，令人駐足觀賞

展示數件在中部繁盛一時的占婆王國聖地美山挖掘到的數件古物。主要是印度教神祇石雕。

收藏並展示7～15世紀的古物
占婆雕刻博物館 H
Bảo Tàng Điêu Khắc Chăm Đà Nẵng

1900年代法國建築師興建的博物館主體也很漂亮。

🏠 2, 2 Tháng 9 ☎ 0236-357-4801 🕐 7:00～17:00
全年無休 4萬VND 🚶 峴港大教堂步行約10分鐘
英語OK 峴港市中心 ▶ MAP P.12 C-2

112

Đà Nẵng 08
上海景餐廳 大啖海鮮！

離開峴港市區前往沿海一帶！面對沙灘或海岸的海鮮餐廳備受旅客及當地人喜愛。

店內水池有貝類、蝦、螃蟹等新鮮海鮮。

選高CP值的當地餐廳就對了！
Thanh Hien
Thành Hiến

海鮮種類豐富，簡單調味如蒜炒或香茅清蒸後上桌。

🏠 254 Võ Nguyên Giáp ☎ 090-595-9469 🕐 10:00～凌晨1:00 全年無休
刷卡OK 英語OK
峴港大教堂搭車約10分鐘
美溪海灘周邊 ▶MAP P.13 F-2

1 從店內看得到大海。
2 從早到晚擠滿當地人的大型餐廳。

蒜炒鮮蝦（300g）24萬VND

Đà Nẵng 9
峴港的夜晚就這樣過！ 前往熱鬧的夜市

當地氣氛令人愉快
范鴻泰街
Phạm Hồng Thái

范鴻泰街是一條從傍晚17點左右開始變熱鬧的美食街。當地餐館和小吃攤林立，最適合邊走邊吃！

也有越南布丁等攤販點心。

很多只有當地人會去的店家，所以只能說越南語，但用手指點餐也OK。價格都很便宜。

🚶 峴港大教堂步行約2分鐘
峴港市中心 ▶MAP P.12 C-2

清爽的雞肉冬粉，約5萬VND。

Đà Nẵng 10
走遠一點 上五行山健行

別名「Marble Mountain」
五行山
Núi Ngũ Hành Sơn Đà Nẵng

整座山由大理石形成，有洞穴和觀景台等景點。雖然山腰處設有登山電梯，還是建議穿運動鞋等行動方便的服裝。

前往離峴港市區車程約20分鐘的自然景點！「五行山」是5座連峰的總稱，當中海拔106m的水山有步道上山。

這裡的洞窟寺廟，是著名的能量景點。

1 供奉佛像的能量景點洞穴。
2 水山上有多處景點。

🏠 81 Huyền Trân Công Chúa 🕐 7:00～17:00 全年無休
峴港大教堂搭車約20分鐘
英語OK
峴港南部 ▶MAP P.10 B-2

峴港的在地美食種類也很多。推薦「Trang」▶MAP P.12 C-2的知名美食豬肉春捲。 113

EAT 01 峴港

前往迅速、便宜、好吃！的在地名店
嘗遍3大招牌美味麵食

越南的國民美食麵點既好吃又便宜，而且出餐迅速，最適合當旅行午餐！
從峴港或中部常見的3種當地麵食，找出喜歡的口味吧。

配料豐富的乾麵
廣南麵 Mì Quảng

最明顯的特色是扁平粗麵。以米漿為原料，充滿嚼勁。雖然各店配料不同，但以牛肉、雞肉和蝦子最普遍。海鮮湯頭味道溫醇，連外國遊客都愛。

如果想吃廣南麵！

峴港最受歡迎的廣南麵專賣店
Mi Quang 1A
Mì Quảng 1A

一早就坐滿當地人的名店。配料有雞肉和蝦子2種，建議全部都放。

- 1 Hai Phòng　☎ 0236-3827-936
- 6:00～21:00　㊡ 全年無休　㊂ 峴港大教堂步行約8分鐘

峴港市中心　▶MAP P.12 C-1

蝦餅捏碎攪拌均勻！

底下的高湯是味道溫醇的海鮮高湯

咬勁十足的粗麵

廣南麵（特製）
Mì Quảng (Đặc Biệt)
5萬VND

免費附上薄荷或羅勒等新鮮香草生菜。

如果想吃米苔目！

配料豐富大受歡迎！
Banh Canh Thu
Bánh Canh Thu

開業7年以來，每天都高朋滿座。擺在烹飪桌上的配料多達13種！

- 78 Nguyễn Chí Thanh　☎ 0938-707-261
- 9:30～20:00　㊡ 全年無休　㊂ 峴港大教堂步行8分鐘

峴港市中心　▶MAP P.12 C-1

湯頭以螃蟹&豬骨高湯為基底

自選喜歡的配菜

HOW TO
更美味的麵食吃法

▶ **加入大量香草生菜！**
點麵時會隨餐附上香草生菜，作用類似台灣的佐料。可以消除腥味增進食慾！

▶ **善用調味料**
桌上放有醋、糖或辣椒等調味料，高招吃法是依喜好自行添加調味。

中部常見麵點

米苔目
Bánh Canh

麵身和烏龍麵一樣粗，可選味道清淡的米漿條或是口感彈牙的木薯粉條。豬骨加螃蟹燉煮的湯頭，滋味意外地清爽。

👉 **米苔目（配料全放）**
Bánh Canh (Thập Cẩm)
6萬5000VND

有2種麵條
可選的粗麵

推薦點配菜油條。沾湯汁食用堪稱絕品！

特色酸甜湯頭

魚蛋米線
Bún Chả Cá

以豬骨、牛骨、魚骨為基底，加入番茄、鳳梨、玉米和南瓜等熬煮湯頭，平衡得宜的酸甜滋味別具特色。配菜主要是各種炸魚餅。

這會加炸魚餅一起煮湯，滋味濃郁。

如果想吃魚蛋米線！

專賣店的箇中翹楚
Bun Cha Ca 109
Bún Chả Cá 109

店內寬敞乾淨。早上6點開始營業，就有顧客來吃早餐。

🏠 109 Nguyễn Chí Thanh　☎ 0945-713-171
🕐 6:30～22:00　㉁ 全年無休　🚶 峴港大教堂步行約15分鐘

峴港市中心　▶MAP P.12 C-1

如麵線般的細米線

酸味來自番茄&鳳梨

好多炸魚餅！

👉 **魚蛋米線（小）**
Bún Chả Cá (Tô Nhỏ)
2萬5000VND

峴港&會安&順化 | EAT | SIGHTSEEING | BEAUTY | SHOPPING | TOWN | STAY

喜愛珍珠的人務必要嘗嘗米苔目！彈牙&滑溜的口感令人上癮！　115

EAT 02 峴港

峴港空前絕後的咖啡館風潮！
前往社群媒體都在討論的 放鬆咖啡館

峴港的人氣咖啡館聚集在美溪海灘附近。
漂亮的空間充滿魅力，上傳後一定能收到一堆「讚」！

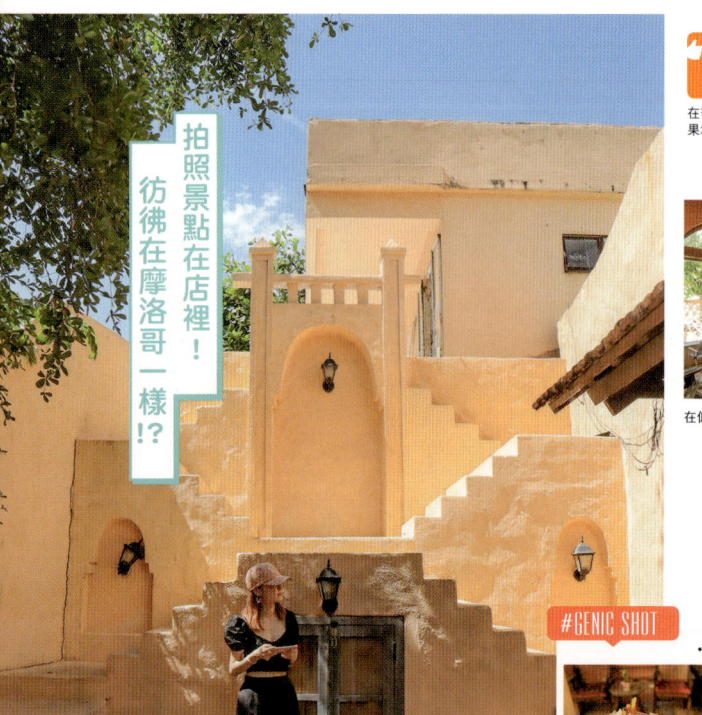

芒果奶昔
Sinh Tố Xoài
3萬9000VND

在芒果奶昔上放了大量芒果塊的飲品。

在低矮的椅子上放鬆。也有露天座位。

拍照景點就在店裡！彷彿在摩洛哥一樣!?

可加入飲料中的椰子脆片
2萬VND，適合當伴手禮。

#GENIC SHOT

越式水果優格
Sữa Chua Trái Cây
4萬2000VND

加了草莓、芒果和哈密瓜等水果的優格飲。

也可以爬上階梯坐著拍照。

#峴港社群媒體上的話題店家

Cua Ngo Café
Cửa Ngõ Café

以橘色為主調的民族風咖啡館。店裡的中庭是拍照景點，只要點飲料就可以自由出入。

🏠 4 Trần Bạch Đằng ☎ 098-704-9449
🕕 6:30〜22:00　全年無休　峴港大教堂搭車約10分鐘　英語OK

美溪海灘周邊　▶MAP P.13 F-3

穿梭於小巷間的隱密餐廳氣氛也很棒

116

#GENIC SHOT

海鹽咖啡
Cà Phê Kem Muối
4萬VND

在越南特色鹽咖啡中加入冰淇淋，是款鹹甜飲品。

植栽豐富的露天座位充滿度假感。

天花板很高，店內很開闊。

像迴廊一樣的空間也很可愛。

#在寬廣的庭院喝咖啡休息
Login Coffee

店家前方有寬敞的露天座位和圓弧的店內設計，到處都像繪畫一樣美。以種類豐富的咖啡和可頌聞名。

🏠 120A Nguyễn Văn Thoại
☎ 091-763-1881
🕐 6:30～23:00　全年無休　從峴港大教堂搭車約10分鐘　英語OK
美溪海灘周邊
▶ MAP P.13 F-3

#GENIC SHOT

特調咖啡
Specialty Coffee
11萬VND

使用與農民公平交易的嚴選咖啡豆。

酸種可頌
Sourdough Croissant
9萬VND

酸種發酵而成的可頌，特色是口感酥脆&彈牙。

#不容錯過的涼爽露天座位！
XLIII Coffee

池塘中央設置露天座位，被有大面玻璃窗的現代建築包圍。一整天充滿峴港年輕人的潮流景點。

推薦有遮陽傘的露天座位。

🏠 422 Ngô Thị Sỹ
☎ 0799-343-943
🕐 8:00～22:00　全年無休　刷卡OK　從峴港大教堂搭車約12分鐘　英語OK
美溪海灘周邊
▶ MAP P.10 B-2

XLIII Coffee在胡志明市和會安都有分店。

117

SHOPPING 01 峴港

到高質感商店買禮物犒賞自己！
尋找優質日用品&美妝品

越南生產的有機香草保養品

原創藤編包超受歡迎！

比頂級初榨橄欖油高出20倍抗氧化效果的瓊崖海棠油50ml價格36萬VND。添加瓊崖海棠油的特殊抗老精華50ml價格56萬VND〜。

包包15萬〜68萬VND。藤編圖案或束口袋花樣等都呈現獨一無二的設計感。

日本老闆調配的保養品
taran.

招牌商品是萃取自越南原生植物「瓊崖海棠」，譽為「神奇萬用藥」的有機瓊崖海棠油。

🏠 16 Mỹ An 25 ☎ 077-756-7685
🕙 10:00〜17:00 全年無休
🚗 峴港大教堂搭車約10分鐘
刷卡OK 英語OK
美溪海灘周邊 ▶MAP P.10 B-1

可愛的包裝

使用布頭包裝也很適合當作禮物。請挑選喜歡的顏色。

一定能找到喜歡的設計
CAT TRANG

留日女老闆加入日本流行元素的設計頗受歡迎。若在店裡沒看到中意的顏色，也可以問問店員。

🏠 K142/01 Nguyễn Duy Hiệu, Són Trà ☎ 032-826-9062 🕙 9:30〜18:30 全年無休 🚗 峴港大教堂搭車約8分鐘
刷卡OK
美溪海灘周邊 ▶MAP P.13 E-3

有很多回頭客！訂製涼鞋

配合腳型調整鞋帶，非常合腳好穿（限週六、日、國定假日）。35萬VND。

人氣商品

32萬VND

1 56萬VND
2
3
4 28萬VND

1 添加酪梨油的唇膏。霧面色調共54色。2 香氛滾珠瓶。3 添加了50%瓊崖海棠油的熟成皂。除了拿來洗臉也可以作日常保養。

人氣商品

1
2 55萬VND
3

20萬5000VND 28萬VND

1 各色椰子餅乾或堅果裝在小袋子裡。2 點綴了圖案布的打包帶編織包。顏色、尺寸很豐富。3 網眼拖鞋當室內鞋也很好穿。共有4種尺寸。

118

峴港在發展成度假區的同時，也有多家質感用品店＆美妝店紛紛開業。只有這裡才買得到的各式時髦＆優質單品，絕對不會出現在別人身上！

WHAT IS

越南目前掀起的有機熱潮！
眾所皆知用越南自產材料製作的天然保養品品質一流。保證是人人喜愛的伴手禮。

不能錯過只有這裡才買得到的選物商品

顏色、圖案豐富的刺繡設計好可愛！

有很多人大量採買當成送用伴手禮。大＆中尺寸各8萬VND，小尺寸3萬VND。

峴港只有這裡販賣喜胡志明市的人氣品牌hansry的編織包84萬2400VND。另有串珠和流蘇的款式。

連2樓都擺滿商品！
Hoa Ly

日本人經營的生活用品店。從圖案新穎的刺繡束口袋到藤編包、缽場陶瓷等都有，品項豐富。

🏠 252 Trần Phú ☎ 0236-356-5068 🕙 10:00〜18:00 ㊡ 全年無休 🚶 峴港大教堂步行約5分鐘

刷卡OK

峴港市中心　▶MAP P.12 C-2

熟女最愛！
彩珠涼鞋 
顏色＆尺寸種類豐富。搭配品味也不凡（各30萬VND）。

像隱藏店家一樣的漂亮空間！
Sunglow

日本企業開設的禮品店。販賣原創商品和越南各地的選物商品。也有咖啡和堅果等食品。

🏠 2F, 15 Hoàng Ké Viêm ☎ 083-331-1303 🕙 11:00〜19:00（週六、日9:00〜） ㊡ 週二 🚶 峴港大教堂搭車約20分鐘

刷卡OK

美溪海灘周邊　▶MAP P.13 E-3

4種口味的
滴濾咖啡 
主題是峴港的朝陽和大海。左邊使用越南產的羅布斯塔豆。
2萬4000VND ／ 2萬7000VND

人氣商品（Hoa Ly）

1　15VND
2　5萬VND
3　各10萬VND

1 中間有隔層的拉鍊包，可以分開收納穿過＆未穿的內衣褲。
2 小尺寸特別訂製款，最適合「在家附近散步」用。
3 天然香皂。有竹炭×薄荷、玫瑰泥×尤加利等口味。

人氣商品（Sunglow）

1　8萬5000VND
2　各12萬VND
3　各12萬VND（S）

1 越南咖啡的濾杯，顏色選項多，有灰色和藍色等可愛顏色。
2 只用天然材料製作的手工品。添加南洋香氣。
3 藤與貝殼的托盤。

🔆 爬上螺旋階梯2樓就是Sunglow。1樓是飯糰咖啡館，想吃日本食物時很推薦到這裡。　119

SHOPPING 02 峴港

峴港迷回購的人氣嚴選商品！！
網羅必買的美食伴手禮

自家烘焙咖啡、堅果以及內含超級食物的香草茶等。
在越南大肆採購比台灣便宜的優質商品吧！

夏威夷豆
獨特的濃郁香氣
令人上癮！

5萬VND

帶殼夏威夷豆附贈小袋子很適合
當伴手禮。也賣腰果。 ❻

越南產可可豆所製巧克力。4
入4萬VND、8入8萬VND等，
可依想買的量裝成盒。
Hoa Ly>>>P.119

全球矚目！
超級食物
諾麗果果茶

4萬4000VND

諾麗果富含維他命C&B
群、多酚、膳食纖維和
礦物質，是營養價值極
高的水果。因為果肉帶
有特殊苦味，泡茶喝比
較順口。 ❹

不添加砂糖！
無罪惡感果乾
波羅蜜

堅持選用
越南可可豆
製作的單品巧克力

4萬VND~

有11種
口味！

各5萬5000VND

選用越南南部小鎮檳知
種植的可可豆。由曾留
學法國的巧克力師傅製
作，口味道地。 ❹

將波羅蜜的甜味濃縮起
來。因為不加糖，吃起
來沒有罪惡感。 ❹

7萬4000VND

收購自嚴選契作
農家的高級咖啡

選用咖啡知名產地大叻
栽種的阿拉卡比豆或羅
布斯塔豆。風味濃郁擁
有眾多粉絲。 ❸

10~15萬VND

高級巧克力專賣店

❹ Pheva Chocolate
前法國科學家創立的巧克力
品牌。色彩鮮豔的包裝也很
可愛。

🏠 239 Trần Phú ☎ 0236-3566-030 🕐 8:00~19:00
❌ 全年無休 🚶 峴港大教堂步行約5分鐘
刷卡OK 英語OK
峴港市中心 ▶MAP P.12 C-2

日本人御用的伴手禮店

❺ Co May
Cỏ Mây
老闆會講日文，之前是咖啡
師。活用咖啡豆知識挑選出
道地咖啡豆。

🏠 232 Trần Phú ☎ 090-653-7667 🕐 8:00~19:00 ❌ 全年無休 🚶 峴港大教堂步行約5分鐘
刷卡OK
峴港市中心 ▶MAP P.12 C-2

目標是咖啡&堅果

❸ Sunglow
由店長精選的生活用品店。
販售越南產嚴選美食商品。
店家原創的商品也引人注
意。

>>>P.119
刷卡OK
美溪海灘周邊 ▶MAP P.13 E-3

高級超市

❹ Vincom Plaza
位於購物中心一隅的超市
「Vinmart」，可以一次買
齊食材。

🏠 910A Ngô Quyền ☎ 093-472-1093 🕐 10:00~22:00
❌ 全年無休 🚶 峴港大教堂搭車約5分鐘
刷卡OK 英語OK
峴港東部 ▶MAP P.13 D-2

SHOPPING 03 峴港

以驚人價格買到時髦小物！？
瞄準峴港2大市場！
NICE!

市場也是峴港的熱門觀光景點，尤其是訂價比伴手禮店便宜的商品最具吸引力。
在狹窄的店內鎖定目標「尋寶」也很有趣！

色色實用！發色度佳！
眼影盤
市場內也有化妝品專賣店。色彩種類豐富。
8萬VND

和越南人戴一樣的♪
口罩
越南人騎機車時會戴上大的布口罩。
各1萬VND

好想包色
咖啡攪拌匙
有客人來訪或辦家庭派對時就能派上用場！
各1500VND

在地氣息濃厚的價格和品項
共市場
Chợ Cồn

尚未觀光化，顧客幾乎都是當地人。商品全是破盤低價，但是無法用英語溝通，所以最好隨身攜帶計算機。

🏠 Chợ Cồn, Hùng Vương　🕐 6:00～19:00
　全年無休　🚶 峴港大教堂搭車約5分鐘
峴港市中心　▶ MAP P.12 B-2

提升南洋氛圍
太陽眼鏡
大、色彩繽紛的太陽眼鏡。
6萬VND

好多時髦圖案
髮帶
圖案雅致也適合上班時戴。
各3萬VND

普普風的花朵圖案很亮眼
手拿包
可當作零錢包或面紙套使用。
2萬VND

也能當室內拖鞋
平底涼鞋
穿著舒適的麻質鞋底。也有黑&咖啡色。
各12萬VND

繽紛的南洋商品
杯墊
藤與貝殼的杯墊。每個顏色圖案都不同。
各2萬VND

現在流行的設計單品
皺皺包
有伸縮性的布包，皺皺的樣子很可愛。
10萬VND

設計典雅高級
藤編包
附蝴蝶結，在都市也能使用的優雅設計。
17萬VND

重視設計感&品味！
韓市場
Chợ Hàn

禮品店大多聚集在馬路兩旁，動線流暢好逛。流行配件或日用品種類比共市場豐富，觀光客也很多。

🏠 119 Trần Phú　🕐 6:00～17:00　全年無休
🚶 峴港大教堂步行約5分鐘
峴港市中心　▶ MAP P.12 C-2

共市場的金飾店也能換匯，聽說是峴港市區的最佳匯率。

STAY 峴港

享受越南首屈一指的美麗海灘！
消除疲憊的**豪華度假村**

現在，全球度假村愛好者都把目光聚焦在峴港周邊的海灘度假區。
以下介紹以空間奢華及服務至上自居的絕佳飯店。

在無邊際泳池觀賞日出
喚醒一天的活力

養生度假村
Wellness

★★★★★
來趟奢華至極的遠離塵囂之旅
福西安馬亞峴港飯店
Fusion Maia Da Nang

佇立在美溪海灘對面，地點優越的度假飯店。沒有多餘裝飾的極簡風格，以及融入大自然的設計，宛如現代人追求的城市綠洲。1天提供2次Spa服務，敞開胸懷感受身心靈的變化。

🏠 109 Võ Nguyên Giáp, Khuê Mỹ, Ngũ Hành Sơn
📞 0236-3967-999　🛏 泳池別墅 986萬5000VND～
🚗 峴港機場搭車約25分鐘　刷卡OK　英語OK
🔗 URL fusionresorts.com/fusionmaiadanang/ja/
美溪海灘周邊　MAP P.10 B-1

1 度假村附近是私人海灘。 2 所有客房都附泳池的私人別墅區。關在房內享受寧靜也不賴。

HOW TO

海灘附近有數家度假飯店
大多是越南國內品牌。以低於五星級飯店的價格就能享受到高檔設施,上網找看看吧。

長期逗留更放鬆
房價比日本或歐美各國更低廉。有機會實現長期住在高級度假村的夢想!

自選Spa療程
展現設施特色的Spa療程。如果是每天都想做Spa的按摩狂,可以事先上官網確認療程。

峴港&會安&順化

EAT
SIGHTSEEING
BEAUTY
SHOPPING
TOWN
STAY

Luxe Point 1
1天2次免費!
在安靜的別墅
體驗極致Spa
可從豐富的選項中自選療程。除了按摩外,也有臉部美容、身體去角質及美甲等。

1 也可以一次挑選2種組合施作。**2** 綠蔭環繞的Spa專用別墅。**3** 每天都有瑜珈或冥想等不同的免費課程。

Luxe Point 2
在色調粉嫩的
餐廳享用
心動午餐
度假村有咖啡館、酒吧等5種餐飲設施。不外出也不擔心會吃膩。

1 掛著粉色燈籠的吧檯。恰到好處的童趣抓住熟女的心。**2** 配色清爽的翠綠色椅子。

Luxe Point 3
在湛藍的大海前
悠哉吃早餐
度假村的信念為「早餐是一天中最重要的一餐」。可以隨心所欲在喜歡的地方享用早餐。

1 吃著早餐看著湛藍色的美溪海灘,別有一番滋味!**2** 除了在泳池邊或用餐區外,也能在客房內享用。菜色豐富。

必看從美溪海灘水平面升起的朝日!

來杯新鮮果汁恢復精神。

比起其他度假設施,到市區交通方便這點加分不少。不用搭計程車走路就能上街購物。

123

STAY　消除疲憊的豪華度假村

從山茶半島的高地
獨享峴港美景

自然
度假村
── Nature ──

「一生必住一次的飯店」排行榜常客
★★★★★

峴港洲際陽光半島度假飯店
InterContinental Danang Sun Peninsula Resort

地點、設備、餐飲、景致都無懈可擊。即便在高級飯店林立的峴港，也是數一數二的知名飯店。

📍 Bãi Bắc, Thọ Quang, Sơn Trà　☎ 0236-3938-888
💰 US$485～　🚗 峴港機場搭車約30分鐘　刷卡OK　英語OK
URL www.ing.com/intercontinental/hotels/

山茶半島　▶MAP P.10 C-1

1 度假村的賣點是長達700m的私人沙灘。**2** 世界級建築大師Bill Bensley的創新設計也是魅力之一。

Luxe Point 1

還有米其林三星美食！
道地餐廳齊聚

米其林三星主廚Michel Roux經手的「La Maison 1888」是擁有全球粉絲的名店。此外，還有5家餐廳&酒吧。

1 坐在「CITRON」以越南斗笠為造型的戶外區用早餐。**2** 享譽盛名的「La Maison 1888」。

Luxe Point 2

隱密性倍增
所有客房皆是海景房

一起床就能欣賞絕佳美景。坐在極具開放感的露台恣意放鬆，讓平日累積的壓力煙消雲散。

1 涼風徐徐的露台。**2** 浴室窗外也是海景。享受極致療癒的沐浴時刻。

隱密度假村 Retreat

1 客房有附私人泳池的別墅和公寓2種。 2 位於度假村中央的泳池。點燈後的夜景浪漫迷人。 3 客房裝潢清新，以自然色系為基底，洗去心靈上的疲憊。

噴噴稱奇的當代時尚度假村
納曼度假村
Naman Retreat
★★★★★

完全隱藏在廣大亞熱帶花園內的設施，最適合隨興自在的旅客。傳統素材和當代建築的特殊結合，令人嘆為觀止！

Trường Sa Street, Ngũ Hành Sơn ☎ 0236-3959-888　312萬VND〜　峴港機場搭車約30分鐘　刷卡OK　英語OK
URL www.namanretreat.com/

峴港郊區外　▶MAP P.10 B-2

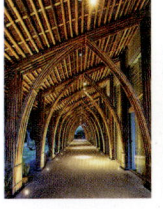

Luxe Point
自然與藝術交織成的獨特空間

境內隨處可見令人驚艷的景致，如綠意盎薩的Spa設施、以竹子或藤編搭建的當代建築餐廳等。

28層樓高的飯店橋上點燈景致盡收眼底

城市派看這裡！
聳立於市區的峴港地標，到各景點都很方便，適合旅行天數短的旅客。

Luxe Point
夜景近在眼前

★★★★★
峴港希爾頓飯店
Hilton Đà Nẵng

白天海景、晚上夜景。獨占峴港街景！

峴港市區白天和晚上的景色截然不同。從飯店高樓層看出去的風景，是旅程中難以忘懷的一幕。

位於大教堂步行圈內的絕佳位置。最適合愛到處走動、白天逛街、晚上過夜生活的旅人。

50 Bạch Đằng ☎ 0236-3874-000　193萬2000 VND〜　峴港機場搭車約20分鐘
刷卡OK　英語OK　URL www3.hilton.com/

峴港市中心　▶MAP P.12 C-1

1 在頂樓餐廳眺望美麗的廣角街景。 2 高塔大樓是峴港的地標之一。 3 4樓設有戶外泳池。 4 客房窗外一望無際的美景。

進出洲際飯店或納曼度假村最好搭計程車。決定好旅行目的再挑選就不會出錯！　125

峴港&會安&順化　EAT　SIGHTSEEING　BEAUTY　SHOPPING　TOWN　STAY

燈籠裝飾的歷史港都

會安
Hội An

聯合國教科文組織列為世界文化遺產的商港古鎮。走在保有百年建築的美麗街道，宛如時光倒流。晚上燈籠亮起的夜景，夢幻迷人。

順化
南海
峴港國際機場
峴港
會安

- 峴港 過來搭計程車比較方便。車資約40萬～50萬VND。
- 峴港 搭車45分鐘
- 順化 搭車3小時

白天夜晚雙重享樂

日：◎ 夜：◎
在燈籠高掛的街上散步或逛夜市等，享受風情萬種的夜生活。

陳興道街

H TO Hoi An
>>>P.129

二徵夫人街

福建會館

E 沙黃文化博物館
>>>P.128

來遠橋

陳富街

C 馮興古宅
>>>P.128

A 來遠橋

G 均勝古宅
>>>P.128

阮太學街

B 進記古宅
>>>P.128

D 會安民俗文化博物館
>>>P.128

秋盆江

An Hoi 島

N ★ 售票處

HOW TO

逛古鎮

先買票！
要買票（12萬VND）才能進入遺產區域。可在古鎮內的5個★售票處購買。

5個入口
觀光票24小時內有效。每張票可從橋、寺廟或博物館等25個觀光景點中自由挑選5處參觀。

世界遺產 會安古鎮！
備受全球矚目的契機是1999年被聯合國教科文組織列為世界遺產。之後成為此生必訪的景點排行榜常勝軍。

世界遺產

街上隨處可見盛開的九重葛。　　　　　　　　　　　　　　　　　　在秋盆江也有巡覽會安一帶的遊船。

Hội An 01
走上來遠橋！

位於古鎮中心的街景地標。17世紀初建立，因為附近是日本人住宅區，別名「日本橋」。

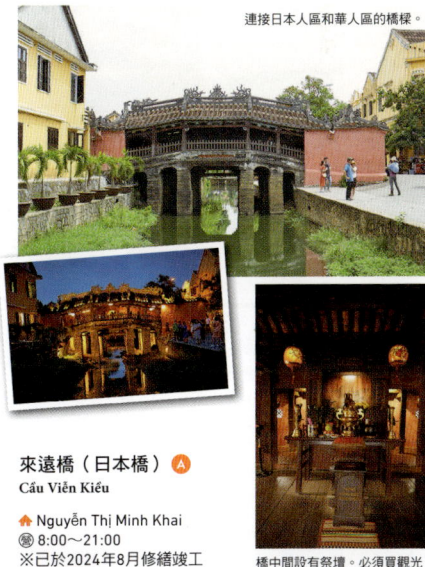

連接日本人區和華人區的橋樑。

點燈夜景必看！

來遠橋（日本橋） A
Cầu Viễn Kiều

📍 Nguyễn Thị Minh Khai
🕗 8:00～21:00
※已於2024年8月修繕竣工

會安古鎮　▶MAP P.14 B-3

橋中間設有祭壇。必須買觀光票才能過橋。

步行3分鐘

阮惠街

會安市場
>>>P.128

夜晚，秋盆江也會點燈！
白天給人純樸印象的秋盆江，一到夜晚在水上燈籠的點綴下顯得華麗萬分。也能坐船遊河或放水燈。

Hội An 02
搭人力車
輕鬆遊街

要在規畫成步行區的古鎮散步，建議搭人力車。尤其是夏天，還有車頂遮陽比較舒服。鎮上到處可見人力車司機，隨時都可叫車。

在樹蔭下等待客人的人力車司機。

車資通常是10分鐘25萬VND。可根據時間長短議價。

古鎮不大，安排1天散步就夠了。如果想走遍各景點，最好規畫2天。　127

Hội An

成功的貿易商人住宅
進記古宅 B
Nhà Cổ Tấn ký

屋齡約200年的古民宅中，有不少豪華家具。

🏠 101 Nguyễn Thái Học　🕐 8:00～17:00　全年無休　來遠橋步行約5分鐘

會安古鎮　▶MAP P.14 C-3

可體驗200年前生活的珍貴空間。

融合日、中、越式建築風格
馮興古宅 C
Nhà Cổ Phùng Hưng

日式屋頂、中式梁柱搭配越式牆壁的結構，只在貿易港口看得到。

🏠 4 Nguyễn Thị Minh Khai　🕐 8:00～18:00　全年無休　來遠橋步行約1分鐘

會安古鎮　▶MAP P.14 B-3

後代子孫至今仍繼續住在這裡！

Hội An 03
買套票暢遊歷史景點

各景點中，必看屋齡200年以上的古民宅。12萬VND的套票就能參觀。

深入了解會安的傳統文化
會安民俗文化博物館 D
Bảo Tàng Văn Hoá Dân Gian

展出的物品超過600件，包括100多年前的家具和傳統服飾。

🏠 33 Nguyễn Thái Học　🕐 7:00～21:30　全年無休　來遠橋步行約8分鐘

會安古鎮　▶MAP P.14 C-3

陳列珍貴的西元前出土物件
沙黃文化博物館 E
Bảo Tàng Văn Hoá Sa Huỳnh

沙黃是西元前～西元2世紀盛行於中部的早期金屬器文化。

🏠 149 Trần Phú　🕐 8:00～20:00　全年無休　來遠橋步行約1分鐘

會安古鎮　▶MAP P.14 B-3

Hội An 04
上會安市場尋寶！！

會安鎮上大型商店不多，要一次買齊伴手禮，就來這裡。從調味料、咖啡到生活用品沒有買不到的！？

〈5萬VND～〉

1 燈籠是會安風格的伴手禮。顏色尺寸眾多。
2 刺繡零錢包。
3 閃爍美麗光澤的珠母貝筷架10件組。

〈5萬VND〉
〈3萬VND〉

買到便宜伴手禮
會安市場 F
Chợ Hội An

館內主要是餐館和伴手禮店，沿著市場外圍有多家食品攤販。

🏠 19 Trần Quý Cáp　🕐 6:00～20:00　全年無休　來遠橋步行約10分鐘

會安古鎮　▶MAP P.15 D-3

Hội An 05
在巷弄餐館賞夜景吃晚餐

秋盆江沿岸的露天小吃店，是古鎮首屈一指的美景地。菜單附照片不用擔心！

1 背對來遠橋右轉，就是擺著板凳的美食區。
2 叉燒薄片（10萬VND）。

Hội An 06
品嘗均勝家現做的白玫瑰！

白玫瑰是來到會安不可錯過的名菜。在歷史景點之一的古民宅享用，更添美味！

均勝古宅 G
Nhà Cổ Quân Thắng

🏠 77 Trần Phú　🕐 9:30～18:00　全年無休　來遠橋步行約5分鐘

會安古鎮　▶MAP P.14 C-3

1 用口感滑順的糯皮包裹蝦泥蒸熟的菜色。是當地人常吃的點心。
2 可在店內參觀手工製作過程。

128

Hội An 07
到秋盆江坐碗公船

備受喜愛的親子活動。

會安郊區大受歡迎的活動。沿途種滿椰子樹的實境叢林之旅！

各色船隻交會的情景充滿異國風情。費用是每船10萬VND。

出乎意外地困難！！挑戰手動划槳。

超快速旋轉或船上卡拉OK等免費表演值得一看。

不用預約也能上船！
Tuan Canh
Tuấn Cánh

🏠 Trần Nhân Tông, Cẩm Thanh
☎ 076-362-8691
🕐 8:30～17:00　🚫 全年無休　💰 10萬VND　🚗 來遠橋搭車約20分鐘　英語OK

會安郊區　▶MAP P.10 B-3

Hội An 08
到裁縫店訂製西服

仔細量身

會安街有多家訂做價格超便宜的裁縫店。有些製作快速的店家有機會當天取貨。

布料是挑選店家的要點之一，多逛幾家店比較看看。

一整排的布料！

約79萬9000VND

完工！

約104萬9000VND

1 現場備有超過100種的花色和圖案。 2 態度親切的老闆娘是入行20年左右的老手。

也可單件穿搭的實用套裝。

多款遊客喜愛的花樣&設計
TO Hoi An 🄗

🏠 45 Phan Chôu Tinh　☎ 0905-55-146　🕐 8:30～17:00　🚫 全年無休　🚶 來遠橋步行約8分鐘　英語OK

會安古鎮　▶MAP P.14 C-2

Hội An 09
晚上逛夜市

>>>P.136

看到擺得密密麻麻的物品或輕食攤販，就讓人雀躍不已！可以用餐也能專心挑選商品。

1 綿延200m長的攤販或餐廳。 2 販售越南甜湯的攤販。最適合當晚餐後的甜點。

Hội An 10
前往近郊美山聖地

興盛於6～13世紀的占婆王國遺址群。目前尚有許多未知的謎題，如供奉印度教神明、建築樣式完全沒有黏著劑痕跡等。

廣闊的神祕空間
美山遺址
Khu Đền Tháp Mỹ Sơn

世界遺產

想聽講解的人，建議參加旅行團。

🕐 9:30～18:00　🚫 全年無休
💰 15萬VND　🚗 古鎮搭車約1小時

會安郊區　▶MAP P.10 B-3

這一帶列為世界文化遺產

峴港&會安&順化 / EAT / SIGHTSEEING / BEAUTY / SHOPPING / TOWN / STAY

照片中看似寧靜的碗公船體驗，其實有音樂和卡拉OK，相當吵雜。　129

EAT 01 會安

當地人的愛店！
征服不可錯過的會安美食

會安的魅力之處不只是燈籠！當地限定的知名美食，到專賣店吃才道地。
以下介紹滿意度100%的排隊老店&人氣餐館。

NICE!

米飯的顏色來自薑黃。

會安市民的「媽媽味」

Hai An Gourmet
會安雞飯
Cơm Gà

就是「雞肉飯」。在其他國家也很有名，不過會安的特色是使用薑黃飯。

創業30年的人氣餐館
Com Ga NGA
Cơm Gà NGA

開業那年出生的兒子與母親一起經營的雞肉飯專賣店。口感軟嫩多汁的雞絲是受歡迎的因素。

口感濕潤的雞絲！

👍 會安雞飯
Cơm Gà Xe
6萬VND
份量十足！附酸奶油&魚露。

搭配青木瓜絲！
淋上特製醬汁的雞肉青木瓜絲沙拉 2 5 萬5000VND（4人份）。

這道也推薦！

🏠 8 Phan Châu Trinh　☎ 070-269-6769
🕐 10:00～22:00　全年無休
🚶 來遠橋步行約13分鐘　英語OK
會安古鎮　▶MAP P.15 E-2

Hai An Gourmet
高樓麵
Cao Lầu

會安的代表麵食，也有源自伊勢烏龍麵的說法。粗米線和甜辣醬堪稱絕配。

令人上癮的甜辣醬！

氣氛輕鬆的當地餐館，每天高朋滿座！

炸餛飩增添口感層次。

具嚼勁的粗麵表面粗糙。

加了大量香草生菜。

招牌菜就是高樓麵
Hai

家族式經營的家庭餐館，在會安備受愛戴超過25年。峴港名菜廣南麵3萬VND，也很受歡迎。

清爽的叉燒肉。

👍 高樓麵
Cao Lầu
4萬VND
為了方便拌勻，選用較短的麵條。甜辣醬和叉燒肉也很對味。

🏠 6A Trương Minh Lượng　☎ 090-599-8424
🕐 7:30～21:00　全年無休
🚶 來遠橋步行約13分鐘　英語OK
會安古鎮　▶MAP P.15 E-2

WHAT IS

會安在地美食

▶**古鎮名店聚集!!**
包含本書介紹的餐廳,有多家老店或排隊名店分布其間。看到人潮,趕快進店!

▶**路邊餐館必吃**
P.128介紹的秋盆江沿岸餐館,無論哪家每天都坐滿人。也賣高樓麵等名菜。

▶**夜市是B級美食寶庫**
有很多當地居民的靈魂美食。每種份量都不多,當點心吃也OK。參閱P.137挑戰看看吧。

Hoi An Gourmet

白玫瑰 White Rose

1天賣5000個以上!

和炸蒜片一起入口!

口感滑溜的粿皮包裹蝦泥蒸熟的菜色。嘴饞時當點心吃也不賴。

白玫瑰 White Rose
7萬VND
外觀迷人。不要錯過剛出籠熱騰騰的美食!

質地細緻宛如花瓣!

創業超過百年的老店!
白玫瑰 White Rose

必看工作人員圍著桌子有條不紊地包白玫瑰的樣子!絡繹不絕的熟客前來品嚐剛出籠的美味。

🏠 533 Hai Bà Trưng ☎ 090-301-0986
🕐 7:30～20:30 全年無休 來遠橋步行約15分鐘 刷卡OK 英語OK

會安古鎮 ▶MAP P.14 B-1

也推薦這道!
塞滿蔬菜餡的炸餛飩。4個10萬VND。

Hoi An Gourmet

越式法國麵包 Bánh Mì

用法國麵包夾著火腿或肉餅,淋上魚露等調味。是風味獨特的經典三明治。

全越南最好吃!?

塞滿火腿&肉餅!

火腿肉餅越式法國麵包
Bánh mì Thịt heo voi ham va pate
3萬5000VND

這裡提供的是基本款配料。微溫的法國麵包外皮酥脆內裡鬆軟。

大排長龍的名店
Banh Mi Phuong
Bánh Mì Phượng

一早就有很多人來買越式法國麵包,是越南享譽盛名的逸品。可以坐在店內享用。

🏠 2b Phan Châu Trinh
☎ 0905-743-773 🕐 6:30～21:00 全年無休 來遠橋步行約12分鐘 英語OK

會安古鎮 ▶MAP P.15 D-2

自製鬆軟麵包。

接單後才在店面櫃台手工製作。

峴港&會安&順化 / EAT / SIGHTSEEING / BEAUTY / SHOPPING / TOWN / STAY

燉雞內臟是Com Ga NGA必吃的隱藏版菜色。不是每天都有,記得問店員! 131

EAT
02
會安

擺放舊家具的自在店鋪
上人氣咖啡館放空

歷史建築物改建成的古民宅咖啡館,只出現在以越南第一古鎮自居的會安。
在輕鬆愜意的古樸氣氛下,舒緩旅途疲憊。

spot 1
咖啡館&酒吧

■ 在門口附近的櫃台點餐。
■ 看著熙來攘往的人群放空心情。

精釀啤酒
Draft craft beer
11萬5000VND

還有葡萄酒或調酒等多種酒精飲料。

白天是咖啡館,夜晚變身酒吧
The Hill Station

屋齡超過百年的古民宅咖啡館。保有當時壁畫的2樓座位區就像美術館。還有三明治等多種輕食餐點。

🏠 321 Nguyễn Duy Hiệu ☎ 0235-6292-999
🕗 7:00～22:00 全年無休 來遠橋步行約13分鐘
刷卡OK 英語OK 會安古鎮 ▶MAP P.15 E-2

各色蛋糕
Cakes
8萬5000VND～

逛累時最適合來塊香甜的派餅。

蛋糕也是店家手工自製!

spot 2
隱密咖啡館

綠意盎然清新舒爽的露天座位區
The Espresso Station
The Espresso Station

靜靜地佇立在小巷內,內行人才知道的私房咖啡館。會安鎮特有的黃色牆面和綠意形成美麗對比。

🏠 28/2 Trần Hưng Đạo ☎ 032-550-5506
🕗 7:30～17:30 全年無休 來遠橋步行約10分鐘
刷卡OK 英語OK
會安古鎮 ▶MAP P.14 C-2

樹梢光影加上旋律舒服的爵士樂,為店內營造絕佳氣氛。

香蕉百香果汁
Banana Passion Fruit
5萬5000VND

肚子有點餓時來杯香濃果昔。

使用自家烘焙的大叻咖啡豆。可在店內購買(25萬VND)。

132

崇尚寂靜的茶館
Reaching Out Teahouse

視聽障愛心團體經營，使用座位上放置的菜單和印章點餐。在寂靜的空間裡，埋頭閱讀或沉思。

- 131 Trần Phú
- ☎ 0235-3910-168
- ⏰ 8:00～20:30
- 全年無休
- 來遠橋步行約3分鐘
- 刷卡OK／英語OK
- 會安古鎮 ▶ MAP P.14 B-3

品茗組合
Tham Trà Việt
14萬7000VND

挑選3種茶款品茗的組合。

店內燈光微暗，營造沉穩氣氛。

spot 3 靜謐咖啡館

從屋頂俯瞰古鎮
92 station restaurant & café
92 Station Cafe

有3層樓+頂樓座位，從面向馬路的露天座位或屋頂俯瞰古鎮的街景。

- 92 Trần Phú
- ☎ 090-506-3199
- ⏰ 8:00～20:00（最後點單19:30）
- 全年無休
- 來遠橋步行約5分鐘
- 刷卡OK／英語OK
- 會安古鎮
- ▶ MAP P.14 C-2

椰子咖啡
Cà Phê Dừa
5萬VND

滿滿椰奶×清爽苦味的咖啡。

1 可以縱覽整個古鎮的地點很珍貴。
2 店家外觀是可愛的九重葛。

spot 4 古鎮風景

古鎮裡的小咖啡館
Mot Hoi An
Mót Hội An

放在蓮花花瓣上的香草茶可愛到社群媒體熱烈討論中！也有高樓麵等午間菜單。

- 150 Trần Phú
- ☎ 090-191-3399
- ⏰ 8:00～22:00
- 全年無休
- 來遠橋步行約2分鐘
- 英語OK
- 會安古鎮 ▶ MAP P.14 B-3

spot 5 香草茶

檸檬香草茶
Nước Thảo Mộc Sả Chanh
1萬8000VND

加入5種以上香草和萊姆的清爽香草茶。

1 可外帶香草茶。 2 店裡經常客滿，但翻桌率很高，所以很快就能入座。

COCOBOX的咖啡館（→P.135）也頗受歡迎。使用新鮮水果製作的果昔堪稱絕品。

峴港&會安&順化 · EAT · SIGHTSEEING · BEAUTY · SHOPPING · TOWN · STAY

SHOPPING 01 會安

眾多質感商店!!
精選必買清單

觀光客眾多的古鎮也是知名購物街。去尋找融入歐美品味的時尚小物！因為範圍不大，可以一間逛過一間，真開心。

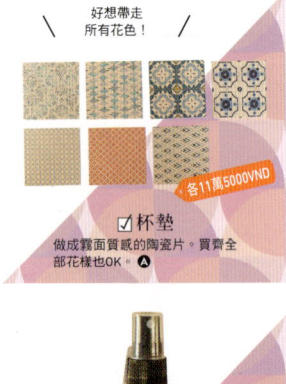

妝點日常生活的可愛
日用品
Goods

24萬9000VND
☑ 咖啡濾杯&咖啡杯
沖泡越南咖啡用的濾杯與咖啡杯分開販售。Ⓐ
17萬5000VND

好想帶走所有花色！
各11萬5000VND
☑ 杯墊
做成霧面質感的陶瓷片。買齊全部花樣也OK。Ⓐ

US$70
☑ 皮包
上等越南牛皮包，做成百搭水桶包款式，可以用很久。Ⓑ
上班出遊皆宜！

39萬VND
☑ 藤編包
可以當洗衣籃。做成折疊式不用擔心帶不走。Ⓐ

13萬VND
☑ 驅蚊噴霧
嬰兒肌膚也可安心使用的有機產品。Ⓒ

15萬VND
☑ 包包
充滿隨興感的可愛針織材質包包。尺寸偏小。Ⓓ

各3萬5000VND
☑ 杯墊
貝殼工藝杯墊。亮晶晶的很可愛！Ⓓ

US$35
☑ 皮革涼鞋
鮮豔的黃色，為風格穿搭增添畫龍點睛之效。Ⓑ

店內風格清新超好逛
Ⓐ SUNDAY in Hoi An
在會安有2間分店，販售配件、家飾品及調味料。2位越南女老闆挑選的生活用品頗受好評。

🏠 184 Trần Phú ☎ 0797-676-592 🕘 9:30～21:30
全年無休　來遠橋步行約10分鐘　刷卡OK　英語OK
會安古鎮　▶MAP P.14 B-3

皮革配件專賣店
Ⓑ FRIENDLY SHOP
男女用品都有，從涼鞋到包鞋各色商品齊全。購物流程為挑選款式→量尺寸→隔天取貨。

🏠 18 Trần Phú ☎ 0935-211-521 🕘 9:00～20:00
全年無休　來遠橋步行約11分鐘　刷卡OK　英語OK
會安古鎮　▶MAP P.15 D-2

134

包裝精美！
食品
Gourmet

白 22萬VND
黑 28萬VND

☑ 胡椒粒
美麗的罐裝胡椒，擺在廚房也賞心悅目，有黑白2種。Ⓐ

9萬5000VND

☑ 花生醬
使用越南產有機花生在會安加工。Ⓒ

6萬9000VND

☑ 藥草茶
混合7種香草，放鬆效果絕佳。25g×3入袋裝。Ⓒ

11萬6000VND

☑ 濾泡式咖啡
在家就能輕鬆喝到會安人氣咖啡館的自家烘焙咖啡。Ⓒ

各6萬VND

☑ 巧克力
有富國島的胡椒和烏龍茶等獨特口味。Ⓒ

6萬VND

☑ 斗笠
用棕櫚樹葉編織而成的越南傳統帽子。也有素面的。Ⓓ

環保廚房用品
4萬9000VND

☑ 竹吸管
在環保文化蓬勃發展的越南咖啡館一定會看到。10根一組。Ⓒ

3萬VND

☑ 燈籠
會安的象徵燈籠，種類豐富有許多不同尺寸、顏色圖案！Ⓓ

5萬VND

☑ 耳環
藤編的涼爽飾品。設計種類很豐富。Ⓓ

夏天出場率高
6萬VND

☑ 涼鞋
用藺草編織而成，所以很透氣，穿起來非常舒適！Ⓓ

當地風格很可愛
越式風格
Vietnamese

堅持環保的果昔專賣店
Ⓒ **COCOBOX**

Hoi An Roastery的姊妹店。店內提供用越南新鮮水果製作的冷壓果汁和果昔。

🏠 94 Lê Lợi　☎ 0235-3862-000　🕐 7:00〜21:00　休 全年無休
🚶 來遠橋步行約1分鐘　刷卡OK　英語OK
會安古鎮　▶MAP P.14 C-3

一次買齊經典伴手禮
Ⓓ **Long Vy**
Long Vỹ

販售燈籠和蓮花造型的燈罩等，集結大量會安風格商品的伴手禮店。也有可馬上在當地使用的時尚商品。

🏠 6 Phan Chu Trinh　☎ 090-566-4734　🕐 8:00〜22:00
休 全年無休　🚶 來遠橋步行約10分鐘　刷卡OK　英語OK
會安古鎮　▶MAP P.15 D-2

深受歐美環保文化影響的會安，是優質有機商品的寶庫。因為價格實惠務必一次買齊。

峴港&會安&順化

EAT
SIGHTSEEING
BEAUTY
SHOPPING
TOWN
STAY

SIGHTSEEING 01 會安

夢幻燈籠海
盡情逛夜市

夜晚點亮燈籠的會安，全鎮籠罩在美麗的光輝下。
貼近感受有攤販、遊船等熱鬧活動的魅力夜市！

HOW TO
逛夜市

▶**每天都有**
不論平日假日隨時都能來。雖然沒有規定結束時間，但18〜22點時最為熱鬧。

▶**盡早用餐**
想玩得盡興至少要2〜3小時。路邊攤也賣甜點，最好早點吃晚餐。

▶**小心扒手**
賞燈入迷時容易遭小偷，請小心！帶有拉鍊的包包比較放心。

An Hoi島
▶MAP P.14 B-3

MUST-DO 1
拍點燈紀念照

五顏六色的燈籠、秋盆江附近的燈景是上鏡度200%的景致。不要忘記帶自拍棒！

人氣No.1的美照地點來遠橋。

妝點秋盆江的蓮花燈。

載著燈籠的小船穿梭來往，形成美麗風景。

136

MUST-DO 2 許願 放水燈

體驗在秋盆江上放水燈,看著燈火搖晃遠行。拍張紀念照,為旅行再添美好回憶。

發現賣水燈的大嬸!

水燈售價1個約1萬VND。

河邊濕滑,小心不要跌倒!

MUST-DO 3 物色 伴手禮

夜市有多家販售便宜日用品的攤販。可以殺價,說不定能用超低價成交。

越南圖案立體卡片。

也有多家當地名產燈籠專賣店。

裝飾居家空間的小尺寸茶具組。

60萬VND～

2萬VND～

皮革配件也很便宜。上面是票卡夾,下面是鑰匙圈。

12萬VND～

12萬VND～ 民族風三層手鍊。

3萬VND～

MUST-DO 4 挑戰 路邊小吃

繞夜市一圈,選定想嘗試的小吃。和人共享就能多吃幾道,也很有趣!

雞肉冬粉湯 2萬5000 VND～

香甜軟糯的香蕉鬆餅 3萬VND～

蒸春捲2萬5000VND～

椰子蛋糕 2萬VND～

香脆越式披薩2萬VND～

MUST-DO 5 從船上欣賞夜景

搭手搖船遊秋盆江。涼風徐徐,相當舒服。

搭船時要穿救生衣。

也可以從船上放水燈。

從船上看到的景致別有一番風味,極具魅力。

古鎮超擁擠!
燈籠節在每月農曆14日!

附近住家及商店照例都會關掉電燈點亮燈籠。現場人山人海,要有心理準備!

2025年是…
8月10日、9月13日、10月14日、11月13日、12月13日

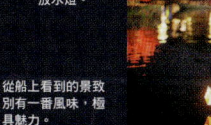

燈籠節前後幾天很難訂到飯店。決定好日期後盡早訂房。也要事先預約好到飯店的計程車。

峴港&會安&順化

EAT
SIGHTSEEING
BEAUTY
SHOPPING
TOWN
STAY

137

STAY 會安

住宿會安就選這兩種！
前往度假飯店or經典旅館

想在會安過夜，推薦海灘附近的豪華度假飯店，或是古都才有的歷史建築改建經典旅館！

度假飯店

在隱密性高的別墅建築享受頂級度假體驗

度假飯店的推薦重點
- ☑ 充滿假期氣氛！
- ☑ 可在飯店內體驗極致Spa。
- ☑ 空手來海灘也OK。

1 泳池別墅附設私人泳池。 **2** 以中越貴族宅邸為主題的客房。

會安最令人嚮往的度假村 ★★★★★

越南會安南海四季度假飯店
Four Seasons Resort The Nam Hai

沿著海灘建立的100棟別墅，空間豪華寬敞，有80～590m2大。到遠離城市喧囂的淨土靜享假期。

🏠 Block Ha My Dong B　☎ 0235-394-0000
💰 2710萬VND～　🚗 會安古鎮搭車約20分鐘　刷卡OK　英語OK
URL m.fourseasons.com/hoian
會安郊區　▶MAP P.10 B-2

推薦點 ❶
獨享美麗的美溪海灘！
占地35公頃的度假村內，有3座海景無邊際泳池。泳池樹蔭環繞各成其趣。
1 眼前就是寬闊的私人白沙灘。池邊設有酒吧。
2 落日時的美景。

推薦點 ❷
在蓮池別墅體驗獨一無二的Spa
隱密的獨棟別墅共有8間Spa套房，療程結束後可躺在露天陽台的臥榻上休息。每間客房都備有浴缸。

138

HOW TO

時間寬裕的話最好各住上幾晚！
有海景度假飯店、古色古香的經典旅館等多種類型。只住一處太可惜。

從海邊度假村到古鎮搭計程車約10分鐘
安邦海灘附近有數間度假飯店。可以遠離市區喧擾，寧靜度假。

家庭式便宜旅店也頗受歡迎！
也可以入住房間數少，隱密性高的小而美旅店。雖然便宜卻附泳池CP值高。

令人期待的彩色客房 ★★★★★

安邦海濱精品之家別墅飯店
An Bang Beachside Boutique Resort & Villas

面對安邦海灘的飯店。可愛明亮的裝潢色調，充滿濃厚南洋風情。在濱海姊妹店餐廳也能獨享私人沙灘。

📍 25 Nguyễn Phan Vinh, Cẩm An　☎ 085-355-2662　💰 146萬9000VND〜　🚗 會安古鎮搭車約15分鐘　刷卡OK　英語OK
URL anbangbeachside.com/

安邦海灘周邊　▶ MAP P.10 B-3

推薦點 ❶
時髦的海洋主題客房！
美人魚或船長等裝潢不同的主題客房。好期待打開房門時會看到什麼！

推薦點 ❷
在獨棟餐廳吹著海風吃早餐
濱海餐廳「SALT PUB」是每天客滿的人氣餐廳。新鮮海產BBQ午餐堪稱絕品！

這裡是龍宮？如主題樂園般的最新精品旅館

❶ 百花包圍的熱帶泳池區
❷ 所有客房都附陽台

峴港＆會安＆順化 / EAT / SIGHTSEEING / BEAUTY / SHOPPING / TOWN / STAY

入住越南會安南海四季度假飯店的泳池別墅，每日提供免費下午茶！　139

STAY　STAY度假飯店or經典旅館

殖民地飯店

色彩溫暖可愛的療癒系
殖民地風格飯店

殖民地飯店的推薦重點
- ☑ 洋溢**異國情趣**。
- ☑ **法式風格**裝潢！
- ☑ **泳池或Spa**等設備齊全。

★★★★
會安古鎮步行圈內

會安安納塔拉度假飯店
Anantara Hoi An Resort

位於秋盆江邊，綠意盎然的度假村境內有殖民地風格客房、Spa及餐廳。

🏠 1 Phạm Hồng Thái　☎ 0235-3914-555　💰 684萬VND～
🚶 來遠橋步行約15分鐘
英語OK　刷卡OK
URL www.anantara.com/en/hoi-an/

會安古鎮　MAP P.15 F-2

推薦點 ❶
走入時光倒流的空間！
客房及餐廳都採用殖民地建築樣式。走廊上的拱門和磁磚令人印象深刻，宛如置身19世紀的巴黎。

推薦點 ❷
看著沉靜的河面放鬆身心
充作私人客廳的涼亭或客房陽台等，從飯店各處皆能眺望秋盆江。

1 在開放式陽台享用自助式早餐。2 種滿翠綠南洋植物的中庭。
3 在浪漫的涼亭享用晚餐，為旅行帶來美好回憶。4 客房備有發呆椅。

會安維多利亞海灘芳療度假村
Victoria Hoi An Beach Resort & Spa

魅力十足的私人海灘及泳池 ★★★★

在充滿異國風情的設施中近距離感受會安歷史

客房裝潢採用殖民地樣式結合會安風格，相當別致。餐廳菜色也頗受好評。

- 📍 Biển, Âu Cơ, Cửa Đại
- ☎ 0235-392-7040
- 💰 234萬VND〜
- 🚗 會安古鎮搭車約15分鐘
- 英語OK　刷卡OK
- 🌐 www.victoriahotels.asia/

會安郊區　▶MAP P.10 B-3

推薦點 ❶
和大海融為一體的無邊際泳池
從泳池可眺望東海，充滿南洋度假風情。泳池邊有提供餐點的咖啡吧。

推薦點 ❷
不限次數的免費按摩浴缸
住宿期間可以不限次數免費使用Spa設施內的按摩浴缸。在泳池或海灘玩完後，泡熱水讓身體回暖。

河景

Lantana Riverside Hoi An Boutique Hotel & Spa

離古鎮稍遠的隱密住宿 ★★★★

可悠閒入住的河邊飯店

可從陽台眺望秋盆江的客房很受歡迎。也有餐廳、Spa和游泳池。

- 📍 52 Huyền Trân Công Chúa
- ☎ 023-5393-7668
- 📶 上官網確認
- 🚗 來遠橋搭車約10分鐘
- 英語OK　刷卡OK
- 🌐 https://lantanariverside.com/

會安古鎮西邊　▶MAP P.10 B-3

推薦點
秋盆江盡在眼前
以眺望會安的象徵「秋盆江」景色聞名。靜謐流動的江水被夕陽染紅的夕照時刻是絕色美景。

1「豪華河景」客房裝潢古典。也有靠泳池的客房。**2** 餐廳深處也有小游泳池。也提供漂浮早餐。

☀ 會安維多利亞每週日推出吃到飽的週日早午餐。啤酒和無酒精飲料也免費。

以眾多世界遺產而自居的阮氏王朝古都
順化
Huế

這座興盛一時的古都，是19～20世紀統一越南的阮氏王朝首都。重要景點有登錄為世界遺產的皇城與周邊古城區。在中越以豐富的飲食文化自居，擁有多道名菜。

- 計程車資約120～150萬VND。此外也有地方巴士、火車。
- 峴港 搭車2.5小時
- 會安 搭車3小時

觀光首推古城區

日：◎ 夜：○
觀光＆美食勝地的寶庫。唯獨不適合購物。

G Ca Phe Muoi >>>P.145

古城區

C 順化宮廷文物博物館 >>>P.144

東巴市

D 東巴市場

阮朝皇城

順化宮廷文物博物館

廚輿道街 步行5分鐘

場錢橋

F 場錢橋 >>>P.145

A 阮朝皇城

以皇城為中心移動！
皇城就是古都地標。周圍的古城區除了有博物館等多處知名景點外，還有提供順化名菜的餐廳。

黎荀街

黎利街

河內街

香江

步道是年輕人的聚會場所
一過橋街景頓時變得時髦。2024年完工的江邊步道，到了晚上就成為年輕人聚集的熱門地點。

B 天姥寺 >>>P.144

142

必遊阮朝皇城！　　　　　　　　　　　　　　　　還想去距離較遠，有佛教聖地之稱的天姥寺。

Huế 01
參觀世界遺產阮朝皇城

建於阮氏王朝崛起的19世紀，是順化的象徵性建築物。登錄為世界遺產的古蹟群中知名度最高的景點。

移動距離長 建議搭人力車

雖然可以從古城區走到新市區，但在夏天相當辛苦。建議搭可以邊欣賞街景邊移動的人力車。

新市區

雄王街

E Purple Hue B&B Central Hub
>>> P.145

皇城MAP

北關台・和平門・出口・長生宮・延壽宮・太平樓・欽文殿・迴廊・奉先殿・閱是堂・內務府・彰泰門・右廡・左廡・出口・顯仁門・興廟・太和殿・樂廟・世祖廟・太廟・顯臨閣・午門・入口・往香江→

皇城內的庭園也很漂亮！

在昔日皇城占地3.6km²的廣大腹地內，富麗堂皇的建築物坐落其間。雖然大部分在越南戰爭時毀損，但陸續修復中。

特色是用色鮮豔。

阮朝皇城 A
Đại Nội

🏠 Phú Hậu　☎ 無
🕗 8:00〜17:00
📅 全年無休
💰 20萬VND
🚶 東巴市場步行約15分鐘

順化古城區
▶ MAP P.11 E-2
>>> P.146

🪷 WHAT IS

世界遺產巡禮優惠套票

順化除了皇城外，還有不少世界遺產。時間充裕的話，極盡奢侈的歷代皇帝陵寢也值得一看。購買包含皇城門票的套票，可以省下部分參觀費用。但是，逛不完的話不能退費，請留意這點。

3處景點套票	4處景點套票
阮朝皇城、啟定皇陵、明命陵	阮朝皇城、啟定皇陵、明命陵、嗣德陵
42萬VND	**53萬VND**

皇城不提供任何簡介或地圖，自行參觀會一頭霧水。建議跟著導覽走比較有趣。

Huế

Huế 02
從香江眺望古都街景

流經市區中心的香江沿岸，視野遼闊，綠意盎然。是必參加的活動。遊船費用20萬VND。

順化古城區
▶ MAP P.11 F-2

一整排遊船在乘船處等候！

新市區這邊的場錢橋頭一帶，是遊船的候船處。

療癒的怡然風光！

綠草如茵的香江沿岸，可看到牛隻悠閒地在上面休息。恬淡的景致讓心情沉穩下來。

當地居民都很友善！

坐在河堤上聊天、釣魚的人們。用相機記錄生活步調緩慢的越南。

順遊景點

順化最古老的寺廟！
天姥寺 B
Chùa Thiên Mụ

建於1601年，是順化最古老的寺廟，也是佛教聖地，有不少國內外遊客前來參觀。

🏠 Nguyễn Phúc Nguyên
🕗 8:00〜18:00　全年無休　免費

順化西部　▶ MAP P.11 D-3

在天姥寺前面，也有第4代皇帝興建的靈姥寺。

據說靈姥寺供奉的是出現在第4代皇帝夢中的老婆婆。

寺廟周邊有伴手禮店和提供輕食的餐館。散步時順便逛逛吧。

第3代皇帝於1875年蓋的慈仁塔，是天姥寺的地標。使用佛教最重要的數字建成七層。

也有古蹟旅遊團

當地旅行社很多都有遊船結合郊外歷史景點包含皇城、陵寢的一日遊行程。包含船資或計程車費，隻身前來的旅客可以參考看看。

Huế 03
在順化宮廷文物博物館欣賞令人沉醉、絢爛多彩的館藏！

逛完皇城接著到展示阮氏王朝古物的博物館參觀。奢華的服飾和家具讓人讚嘆不已！

窺探帝王優雅的生活
順化宮廷文物博物館 C
Bảo tàng Cổ vật Cung đình Huế

展示超過200年歷史、造型優雅的骨董家具及床組。

🏠 3 Lê Trực　☎ 023-4352-4429
🕗 7:00〜17:30　全年無休
💰 5萬VND　阮朝皇城步行約8分鐘

1 1923年建立的博物館雄偉華麗。
2 庭院展示著曾用來守衛皇城的大砲。

順化古城區　▶ MAP P.11 E-2

Huế 04
深入東巴市場購物

在順化要買伴手禮，到市區規模最大的市場。從食品到寶石，狹窄的空間擠滿各式店鋪的情景令人嘆為觀止！

8萬VND~
鞋底是榻榻米的日式風風格夾腳鞋。

場內超驚人！ 
各10萬VND~
銀墜子。

5萬VND~
大家都喜歡的刺繡錢包。

喝杯新鮮果汁休息一下。

20萬VND~
清涼的西瓜圖案襯衫&越南絲綢坦克背心。

1萬5000VND~
價格驚人的打包帶編織包。

順化市民的廚房
東巴市場 D
Chợ Đông Ba

品項豐富齊全，應有盡有。也可以一次買齊伴手禮。

📍 2 Trần Hưng Đạo　☎ 0234-3523-991　6:00~18:00　全年無休　阮朝皇城步行約10分鐘

順化古城區　▶MAP P.11 F-2

Huế 05
參與富會坊的夜生活

人氣酒吧和時髦咖啡館聚集的時尚區。主要巷弄規畫成步行區，到了晚上擺滿賣輕食或果昔等攤販。

也有路邊攤！ 
有年輕人喜愛的炸串攤或果汁吧等。

備受矚目的精釀啤酒店 
話題酒吧，提供多款越南生產的精釀啤酒8萬VND~。開放式空間氣氛自在隨意。

人潮多到湧出巷弄！

年輕人聚集的話題店家
Purple Hue B&B Central Hub E

2樓以上是民宿。聽說1樓的酒吧是開來當公共交流區。盡情享用種類豐富的啤酒。

📍 56 Nguyễn Tri Phương　☎ 093-517-5805　7:00~23:00　全年無休　阮朝皇城搭車約5分鐘　刷卡OK

順化新市區　▶MAP P.11 F-2

Huế 06
邊乘涼邊欣賞場錢橋燈景

情侶也愛來♡

場錢橋17點開始亮燈。看著不停變色的橋面吹著河風乘涼。

連接古城區和新市區的城市地標
場錢橋 F
Cầu Trường Tiền

阮朝皇城步行10分鐘

順化新舊市區　▶MAP P.11 F-2

有漸層等各種燈光效果。

Huế 07
順化新名產!?喝杯鹽咖啡享受午茶時光

順化的年輕人流行喝加鹽的鹹咖啡。務必嘗試喝了一口就愛上的極致風味。

鹽咖啡的發源地!
Ca Phe Muoi G
Cà Phê Muối

在古城區和新市區各有1家店面。優格飲料也頗受歡迎。

📍 142 Đặng Thái Thân　☎ 076-701-1999　6:30~12:00、13:30~22:00　全年無休　阮朝皇城步行5分鐘　英語OK

順化古城區　▶MAP P.11 D-2

鹽咖啡
1萬5000VND

峴港&會安&順化　EAT　SIGHTSEEING　BEAUTY　SHOPPING　TOWN　STAY

東巴市場的熱絡度和峴港、會安無法相提並論。價格也漫天喊價，請用力殺價吧。

一看就懂　越南之旅　STUDY

阮氏王朝皇宮的冷知識

讓皇城巡禮更有趣！5個冷知識

TRIVIA 1
僅限男性通行中間大門更是皇帝專用！

正門是高約17m，寬約58m的「午門」。5個入口對進出者都有規定，中間最大的門是皇帝專用。左右是文官＆武官，最兩旁則供士兵和馬匹通行。順帶一提，女性即便是皇后也不放行，只能從東門進入。

上有樓閣的正門

午門
Ngọ Môn

越南版「末代帝國」！國祚143年的最後王朝

阮氏王朝為長達1000多年的封建王朝畫下句點。在這之前以胡志明市為首都的西山朝，和阮朝開國君主嘉隆帝在纏鬥10年後戰敗。新帝在1802年即位後將首都遷到順化，打造自己的皇城。

皇城占地遼闊約3.6km²，以中國紫禁城為藍本興建。雖然面積縮小了1/4，但規模雄偉，令人瞠目！

皇城中間建有6棟專供皇帝使用的宮殿，周圍是嬪妃、太后寢殿、皇室專用銀行、御花園、吟詩別宅及音樂廳等。據說最多可容納1000人居住。

可惜的是越南戰爭時損毀大半，但經過長年修復，已重建主要建築物，1993年成為越南首度列入世界遺產的古蹟。

TRIVIA 2
盤據屋頂的「九龍」是越南的幸運象徵

議政宮殿

太和殿
Thái Hoà Điện

屋頂上的龍象徵著皇帝，9是越南的幸運數字。結合兩者代表權力與興盛。順便一提，龍通常是4爪，但皇城內的是5爪。這也是皇權的展現，只有皇帝的物品才有資格使用5爪龍。

可以數數看！

石雕龍也是5爪。

TRIVIA 3
皇帝的官員分成「腦力派」和「武力派」2組

高級官員辦公室

右廡・左廡
Hữu Vu・Tả Vu

武官正如其名屬於「武力派」，文官則是「腦力派」。皇帝身旁隨時都有高階武官和文官隨行，擔任貼身護衛與幕僚。另外，右廡是武官、左廡是文官辦公室。

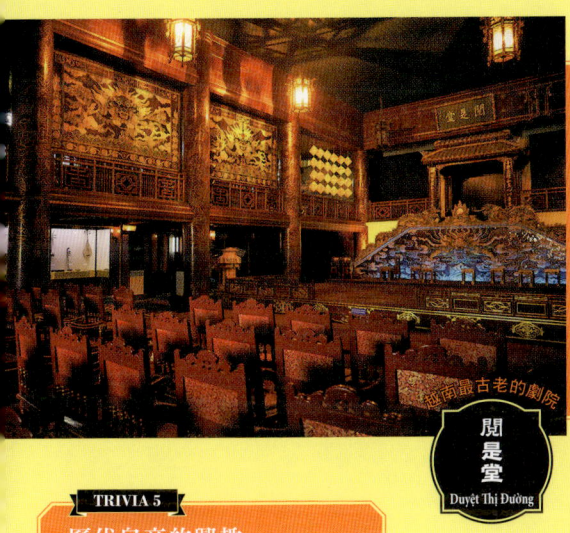

TRIVIA 4

現在**華麗燦爛**的
舞台其實是
皇帝寶座！

第2代皇帝明命帝在1826年下令興建的劇院。是越南戰爭中唯一倖存的建築物，也是國內最古老的劇院。現在入口正面的舞台，當時是皇帝的寶座。端坐在雕龍高台上，俯視舞台看戲。

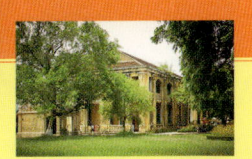

越南最古老的劇院

閱是堂
Duyệt Thị Đường

TRIVIA 5

歷代皇帝的興趣，
居然興建
吟詩專用
場地！

性格與外貌迥異的歷代皇帝，唯一的共通興趣可說是詩詞。為了在安靜的環境吟詩，第3代皇帝紹治帝命人蓋書房。當中最有名的詩人是第4代皇帝嗣德帝。應該是很浪漫的人吧！

御書房

太平樓
Thái Bình Lâu

醜聞滿天飛！
阮氏王朝的 秘 辛軼事

當上皇后的
能力測驗！

自越南各地挑選皇后。本以為是靠外表決勝負，但最終考核的是能力。據說為了優生學，最重視頭腦清晰度。

歷代第一的花花公子！
第2代皇帝的后妃超過400人

據說歷代皇帝以第2代皇帝明命帝最好女色。子女人數超過140人。這個傳說流傳至今，還有壯陽藥冠上他的名號販售。

繼位制度
立賢不立長

重視皇后能力的阮王朝獨有的堅持。為此有不少母親實施斯巴達教育，后妃間的鬥爭激烈且頻繁。

皇城下至今
仍藏有大批財寶！？

法越戰爭輸給法國軍隊後，皇城的金銀財寶落入法國人手中。但根據之後的調查顯示還有很多財寶沒有交給法國。謠傳埋在皇城某處。

峴港＆會安＆順化 EAT SIGHTSEEING BEAUTY SHOPPING TOWN STAY

面積廣大的皇城幾乎沒有留下地圖，很難深入認識。請參考P.143的地圖。

EAT
01
順化

好多這裡才吃得到的名菜！
盤點古都經典美食

順化又稱「美食之都」，有好多人前來尋訪知名美食。
從皇帝愛吃的頂級宴席到地方餐館，精選出5道不可錯過的菜色！

名人也來的知名餐廳
Ancient Hue Garden Houses

主廚選拔自皇宮御廚輩出的金龍坊，重現昔日風味。擺設選用骨董傢具，相當漂亮。

🏠 47 Kiệt 104 Kim Long　☎ 034-264-0456　🕙 10:00～22:00
㊡ 全年無休　🚕 阮朝皇城搭車約5分鐘
刷卡OK　英語OK

順化古城區　▶MAP P.11 D-3

名菜　重現端給皇帝的滋味！
宮廷菜

阮氏王朝時代提供給皇帝或皇室的菜色。特色是擺盤美麗，採用龍鳳等幸運象徵。因為皇帝喜歡各色菜餚淺嘗幾口，一般都做成套餐。

👉 **皇家套餐** Royal Set
套餐：110萬VD／1人
（照片是2人份）※照片為參考範例

香煎鯛魚佐羅望子醬
Cá hồng om Hoàng Gia

炸春捲等前菜拼盤
Long Phụơng giao duyên

名菜　皇帝愛吃的蒸粿
浮萍糕
Bánh Bèo

米漿放入小碟子蒸熟，再撒上蝦鬆及炸豬皮。淋上魚露調製的醬汁，用湯匙挖著吃，是皇帝最愛的點心。

知名家庭餐館
Cung An Dinh
Cung An Định

家族經營30年來不曾變過口味，堅持全程手工製作的米製餐點專賣店。中午前來的話，還能看到烹調的畫面。

🏠 31 Kiệt 177　☎ 038-386-4890　🕙 8:00～20:30　㊡ 全年無休　🚕 阮朝皇城搭車約5分鐘
英語OK

順化新市區　▶MAP P.11 F-3

👉 **浮萍糕** Bánh Bèo
5萬VND

👉 **Banh Loc** Bánh Lọc
2萬8000VND

加太白粉製作，外皮口感Q彈。內餡是蝦泥和豬絞肉。

連這個一起點！

👉 **Bang Nam** Bánh Nậm
2萬8000VND

蒸粿口感比浮萍糕更厚實。撒上蝦米和豬絞肉，用香蕉葉包起來蒸熟。

蜆飯
Cơm Hến
2萬VND

一早就坐滿人的當地餐館

Quan Nho
Quán Nhỏ

有米飯、湯泡飯、乾麵&湯麵4種主食供選擇。由活力十足的女員工熟練地為客人服務。

🏠 7 Phạm Hồng Thái　☎ 0982-593-320
🕘 9:00～20:00　全年無休　🚌 阮朝皇城搭車約5分鐘

順化新市區　▶ MAP P.11 F-2

名菜 3

順化市民的早餐

蜆飯
Cơm Hến

簡單調味過的蜆仔蒸熟後去殼取肉，和花生、炸豬皮、香辛料等一起放到飯上。是遊客也吃得慣的味道。

一早上門的客人絡繹不絕，都是上班前先來吃早餐。

阮朝皇城的步行範圍內

Banh Khoai Hong Mai
Bánh Khoái Hồng Mai

現點現做熱騰騰的越式米煎餅堪稱絕品。菜單上還有香茅牛肉捲可選。

🏠 110 Dinh Tiên Hoàng　☎ 0234-3535-046
🕘 10:30～20:00　全年無休　🚌 阮朝皇城步行約8分鐘　英語OK

順化古城區　▶ MAP P.11 E-2

倒油入圓盤煎熟的烹調方式，和章魚燒很像？

名菜 4

越南版御好燒

越式米煎餅
Bánh Khoái

豆芽菜、火腿、蝦肉等配料放在米粉加雞蛋調製的餅皮上，入油鍋煎到香脆。搭配生菜&香草生菜，淋上甜芝麻醬食用。

越式米煎餅
Bánh Khoái
3萬VND

附上大量香草生菜&香菜。

名菜 5

來自順化的辣麵

順化牛肉米線
Bún Bò Huế

源自順化，廣受越南全國喜愛的牛肉湯麵。主食是中粗米線，湯頭有牛肉、順化生產的鹹魚或豬腳等。獨特的風味和辣味令人上癮。

據說是創始店！

Bun Bo Hue
Bún Bò Huế

以菜名直接當店名的老店。據說是順化牛肉米線的創始店，口味道地。

🏠 17 Lý Thường Kiệt　☎ 0762-615-097
🕘 9:00～20:00　全年無休　🚌 阮朝皇城搭車約5分鐘　英語OK

順化新市區　▶ MAP P.11 F-3

從點餐到上桌不用5分鐘，翻桌率高，不用等太久。

順化牛肉米線
Bún Bò Huế
4萬5000VND

Cung An Dinh的餐點每道都是大份量，點餐前請先確認。單身女性的話點浮萍糕就夠了。

STAY 順化

在大自然包圍下的樂園解放身心！
到祕境度假村放鬆舒緩

離古城區車程10分鐘的大自然寶庫。在原始綠林環繞的度假飯店，緩解日常疲憊。也很推薦奢華的市區飯店！

Relax
養生度假村

在恬靜寧適的環境下
自內心深處開始冥想

渾身體驗收費離子？

Pilgrimage Village Boutique Resort & Spa
Pilgrimage Village Boutique Resort & Spa

重視永續發展的自然派度假村，周圍空氣清新，鳥鳴啁啾，是能釋放舒緩身心的空間。客房有公寓及獨棟平房2種。

- 130 Minh Mang
- 0234-3885-341
- 199萬VND~
- 阮朝皇城搭車約15分鐘　刷卡OK　英語OK
- URL www.pilgrimagevillage.com

順化郊區　▶MAP P.10 C-2

Food
泳池邊
清新舒爽的早餐
這種平日沒有的體驗正是旅行的醍醐味。餐點採用嚴選食材，充分發揮素材自身風味。

Spa
堅持使用
自種香草的Spa
美容師熟練的技巧頗受好評。素材天然，肌膚敏感的人也能放心使用！

Activity
沉澱身心的
免費活動
促進心神安定的太極拳、瑜珈或脈輪平衡等，每天舉辦不同活動。

\ *Relax Point* /

150

Pool
和潟湖連成一體的
無邊際泳池
位於度假村中間的泳池，視野開
闊就像浮在潟湖上。

View
上山下海皆滿足！
地理位置獨一無二
有潟湖可划獨木舟，也能上山健
行。還有免費自行車可騎到附近
兜風。

Relax Point

極度療癒的沉靜湖面！
Vedana Lagoon Resort & Spa
★★★★★

位於東南亞最大的潟湖沿岸，氣氛閒適的度
假村。以橋樑連接的水上小木屋，房價平實
極具魅力。

📍 41/23 Đoàn Trọng Truyền　☎ 0234-3681-688
💰 385萬VND～　🚗 阮朝皇城搭車約1小時
刷卡OK　英語OK　URL vedana-lagoon-resort-spa-hue.buisiness.site/
順化郊區　▶MAP P.10 C-3

Relax
水上
小木屋

到大型潟湖上的半島
體驗成人祕密基地

愛住市區的人就選這裡！
交通方便的美景飯店

Relax
市區
飯店

★★★★★
在市中心的5星級飯店
順化美利亞珍珠飯店
Meliá Vinpearl Hue

擁有頂樓酒吧、玻璃採光的室內游泳池，從客
房可俯瞰順化市區和香江。「The Level」除設
有專用酒吧外，也可使用不同設施。

📍 50A Hùng Vương, Phú Nhuận　☎ 0234-3688-666
💰 176萬2000VND～　🚗 阮朝皇城搭車約7分鐘
刷卡OK　英語OK　URL www.melia.com/en/hotels/vietnam/hue-city/melia-vinpearl-hue
順化新市區　▶MAP P.11 F-3

Room
有213間
全景客房
所有客房都能享受景致。除了豪
華客房以外，也有家庭房和套
房。

Restaurant
在美景餐廳
享用豪華晚餐
位於飯店33樓的餐廳Alma
Restaurant是順化第一間高級牛排
館。夕陽時刻很美麗。

Relax Point

Pilgrimage和Vedana飯店離新舊市區有點距離，所以趁天黑前造訪市區餐廳用餐才是明智之舉。

❶ Pho Gia Truyen（→P.157）總是大排長龍！ ❷ 還劍湖周圍步道常有年輕人或情侶聚集。 ❸ 越南人很重視家庭！？ ❹ 搭深夜班機回國的人，建議在最後一天做Spa。洗完澡清爽地上飛機吧。

河內

EAT
P.156　正宗河粉

P.158　河粉七變化

P.160　河內知名美食

P.162　老城區美食

P.164　冰涼甜品

P.166　河內晚餐

P.168　網紅咖啡館

SIGHTSEEING
P.170　小巴黎景點

P.172　歷史景點

BEAUTY
P.176　療癒Spa

SHOPPING
P.178　茶具&餐具

P.180　布製品

P.184　選物店

P.186　低於150台幣的市場貨

P.188　超市伴手禮

TOWN
P.190　老城區

P.192　大教堂周邊

P.194　西湖周邊

STAY
P.196　名門飯店

P.198　市區飯店

P.199　舒適飯店

SHORT TRIP
P.200　下龍灣

P.206　缽場

Hà Nội
河內

河內皇城遺址
洋溢古都風情的首都

僅次於胡志明市的越南第二大城，也是政治中樞地點。曾是繁榮的王朝首都，建有河內皇城。又名老城區的還劍湖北側是依附皇城生活的平民區，為了製作貢品發展成工匠街。雖說至今仍保有古都風貌，但走出市區可以看到外資辦公大樓林立的都會繁榮景象。

人口
約860萬人
（截至2022年）

面積
3329km²

河內市區交通指南

步行逛老城區
老城區從北到南約10～15分鐘即可走完。有多條單行道，道路狹窄容易塞車。建議逛街沿路可以找地方休息。

老城區也可使用Grab
可以使用Grab計程車或Grab摩托車。若是搭計程車可以請飯店或餐廳人員幫忙叫車，以防出狀況。

詳情參閱>>>P.212

胡志明陵寢周邊
Lăng Chủ Tịch Hồ Chí Minh

政治歷史設施聚集的地區。河內皇城對外開放的遺址昇龍皇城、越南前國家主席胡志明的陵寢、戰歿戰士碑及國會大廈等都在此區。餐廳或商店較少。

胡志明陵寢>>>P.173

昇龍皇城遺址>>>P.172

文廟周邊
Văn Miếu

越南第一所大學，該區以祭祀孔子等學問之神的文廟為中心。人潮比老城區或還劍湖等地少，氣氛寧靜。文廟周邊有時裝店或隱密咖啡館散布其間。

文廟>>>P.172

西湖 Hồ Tây
鎮國寺
西湖周邊
美麗的湖邊風光
潘廷逢街
胡志明故居
巴亭廣場
胡志明陵 Lăng Chủ Tịch Hồ Chí Minh
胡志明陵寢周邊
昇龍皇城 Hoàng Thành Thăng Long
越南軍事歷史博物館
列寧公園
越南美術博物館
文廟 Văn Miếu
文廟周邊
該區必看歷史景點！
河內 Ga H
欽天街
VNR 越南鐵路
Go Cho Kham Thien街
七
Hồ B

0 300m

Grab	計程車	摩托計程車
人力三輪車	路線巴士	步行

注意在觀光景點周邊攬客的人力車

有些行為惡劣的司機，就算被旅客拒絕依舊緊跟在後，或是開高價訛詐乘客等。跟旅行團也有機會體驗人力車。

詳情參閱>>>P.213

西湖周邊
Hồ Tây >>>P.194

位於河內市中心西北邊的大湖，西湖東岸是視野極佳的高級飯店，可以暫離喧囂悠哉度假。近年來時髦商店倍增，頗受矚目。因為範圍遼闊基本上都搭車移動。

西湖蓮池 >>>P.195

西湖>>>P.194

老城區
Phố cổ >>>P.190

還劍湖北側一大片區域是從前的平民區。保留了當時風貌的工匠街及市場，能感受到越南在地傳統氛圍。也有時髦咖啡館和商店，及多家平價旅館。

老城區>>>P.190

大教堂周邊
Nhà Thờ Lớn >>>P.192

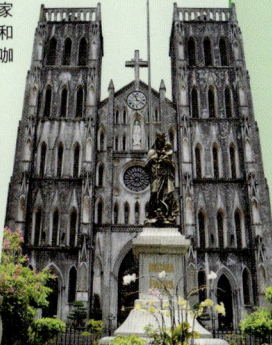

以還劍湖西側的河內大教堂為中心的地區。湖畔南側有多家殖民地建築博物館和飯店。教堂周邊有咖啡館或商店。

河內大教堂>>>P.170

還劍湖>>>P.192

河內最熱鬧的地區

龍編車站 Ga Long Biên
同春市場
章陽橋
Sông Hồng 紅河
同春市場 >>>P.186
老城區
玉山祠
還劍湖 Hồ Hoàn Kiếm
龜塔
大教堂周邊
詹泰街
二徵夫人街
李常傑街
陳興道街
歷史博物館
大劇院
國立歷史博物館
統一公園 Công viên Thống Nhất

河內

EAT

SIGHTSEEING

BEAUTY

SHOPPING

TOWN

STAY

各區間移動大多搭Grab。Grab摩托車的車程都是10～15分鐘。

EAT 01 全越南最好吃！？
到河內吃正宗越南河粉！

所有越南百姓的國民美食河粉，其實源自河內。根據當地人說法，還是在河內吃到的河粉最具風味！所以，以下介紹必吃的河粉名店。

河內No.1河粉就是它！
蔥加量×2
必吃牛肉河粉！！

No.1原因

湯頭熬煮10小時
牛肉和牛骨放進大型深鍋熬煮10小時的高湯，味道香濃厚實。

快速涮過的牛肉
配料裡的牛肉涮兩三下就起鍋。推薦半生熟牛肉Tai。

大量青蔥！
搭配大量去除牛肉腥味的蔥一起吃，直到最後一口都美味。

油條泡湯一起吃。

生牛肉河粉
Phở Bò Tái
6萬VND～

菜單上只有牛肉河粉。可選擇半生熟牛肉Tai或全熟牛肉Chin。

清澈的牛骨高湯超美味！
Pho Thin
Phở Thin

獲得當地居民壓倒性支持的河粉名店。店內廚房只做牛肉河粉。美味關鍵是花一整天燉煮的牛骨高湯。

🏠 13 Lò Đúc ☎ 096-665-7997
🕐 6:00～21:00（售完為止）
🚫 全年無休　🚗 還劍湖搭車約5分鐘
刷卡OK
市區南部　▶MAP P.19 C-6

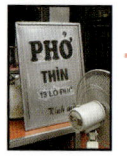

去吃吧！
認清這塊招牌 → 只賣這道菜 → 先付錢 → 坐在位子上等 → 開動～

PHỞ THIN
PRICE:60,000 VND
簡單明瞭…！

156

WHAT IS

河粉的特色

用米漿製麵 
原料只有米粉和水。米磨成粉加水調成米漿蒸熟，整成長條狀後切細。大多是寬扁麵，口感軟滑。

原則上只有1種湯頭
代表性湯頭是牛肉和雞肉，幾乎每家餐廳都只提供一種口味。北部河粉的湯頭較淡，突顯高湯風味。

自選肉類配料
牛肉河粉的話，有熬高湯時煮熟的牛肉「Chin」，或涮幾下就起鍋的半生熟牛肉「Tai」可選。

Tai	Tái	半生熟肉
Chin	Chín	全熟肉
Tai Chin	Tái Chín	兩者都有

增添風味的調味料
河粉店的餐桌上備有調味料，可依喜好調味。準備的調味料依店家而異。

配油條一起吃！
說到河粉配菜，就是隨處可見的細長狀油條。油條本身沒有味道，放進河粉湯一起吃。

Phở

香草生菜
有些店家會另外附上香菜或羅勒等香草生菜。

檸檬
在湯內擠入檸檬汁增添清爽風味。桌上的檸檬免費取用。

辣椒
愛吃辣的可直接放入辣椒末。

甜醬（甘味噌）
除了可加入湯內，也能當配料的肉片沾醬。

魚露（魚醬）
越南魚露醬。想吃鹹一點時可以加。

沙嗲醬（用香茅和蝦子製作的辣醬）
香辣爽快的鮮蝦風味辣油。

很少有店家提供飲料單
河粉專賣店的飲料選項很少。沒有飲料單時，說Tra Da的話會端出冰茶。

早晚限定！老城區的排隊名店

這家老城區名店，只在早上到中午、傍晚到晚上開門營業，常見到當地人在排隊！

牛肉河粉老店

Pho Gia Truyen
Phở Gia Truyền

🏠 49 Bát Đàn ☎ 無 🕐 6:00〜10:00、18:00〜20:30 休 全年無休
🚶 同春市場步行約10分鐘

老城區 ▶ MAP P.18 B-3

在門口櫃枱點餐。

有40年經驗的為顧客掌廚的我

生牛肉河粉
Phở Tái Nam
5萬VND〜

湯頭清爽的牛肉河粉。配料有全熟和半生熟的牛肉。

一般而言，南部的河粉湯頭甘甜，河內的調味偏淡以高湯提鮮。兩種都試試看喜歡哪一種吧！ 157

EAT 02　從正宗原味到不同吃法
嘗遍河粉的**七種變化組合**

雞肉河粉 Phở Gà

味道溫醇適合當早餐！

味道濃厚的雞高湯

清澈的雞高湯相當好喝。配料除了雞肉外，還有雞肉丸、青蔥、香菜及乾香菇等。可自選雞肉部位。

這是配菜！

拿炸油條泡湯吃。1盤1萬VND。

解饞小食

河粉在店內手工製作。

▶ 雞肉河粉 Phở Gà　6萬VND Ⓐ

← 原汁原味

XIN CHÀO

濃郁牛肉河粉 Phở Bò

湯頭濃郁！

濃厚的牛肉高湯和清鹹味頗具特色。推薦給嗜重口味的人。

厲害的清鹹味！

提供每天早上現煮的高湯。

▶ 牛肉河粉 Phở Bò Tái Chín　6萬VND Ⓑ

乾河粉 Phở Khô

晚上限定的絕品宵夜

河粉淋入蒸雞肉時流出來的雞汁精華，與醬油調製的獨家醬料拌成乾麵。也有湯河粉。

▶ 乾河粉 Phở Khô　5萬5000VND Ⓒ

還這也 GOOD！

水煮雞肉沙拉8萬VND。

→ 飽腹滿足

越南河粉不但能當麵煮，還能捲成條狀或油炸，做法豐富多變！找出喜歡的吃法吧。

Phở Cuốn

點心春捲！越南粉捲

如春捲般包裹牛肉或蔬菜的細長狀河粉，吃起來像點心。重點是加香菜提味。

越南粉捲
Phở Cuốn Kiểu Ngũ Xã
6萬VND D

在店內手工現包。

Phở Xào

令人上癮的香味
炒河粉

口感軟彈的河粉用大火炒香。加上淋入大量芡汁的牛肉，成為份量十足的餐點。

牛肉炒河粉
Phở Xào Bò
8萬VND E

多元變化

Phở Chiên

香脆河粉淋芡汁
炸河粉

炸得酥脆的河粉口感類似炸麻糬。加上勾芡的牛肉和蔬菜，美味無法擋！

炸河粉
Phở Chiên Phồng Kiểu Ngũ Xã
8萬5000VND D

趁熱享用。

NICE!

清爽的雞肉河粉專賣店
A Mai Anh

分為雞胸肉河粉6萬VND、雞腿肉河粉7萬VND 2種，麵條也能換成冬粉或小麥麵。

🏠 32 Lê Văn Hưu　☎ 024-3943-8492
🕐 5:00～15:30　休 全年無休
📍 還劍湖步行約13分鐘
英語OK
市區南部
▶ MAP P.19 C-6

隱身巷弄的人氣餐館
B Pho Suong
Phở Sướng

有很多當地人過來吃早餐。只有牛肉湯底，價格依配菜種類而異。炸油條1個5000VND。

🏠 24B Trung Yen　☎ 091-619-7686
🕐 5:15～11:00、16:30～21:00
休 全年無休　📍 同春市場步行約8分鐘
老城區
▶ MAP P.18 B-3

只賣晚上！內行人才知道的店
C Pho Hanh
Phở Hạnh

用蒸雞時流出的鮮美湯汁拌河粉。口感軟嫩的雞肉絲也很好吃。

🏠 65A Lãn Ông　☎ 091-5340-341
🕐 18:00～23:00　休 全年無休
📍 同春市場步行約6分鐘
老城區
▶ MAP P.18 B-2

位於越南粉捲的發源地
D Pho Cuon 31
Phở Cuốn 31

餐廳菜色豐富，除了招牌菜越南粉捲外，還有炸河粉、炒河粉等。

🏠 31 Ngũ Xã　☎ 0972-723-131
🕐 9:00～22:30　休 全年無休　📍 同春市場搭車約7分鐘
英語OK
西湖周邊
▶ MAP P.20 C-3

老城區的人氣炒河粉店
E Pho Xao Phu My
Phở Xào Phú Mỹ

>>>P.163

▲ Pho Cuon 31所在地伍社街是越南粉捲的發源地。街上有多家提供相同菜色的餐館。　159

EAT 03 越南北部美食寶庫！
網羅河內知名美食

豬肉
焦香碳烤豬肉和米線的絕佳組合

點這道
烤豬肉米線＆炸春捲套餐
Bún Chả & Nem Rán
10萬VND～
烤肉放進魚露醬汁，夾米線沾取食用。

配生菜或香草生菜一起吃♪

烤豬肉米線的必吃名店！
Dac Kim
Đắc Kim

豬肉和肉丸放在鐵網上烤到焦香，就是絕品美食烤豬肉米線。和北部名菜炸春捲一起享用。

🏠 1 Hàng Mành
☎ 024-3828-7060　⏰ 9:00～21:00　❌ 全年無休　🚶 同春市場步行12分鐘

老城區　▶MAP P.18 B-3

螃蟹

點這道
番茄湯米線
Bún Riêu Cua
8萬VND
加番茄熬煮的酸味湯頭令人上癮。配料是蟹餅。

加了大量螃蟹高湯的清爽番茄麵

販售北部料理的餐廳
Quan An Ngon
Quán Ăn Ngon

品嘗得到以越南北部料理為主的越南各地鄉土料理的餐廳。米粉製蒸春捲「越南粉卷」7萬VND。

🏠 18 Phan Bội Châu　☎ 090-212-696　⏰ 6:30～22:00　❌ 全年無休　🚶 同春市場搭車約10分鐘　刷卡OK　英語OK

河內車站周邊　▶MAP P.21 F-3

店內的開放空間也有現場料理秀。

想吃美食寶庫越南南北部才有的菜色！
這時要到當地人也熟知的名菜餐館。
來嘗遍種類豐富的北部菜吧。

他推薦這道！

炸蝦春捲
Nem Tôm Tần Tần
2萬VND
人氣小菜酥脆的炸蝦春捲。

空間寬敞舒適。

魚類

熱騰騰的煎雷魚搭配大量香草生菜！

點這道

燴魚鍋
Chả Cá Hà Nội
12萬VND（1人）
香煎白肉魚搭配米線和香草生菜。

套餐組合

米線
口感軟糯的細米線。

香草生菜
附上大量青蔥和時蘿。

醬汁
有魚露和蝦醬2種。

調味配料
依喜好增添辣椒或花生等。

HOW TO

燴魚鍋吃法

① **煎魚**
魚放進桌上的平底鍋煎香。

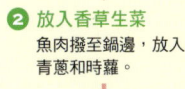

② **放入香草生菜**
魚肉撥至鍋邊，放入青蔥和時蘿。

③ **淋入醬汁**
搭配米線一起食用
米線和魚肉放入碗內，淋上醬汁品嘗。

溫馨家庭氣氛

Ha Noi Tan Tan
Ha Noi Tân Tân

以燴魚鍋聞名的越南餐館。有炒蔬菜4萬VND～，海鮮料理48萬VND～等豐富菜色。

🏠 15 Tràng Thi ☎ 024-3934-2591
🕐 10:00～20:00 全年無休 還劍湖步行約1分鐘 刷卡OK 英語OK
還劍湖周邊 ▶MAP P.19 B-4

從面向馬路的入口進來，上2樓打開右邊的門就是Ha Noi Tan Tan。

河內 / EAT / SIGHTSEEING / BEAUTY / SHOPPING / TOWN / STAY

161

EAT
04 老街美食巡禮

好吃又便宜的散步小吃！

在本地工匠聚集的老城區，有多家當地居民愛去的便宜美食店！大部分店家會直接寫出招牌菜，所以不會看著菜單一頭霧水。因為店員不會講英語，用手點餐也OK。

要加點的話

蒸豬肉和豬肚組合8萬VND。

豬血腸和豬大腸各5萬VND。

炸豆腐
嘴裡塞滿剛炸好的豆腐和米線！

炸豆腐米線
Bún Đậu
5萬VND Ⓐ

店門口現炸的豆腐搭配米線和香草生菜沾蝦醬一起食用。

Bún Đậu

HOW TO
路邊攤&餐館美食

碗盤筷子擦過再用
大眾餐館提供的餐具有時沾有灰塵或污垢。這是被允許的行為。

因為空間狹窄，注意隨身物品
小餐館沒有地方放隨身物品。須留意扒手。

先點餐
先在門口櫃台點餐再入坐。

炸餃子
外皮酥脆內餡多汁。

越式炸餃
Bánh Gối
1萬4000VND

店內招牌菜是手掌大小的炸餃子。

Bánh Gối

炸包子
鬆軟外皮包著多汁的豬肉餡！

越式炸包子
Bánh Bao Thịt
9000VND Ⓑ

外皮帶有糯米甜味的包子，內餡放了豬肉、黑木耳和冬粉。

剛炸好熱騰騰的點心。

Bánh Bao

在小巷內的本地餐館用午餐
Ⓐ Huong Bun Dau
Hương Bún Đậu

炸豆腐米線專賣店，在門口現炸的大塊豆腐搭配米線一起吃。也有豬腸等小菜。

🏠 55 Phất Lộc　☎ 093-238-5858
🕙 10:00～15:00
🚫 全年無休　🚶 同春市場步行約10分鐘

老城區
▶MAP P.18 C-3

認明大榕樹！
Ⓑ Banh Goi Goc Da
Bánh Gối Gốc Đa

賣炸餃子或炸肉包等油炸點心的小館。除了內用也能外帶。

🏠 52 Lý Quốc Sư　☎ 024-3934-2591
🕙 9:00～21:00　🚫 全年無休　還劍湖步行約5分鐘

還劍湖周邊
▶MAP P.19 B-4

適合當早餐的米捲餅
Ⓒ Banh Cuon
Bánh Cuốn

家族經營小館。門口現煎的粉捲有雞蛋1萬5000VND或火腿1萬5000VND等配料可選。

🏠 46 Hàng Điếu　☎ 無
🕙 6:00～20:00
🚫 全年無休　🚶 同春市場步行約10分鐘

老城區
▶MAP P.18 B-3

蒸春捲

剛做好的越南風味米捲餅！

← 越南粉捲
Bánh Cuốn
3萬VND **C**

口感軟滑的粉皮包著豬肉或木耳。沾醬一起吃。

當點心吃。

Bánh Cuốn

WHAT IS 老城區

從還劍湖到北邊同春市場一帶為老城區。有多間當地小餐館，建議每家都試試。

越南版御好燒

酥脆外皮搭配大量香草生菜！

現點現做

Bánh Xèo

← 越南煎餅
Bánh Xèo
7萬VND **D**

豬肉或蝦子放在雞蛋加麵粉調製的薄餅皮上煎熟後對折。

炒河粉

香氣四溢！麵條份量十足。

← 牛肉炒河粉
Phở Xào Bò
8萬VND **E**

牛肉炒熟勾芡後放到彈牙的炒河粉上，是頗具份量的餐點。

Phở Xào

雞肉糯米飯

副菜是小黃瓜。

軟黏的糯米飯上是自己挑選的配料！

← 雞肉糯米飯（雞肉&水煮蛋）
Xôi Gà (Gà Luộc & Trứng Kho)
6萬6000VND **F**

糯米綠豆飯加薑黃炊煮後，放上雞肉和水煮蛋。

Xôi Gà

品嘗越南版御好燒
D Banh Xeo
Bánh Xèo

開業20年的老店，在門口現做胡志明市的特產越南煎餅。也很推薦炸春捲Nem cuốn。

🏠 22 Hàng Bồ ☎ 無
🕐 15:00～22:00
📅 全年無休
🚶 同春市場步行7分鐘

老城區
▶ MAP P.18 B-3

炒河粉名店
E Pho Xao Phu My
Phở Xào Phú Mỹ

招牌菜是在炒河粉上放勾芡配菜。再沾取加木瓜調製的魚露沾醬一起吃。

🏠 45B Bát Đàn ☎ 024-3828-6574
🕐 7:00～13:30、17:00～22:00 📅 全年無休
🚶 同春市場步行約10分鐘

老城區
▶ MAP P.18 B-3

可以選配料的雞肉糯米飯
F 阿燕
Xôi Yến

糯米飯上放雞肉、豬火腿、香腸和蛋捲等配料。加全部配料的什錦糯米飯5萬VND。

🏠 35B Nguyễn Hữu Huân ☎ 024-6259-3818 🕐 6:00～23:00 📅 全年無休 🚶 同春市場步行約12分鐘

老城區
▶ MAP P.18 C-3

當地小吃通常是外帶享用。店家會裝入外帶盒或塑膠袋內。 163

EAT 05

來份越南知名甜點休息一下
河內透心涼甜品

在夏日炎炎的河內逛街，中途一定要休息！來份越南當地冰品幫身體消暑恢復體力。

河內名產！

Hoa Quả Dầm
什錦・水果・冰

- 芒果
- 奇異果
- 酪梨
- 波羅蜜

攪拌後吃

什錦水果冰
Hoa Quả Dầm
3萬VND

想吃多少刨冰就放到大量的當季水果上。

在這裡吃

什錦水果冰名店
Hoa Beo
Hoa Béo

店前擺有塑膠椅和桌子的甜品店。除了招牌甜品什錦水果冰外，還有新鮮水果打的冰沙和果汁。

- 🏠 17 Tô Tịch
- ☎ 024-3828-8702
- 🕙 10:00～24:00
- 全年無休
- 同春市場步行約10分鐘
- 老城區 ▶ MAP P.18 B-3

\ 也推薦這個 /

種類豐富的越式甜湯
Trang Tri
Trang Trí

位於Hoa Beo旁邊，提供什錦水果冰3萬VND和越式甜湯。綠豆香柚甜湯售價2萬5000VND。

- 🏠 46 Hàng Gai
- ☎ 090-202-4876
- 🕙 10:00～22:30
- 全年無休
- 同春市場步行約10分鐘
- 老城區 ▶ MAP P.18 B-3

🌿 WHAT IS

什錦水果冰

在芒果、奇異果、西瓜和草莓等數種水果和煉乳上，加入想吃的刨冰量。水果種類依季節而異。

放入刨冰
- 煉乳
- 當季水果
- 刨冰

攪拌後吃！

164

Chè 越式甜湯

越南經典甜品

蓮子甜湯
Sen Nhãn
3萬VND

加了蓮子、龍眼和糖漿的甜湯。

綜合甜湯
Chè Thập Cẩm
3萬VND

這裡的Thập Cẩm，是混合的意思！

標示：
- 龍眼
- 蓮子
- 糖漿
- 椰奶
- 紅豆
- 果凍
- 珍珠

在這裡吃

提供50種越式甜湯

Che Huong Hai
Chè Hương Hải

在本地經商100多年的雄氏一家開的老店。種類豐富的甜湯只有越南文菜單，看照片選比較容易。

🏠 93 Hàng Bạc　☎ 0368-721-118
🕐 8:00～24:00　全年無休
🚶 同春市場步行約8分鐘
老城區　▶ MAP P.18 B-3

也 OK 外帶。

/ 也推薦這個 /

布丁&
甜湯人氣店

Minci

焦糖卡士達奶油布丁1個1萬VND。綜合越式甜湯3萬VND。

🏠 5 Nguyễn Trường Tộ
☎ 024-3927-3003
🕐 10:00～23:00　全年無休
🚶 同春市場步行約8分鐘
龍編車站周邊　▶ MAP P.18 B-1

WHAT IS

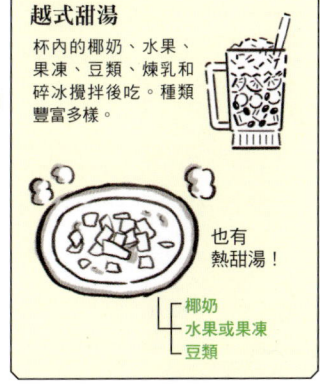

越式甜湯

杯內的椰奶、水果、果凍、豆類、煉乳和碎冰攪拌後吃。種類豐富多樣。

也有熱甜湯！

- 椰奶
- 水果或果凍
- 豆類

布丁的越南語是「Bánh flan」，但在河內等北方叫做「Kem caramen」。

河內　EAT　SIGHTSEEING　BEAUTY　SHOPPING　TOWN　STAY

165

EAT 06 挑選不同種類的河內晚餐

漂亮的空間也是一大亮點！

在融合傳統與現代的空間吃頓充滿旅行回憶的晚餐

越南料理 × 經典菜

Dinner memo
預算 50萬VND～／1人
訂位 可以
服裝要求 休閒服

1 店內有2層樓。2樓氣氛隱密。 2 口感酥脆的炸春捲18萬9000VND（下），焗烤雞肉檸檬香茅26萬9000VND（上）。

越南風格空間也很漂亮
Viet Rice Essence Restaurant

以中南半島樣式的木屋為靈感設計的店內，提供融入山區飲食文化的越南北部鄉土料理。

🏠 93 Phùng Hưng　☎ 096-564-5345
🕘 9:00～22:00　全年無休　同春市場步行約10分鐘
刷卡OK　英語OK

老城區　▶MAP P.18 B-2

蓮梗鮮蝦沙拉16萬9000VND。酥脆口感&清爽的滋味。

用竹筒盛裝的焗烤牛肉蔬菜33萬9000VND。牛肉驚人地柔軟。

在米粉餅皮中放入豬肉和蝦子的越南粉卷21萬9000VND。

空間典雅的餐廳。也有含Spa服務的套餐。

越南料理 × 附設Spa

可同時享受Spa&餐點
L'essence De Cuisine

附設Spa設施的餐廳。時尚的空間與色香味俱佳的越南料理，是旅行前必須提前訂好的晚餐。

🏠 99B Hàng Gai　☎ 097-839-2399
🕘 11:00～22:00（最後點單21:30）
全年無休　還劍湖步行約4分鐘
刷卡OK　英語OK

老城區　▶MAP P.18 B-3　▶▶▶P.177

Dinner memo
預算 40萬VND～／1人
訂位 可以
服裝要求 休閒服

加入米粉與豬肉丸的烤豬肉米粉18萬5000VND。

一定要到料理與空間都很優雅的河內餐廳吃晚餐。依料理種類和店家地點挑選吧。

WHY

在越南吃法式料理？
越南有很多法式料理店。由於從前受法國統治，法國文化紮根頗深。

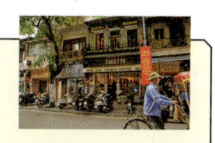

休閒 × 法式

可以輕鬆享用正統法式料理

可以分食的豐富單點菜色
Colette

法國主廚製作適合搭配葡萄酒的法式料理充滿魅力。也提供嘗試不同品牌葡萄酒的試飲菜單。

- 🏠 12 Lò Sũ
- ☎ 07-6625-3630
- 🕐 11:30～23:00 　週一
- 📍 還劍湖步行約3分鐘
- 刷卡OK　英語OK

還劍湖周邊　▶MAP P.18 C-3

韃靼牛肉29萬5000VND，附薯條和沙拉。

撒上帕瑪森起司的經典牛肉卡帕喬35萬VND。

表面酥脆的焦糖烤布蕾9萬5000VND。

Dinner memo
- 預算　70萬VND～／1人
- 訂位　可以
- 服裝要求　休閒服

獨棟建築 × 素食料理

健康的創意越南料理

展現佛教世界的美麗空間
Uu Dam Chay
Ưu Đàm Chay

越南料理變化成素食料理，連擺盤都很美。選用越南各地的特色食材。

- 🏠 55 Nguyễn Du
- ☎ 098-134-9829
- 🕐 10:30～21:00 　全年無休
- 📍 還劍湖步行約15分鐘 
- 刷卡OK　英語OK

市區南部　▶MAP P.19 B-6

店內的開放空間。

1. 芒果酪梨春捲16萬5000VND。
2. 季節水果沙拉15萬VND。
3. 用水果和奇亞籽製作的甜湯點心7萬5000VND。

Dinner memo
- 預算　40萬VND～／1人
- 訂位　建議
- 服裝要求　休閒服

Colette菜單上的所有菜色都寫了建議搭配的葡萄酒。

EAT
07 上鏡度200％！
發現網紅咖啡館！

在河內想坐下來休息時，就到能拍出精采照片的網紅咖啡館。
無論是環境或餐點都很上鏡頭。

#鐵路咖啡館

#鐵軌近在眼前！

#火車1天經過5次

貼近鐵軌的開放式咖啡館
The Rail Way Hanoi

位於河內車站南側軌道兩旁的咖啡館，是河內正夯的地點！除了戶外座位區，還有要脫鞋上2樓的榻榻米區。

🏠 26/10 Điện Biên Phủ
☎ 081-659-7599　⏰ 10:00～21:30　❌ 全年無休　🚇 同春市場搭車約10分鐘　[英語OK]

河內車站周邊　▶MAP P.19 A-4

#也有午餐輕食！

越式法國麵包
Bánh Mì
4萬5000VND

外觀可愛的越南版三明治。餡料可選豬肉或雞肉。

味道清爽酸甜的百香果汁。

#復古的裝潢很漂亮

鹽萊姆蘇打（右）、百香果&金桔茶（左）各4萬5000VND。

就在河內大教堂旁邊！
共咖啡
Cộng Cà Phê

#越南風格

越南各地皆有分店的人氣店家。將越南的復古設計融入裝潢中。咖啡菜單也很豐富。

🏠 27 Nhà Thờ　☎ 086-935-3605　⏰ 7:30～23:30　❌ 全年無休　🚇 大教堂步行約1分鐘　[英語OK]

還劍湖　▶MAP P.19 B-4

休息一下

蓮花茶
Trà Hoa Sen
8萬VND

以蓮花薰製的高級茶。壺裝供應。

來杯越南茶歇息片刻
Hien Tra Truong Xuan
Hiên Trà Trường Xuân

#美麗的中式古宅

#中式茶館

中式古建築內愜意放鬆的咖啡館。提供蓮花茶或茉莉花茶等40種茶款。

🏠 13 Ngõ Tất Tố　☎ 024-3911-0104　⏰ 7:00～23:00　❌ 全年無休　🚇 文廟步行約3分鐘　[英語OK]

文廟周邊　▶MAP P.21 E-3

#越南風格飲品

May咖啡
Cafe May
5萬5000VND

在冰咖啡上加牛奶和奶蓋。

百香果紅心芭樂汁
Chánh Leo ổi Hồng
6萬5000VND

百香果紅心芭樂果汁。

#商店兼咖啡館

#2樓的咖啡空間很可愛

#擺滿餐具

在2樓的咖啡館休息一下
MAY KITCHENWARE

1樓是販賣餐具的商店，2樓是咖啡館。有開放區域的座位和復古的室內座位。

🏠 80 Yên Phụ ☎ 098-802-6366
🕗 8:00～21:00 ㊡ 全年無休
🚶 同春市場步行約10分鐘
刷卡OK　英語OK
龍編車站周邊　▶MAP P.18 B-1

可以拍到滿滿度假感的照片！
Serein Café & Lounge
Serein Café & Lounge

在龍編橋鐵道附近。可眺望跨越紅河的龍編橋的露天座位很受歡迎，或許能看到復古的鐵路列車通過時的樣子。

🏠 16 Tập Thể Ga Long Biê ☎ 076-908-1856　🕗 8:00～23:00 ㊡ 全年無休　🚶 同春市場步行約7分鐘
刷卡OK　英語OK
龍編車站周邊　▶MAP P.18 B-1

雞蛋咖啡
Egg Coffee
13萬9000VND

放了將蛋黃和煉乳打發的奶泡。

#綜覽復古鐵橋

#圓拱很可愛

#龍編橋橋景

共咖啡是在越南各地設有分店的人氣咖啡館。如 ▶MAP P.18 B-3、▶MAP P.20 C-3 等，在市區也有好幾家。　169

河內

EAT

SIGHTSEEING

BEAUTY

SHOPPING

TOWN

STAY

SIGHTSEEING 01

尋找法式殖民地建築
小巴黎街頭輕旅行 ♪

曾是法國人居住區的還劍湖周邊，保有多處法國殖民時期蓋的建築物。有不少景點開放參觀，值得一看。

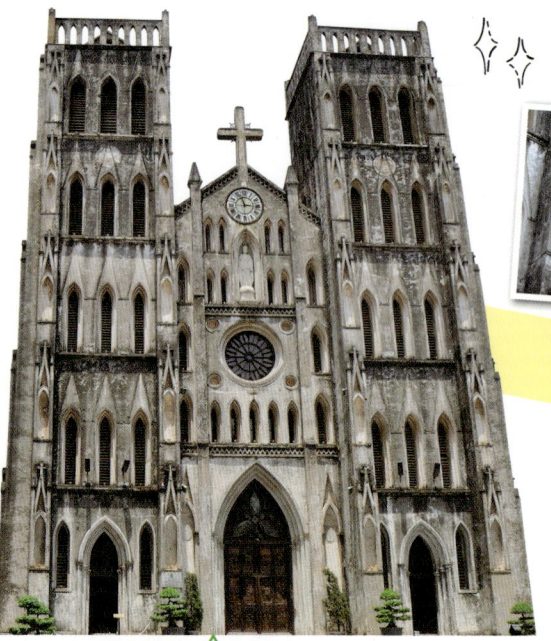

建築物正面立有聖母馬利亞的雕像。

XIN CHÀO

哥德式基督教堂
❶ 河內大教堂
Nhà Thờ Lớn

風格沉穩，是河內最古老的石造教堂。建於1886年，之後改建成現今的新哥德式建築。

🏠 40 Nhà Chung
🕐 8:00～11:00、14:00～17:00
休 全年無休　費 免費　還劍湖步行約5分鐘
還劍湖周邊
▶MAP P.19 B-4

Best Shot Point
教堂內部有美麗的玻璃花窗。1天只開放2次進場。

彷彿置身巴黎街頭！

醒目的八角形屋頂！

在殖民地飯店優雅休息

位於劇院附近。殖民地風格Spa，及下午提供限定巧克力自助吧的大廳酒吧，非房客也能使用。

河內第一名門飯店
❼ 河內索菲特傳奇大都會飯店
Sofitel Legend Metropole Hanoi

>>>P.196

Spa必須事先預約。

美麗的中南半島建築博物館
❻ 歷史博物館
Bảo Tàng Lịch Sử

結合越南傳統樣式和法國風格，譽為河內最美的建築物。館內介紹史前時代至今的歷史，展示占婆王國時期的雕刻或陶瓷器等藝術品。

🏠 1 Tràng Tiền　☎ 024-3825-2853
🕐 8:00～12:00、13:30～17:00
休 週一　費 4萬VND　還劍湖步行約8分鐘
還劍湖周邊
▶MAP P.19 C-5

170

河內

建議參觀路線
🕐 需時：約4小時

① 河內大教堂 →（步行1分鐘）
② Collective Memory →（步行5分鐘）
③ 共咖啡 →（步行10分鐘）
④ 火爐監獄 →（搭車5分鐘）
⑤ 大劇院 →（步行3分鐘）
⑥ 歷史博物館 →（步行5分鐘）
⑦ 河內索菲特傳奇大都會飯店

START 河內大教堂 ❶❷ Collective Memory
❸ 共咖啡
還劍湖
玉山祠
劇塔
歷史博物館 ❻
GOAL ❼ 河內索菲特傳奇大都會飯店
❹ 火爐監獄
河內站 Ga Ha Nội
❺ 大劇院

在大教堂周邊購物&午餐

河內大教堂周邊有多家時髦商店和餐廳。去法式風情名店吃午餐。

想買越南設計日用品就到這裡
❷ Collective Memory　>>>P.192
畫了越南文化的筆記本各25萬VND。 

眼前就是大教堂的咖啡館
❸ 共咖啡
Cộng Cà Phê
>>>P.168

❶ 百香果柑橘茶4萬5000VND。 ❷ 從2～3樓的窗戶看得到樹梢後方的河內大教堂。

也可以外帶！

NICE!
外觀看起來像博物館。

劇場內部的構造也很豪華。

1899～1954年間使用的監獄
❹ 火爐監獄
Nhà Tù Hỏa Lò
殖民地時代關越南政治犯的監獄，如今以博物館的身分對外開放。展示單人牢房和刑具。

🏠 1 Hỏa Lò　☎ 0825-112-668
🕐 8:00～17:00　全年無休　💰 5萬VND
🚶 還劍湖步行約10分鐘
還劍湖周邊　▶MAP P.19 B-5

河內規模最大的殖民地建築
❺ 大劇院
Nhà Hát Lớn
以巴黎歌劇院為藍本，在1911年完工的劇院。現在也會舉辦歌劇或音樂會。只有看表演的觀眾才可以入內參觀。

🏠 1 Tràng Tiền　☎ 024-3933-0113
🕐 內部不對外開放　🚶 還劍湖步行約6分鐘
還劍湖周邊　▶MAP P.19 C-5

這裡是河內歌劇院～

Best Shot Point
用鏡頭捕捉面對廣場的建築物全景。公演當天晚上會點燈。

據說因為模仿南法建築，所以火爐監獄、大劇院或歷史博物館等建築物多為黃色。

171

SIGHTSEEING 02

不可錯過世界遺產舊河內皇城！
走訪歷史景點

曾經建都的河內，是越南歷史舞台上重要的古都。境內保有以世界遺產昇龍皇城遺址為首的多數歷史景點，如偉人陵寢或傳說中的神廟等。

SPOT 1

參觀昔日皇宮！
昇龍皇城遺址
（舊河內皇城）

邊逛邊休息吧

2 端門
身兼瞭望台的河內皇城主要入口。中間大門只有皇帝使用

走上城門。

在18.3公頃的廣大土地上，城門和樓閣坐落其間。拿著免費的導覽手冊散步去。

START!
1 售票中心
一走進入口就是售票處。不用預約就能參觀。

世界遺產

訴說河內1000年的歷史
昇龍皇城遺址
Di tích Hoàng Thành Thăng Long

河內舊稱昇龍，11～18世紀各王朝定都於此的遺址對外開放。1900年代用作越南戰爭的作戰指揮中心。

🏠 19C Hoàng Diệu
☎ 024-3734-5427
🕐 8:00～17:00　✕ 全年無休
💰 3萬VND　🚌 還劍湖搭車約10分鐘
昇龍皇城遺址周邊 ▶ MAP P.21 E-2

展示舊時鐘和收音機。

6 D67地下碉堡
1967年興建，曾是越南戰爭時期的地下會議室。地下碉堡還保留著當時的作戰指揮室。

從這裡走到地下

SPOT 2

前往越南最古老的大學
文廟

河內第一所大學
文廟
Văn Miếu

祠堂供奉以孔子為首的學問之神。也是河內最早成立的大學，現在還是有很多考生前來參拜。

🏠 58 Quốc Tử Giám　☎ 024-3845-2917
🕐 8:00～17:00　✕ 全年無休　💰 7萬VND
🚌 還劍湖搭車約10分鐘
文廟周邊 ▶ MAP P.21 E-3

172

③ 旗台塔

從端門可以看到高33m的塔樓。
1805～1812年建立。

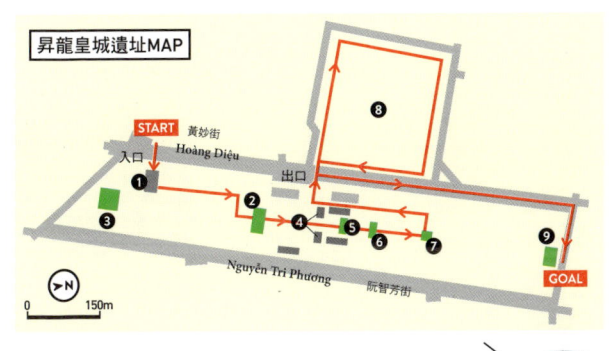

昇龍皇城遺址MAP

START 黃妙街 Hoàng Diệu
入口
出口
Nguyễn Tri Phương 阮智芳街
GOAL

④ 展示區

境內有數處展間。展示皇城相關藝術品。

\ 展品東湖版畫。/

⑤ 敬天殿高台

皇帝上朝問政的場所。只有石階保留下來。

\ 發現龍頭雕像！/

⑧ 考古學遺址

位於道路的另一側，是挖掘7世紀後遺址的地區。

\ 發現像鳳獅龕的石像！/

⑨ 正北門 GOAL!

堅固的石造城門。先走到外面，從路上眺望。

⑦ 後樓

19～20世紀阮氏王朝時期興建，法國殖民時期改建成樓閣。

\ 穿過道路⋯⋯ /

SPOT 3

胡志明的長眠之地陵寢！

安放胡志明的遺體

胡志明陵寢
Lăng Chủ Tịch Hồ Chí Minh

保存、公開越南國父胡志明國家主席的遺體。警備森嚴，不可拍照攝影。

- 🏠 2 Hùng Vương　☎ 024-3845-5168
- 🕐 7:30～10:30（週六、日、假日～11:00）、11～3月8:00～11:00（週六、日、假日～11:30）　㊡ 週一、五，9～11月　💰 免費　🚶 還劍湖搭車約10分鐘

昇龍皇城遺址周邊
▶MAP P.21 D-2

WHO IS

胡志明

越南的革命家及政治家（1890～1969年）。自殖民時期起揭竿起義，當地人暱稱為「胡伯伯」。

SPOT 4

前往浮在傳說之湖上的寺廟

還劍湖上的寺廟

玉山祠
Đền Ngọc Sơn

位於湖中央的玉山島上，祭祀擊退蒙古人的越南武將陳興道，及《三國志》名將關羽。

- 🏠 Đinh Tiên Hoàng　☎ 無　🕐 8:00～18:00
- ㊡ 全年無休　💰 5萬VND
- 🚶 還劍湖步行約1分鐘

還劍湖周邊
▶MAP P.18 B-3

一看就懂 越南之旅 STUDY

越南引以為傲的 世界遺產

登錄為世界遺產的 8個歷史＆自然景點

自西元前203年南越國成立，到19世紀阮氏王朝統一越南約2000年間，越南境內一直上演著激烈的王權爭奪戰。自北方入侵的中國（漢）、中部占婆王國、黎朝、李朝等陸續興起並繁榮一時，在各朝統治下迎來璀璨文化。

尤其是歷代王朝建都的河內、會安、順化等城市及近郊，保有多處展現當時繁華景象的遺址，但有不少在之後的越南戰爭中毀損。現在，國家開始保存、修復這些珍貴的歷史建築，從保護文化財產的觀點，依據聯合國教科文組織（UNESCO）的世界遺產公約，登錄為世界遺產。另外，也認定在越南固有國土孕育的雄偉景觀為自然遺產。

必看！
融合北方中國文化和南方占婆王國文化的昇龍皇城遺址（P.172）必看！

充滿古都風情的老城區

河內-昇龍皇城遺址中心地區
Central Sector of the Imperial Citadel of Thang Long - Hanoi

2010年登錄
文化遺產

以11世紀李朝整建的河內皇城（昇龍城）為中心，連同周圍興起的庶民老城區一起登錄為世界遺產。
>>>P.172

必看！
寺廟雕刻精巧帶有印度色彩，可說是占婆藝術的登峰之作。

美山聖地
My Son Sanctuary

1999年登錄
文化遺產

離占婆王國初期首都查喬約15km，是信奉印度教濕婆神的聖地，境內有67處大小不等的遺址。
>>>P.129

地標來遠橋

必看！
會安古鎮有融合中越樣式、歷史悠久的建築群。

古都會安
Hoi An Ancient Town

1999年登錄
文化遺產

位於秋盆江口，是16世紀末阮朝時代的貿易都市。鼎盛時期有1000多位日本人居住於此。
>>>P.126

World Heritage of Viet Nam

必看！
可搭遊覽翠綠平穩的大海。到石灰岩島上參觀鐘乳石洞。

搭船巡遊

下龍灣
Ha Long Bay

面對北部灣，面積4萬3400公頃，因海蝕作用有大小不一多達1600個石灰岩奇石聳立其間。

>>>P.200

1994、2000年登錄
自然遺產

必看！
10～11世紀華閭古都的構成要素之一。有當時的皇帝陵寢等遺址可參觀。

長安名勝群
Trang An Landscape Complex

石灰岩或鐘乳洞形成的喀斯特台地。在洞穴中發現3萬年前就有人類居住的遺跡，便登錄為複合遺產。
▶MAP P.2 B-2

2014年登錄
複合遺產

2011年登錄
文化遺產

胡朝城堡
Citadel of the Ho Dynasty

14世紀胡朝時代基於風水考量興建的城堡遺址。由2條河川、平原和群山交織成美麗風光。

峰牙己榜國家公園
Phong Nha-Ke Bang National Park

位於寮國邊界的國家公園。有400種越南原生植物，38種當地原生動物棲息、繁衍生長於此。
▶MAP P.2 B-3

2003、2015年登錄
自然遺產

必看！
以中國紫禁城為藍圖，規模只有3/4大的阮朝皇城。內部開放參觀。

順化古蹟群
Complex of Hué Monuments

順化是19世紀統一越南的最後王朝阮朝首都。香江沿岸還留有皇城及歷代帝王陵墓群。
>>>P.142

美麗的午門樓閣

1993年登錄
文化遺產

河內 / EAT / SIGHTSEEING / BEAUTY / SHOPPING / TOWN / STAY

※想遊覽越南主要世界遺產可以參加旅行社的團體行程。從河內或峴港近郊都是當天就能來回。 175

BEAUTY 01 豪華or休閒！？ CP值超高的療癒Spa中心

飯店Spa

在河內No.1老字號飯店
體驗豪華Spa

Spa室全是裝潢雅致的獨立包廂。每間風情各異。

SPA DATA
- 預約 需預約
- 目錄 日本語
- 工作人員 英語OK
- 空間 全是獨立包廂

① 用缽場陶器泡腳。 ② 提供迎賓飲品。

Spa會館是白牆殖民地建築。也有美甲區。

推薦療程 BEST 3

1 美體舒活保養
So Exhilarating Body Treatment
250萬VND（60分鐘）
讓身體線條更美麗的全身按摩

2 臉部煥彩保養
So Rejuvenating Facial
300萬VND（75分鐘）
利用天然植物功效和法式美容手法恢復年輕肌膚

3 全套美甲保養
Le Spa Luxury Manicure
95萬VND（55分鐘）
不只修指甲，還包含手部及手腕按摩

河內最高級的飯店Spa
Le Spa du Metropole

獨棟的Spa會館，提供專屬空間與頂級服務。也有2000台幣以下的身體按摩療程。

- 🏠 15 Ngô Quyền（河內索菲特傳奇大都會飯店內）
- ☎ 024-3826-6919
- 🕙 10:00～22:00（最晚預約21:00）
- 全年無休
- 還劍湖步行約5分鐘
- 刷卡OK　英語OK　需預約
- 還劍湖周邊　MAP P.19 C-5

176

價廉物美是越南Spa&護膚最吸引人的地方！從河內才有的殖民地建築高級Spa到街頭平價按摩店，選項眾多。

HOW TO

Spa小常識

▶最好先預約
利用電話或網路預約。也可以請飯店人員幫忙打電話預約。

▶下午～傍晚是尖峰時段
週末下午是預約最滿的時段。中午之前比較有空。

平價Spa

餐廳附設的隱密Spa
L'essence De Cuisine

結合越南傳統與現代的優雅空間充滿魅力。120分鐘以上的療程附餐點。當然只做Spa，或是只享用餐點都OK。

🏠 99B Hàng Gai　☎ 097-839-2399
🕘 9:00～22:30（最晚預約21:30），餐廳10:00～22:00　全年無休　環劍湖步行約5分鐘

刷卡OK　英語OK
需預約
老城區
▶MAP P.18 B-3
>>>P.167

1 在附專用衛浴的獨立雙人包廂放鬆。
2 3 烤雞加糯米的主菜。

SPA DATA
預約　需預約
目錄　有英語目錄
工作人員　英語OK
空間　有獨立包廂

推薦療程 BEST2

1 L'essence特殊療程
L'essence De La Via Unique Treatment
159萬VND（90分鐘）
使用熱石和竹子進行按摩。附蒸氣藥草浴及餐點。

2 奢華4手按摩
Luxury Four Hands Massage
189萬VND（60分鐘）
由2位治療師進行「4手」按摩。使用芳療精油。

從大教堂步行即達的人氣會館
Orient Spa

提供1小時35萬VND的腳底按摩等輕鬆療程。有空位的話沒預約也OK。

🏠 26 Ấu Triệu　☎ 0977-903-499
🕘 10:00～22:00（最後預約21:00）
全年無休　河內大教堂步行約1分鐘　刷卡OK　英語OK　需預約
還劍湖周邊
▶MAP P.19 B-4

平價Spa

推薦療程 BEST2

1 熱石按摩
Hot Stone Massage
49萬VND（75分鐘）
利用熱石活化身體的全身按摩。附泡腳服務。

2 香草美體去角質
Herbal Body Scrub & Wrap
55萬VND（60分鐘）
利用泥土和香草按摩霜去除身體老廢角質，再抹上浴鹽起來緊實肌膚！

SPA DATA
預約　需預約
目錄　有英語目錄
工作人員　英語OK
空間　有獨立包廂

1 提供身體、臉部和美甲服務。**2** 備有獨立包廂。
也有附浴室的房間喔。

Orient Spa有分店。還劍湖附近有Orient Spa & nail ▶MAP P.18 B-3。

SHOPPING 01

別致的越式設計
收集喜歡的茶器&餐具

越南北部擁有多項傳統工藝。想找優質商品，必去北部重鎮河內！
以下是買來泡越南茶的精選茶具及嚴選餐具。

7萬2000VND Ⓑ
手掌大小的茶杯。亮點在於現代圖案。

適合裝河粉。
20萬VND Ⓐ
附托盤、湯匙和筷子，體積略大的湯碗組。

9萬6000VND Ⓑ
菊花是缽場陶瓷的傳統圖案。繽紛的配色很少見。

10萬VND Ⓐ
除了放點心或水果外，還能放小配件。

缽場陶瓷
Bát Tràng

好想包色
2萬5000VND Ⓑ
有點深度的小盤子。有不同的顏色和圖案。

柔和的色調
5萬6000VND Ⓒ
不只是餐具，也可以當置物盒使用的小盤子。

20万VND Ⓐ
二段式茶壺茶杯組。濾網另行購買。

WHAT IS

缽場陶瓷
在河內近郊的缽場陶藝村製作的傳統工藝品。圖案主要以蓮花、蜻蜓或菊花等自然生態為題。

內行人才知道的杭大市場！
想在河內買到便宜的缽場陶瓷，就要去杭大市場的地下街。街角處聚集多家販售缽場陶瓷的小店。

杭大市場推薦店
Ⓐ Bamboo
位於杭大市場的小店。不在正面玄關處，要從建築物東邊往地下停車場的樓梯，或從後方入口往地下街走。備受歡迎的祕密是價格便宜。

🏠 357A B1F Hàng Da　☎ 098-361-7517　🕐 9:00〜18:00
㊡ 全年無休　🚶 同春市場步行約13分鐘
老城區　▶MAP P.18 B-3

小店塞滿成堆的商品，可以像尋寶一樣購物。

杭大市場
Chợ Hàng Da

🏠 Hàng Da　☎ 依店家而異
🕐 5:00〜20:00（依店家而異）　㊡ 全年無休（依店家而異）　🚶 同春市場步行約13分鐘
老城區　▶MAP P.18 B-3

178

小江陶器 & 萊眺陶瓷
Sông Bé & Lái Thiêu

亮點是手繪圖案。

22萬VND

以青色底襯托花樣的小江陶器。也有不同的顏色如奶油色。 **B**

18萬VND

很適合裝單盤料理的小江橢圓陶盤。 **C**

15萬VND

萊眺陶瓷的特色是幾何圖案的陶瓷繪畫。 **C**

15萬VND

尺寸剛好可以當分菜盤的萊眺陶瓷扁盤。 **C**

WHAT IS
小江陶器 & 萊眺陶瓷

小江陶器和萊眺陶瓷是在越南南部製作的家用餐具。特徵是霧面質感和復古設計。

日本店長的選物商店
B Em Hanoi

販賣越南各地的傳統餐具。餐具以外的生活用品也很豐富（→P.184）。

- 12-14 Nguyễn Văn Ngọc
- ☎ 03-8369-2662
- ⏰ 10:00～19:00
- 休 週一
- 還劍湖搭車約15分鐘
- 刷卡OK　英語OK
- 河內市西部　▶ MAP P.16 B-2

住越南的日本人喜愛的商店
C Hanoi Shouten

2樓的日用品樓層販賣缽場陶瓷、小江陶器和萊眺陶瓷。也可以看到少數民族生活用品（→P.185）。

- 1 Ng. 12 Đào Tấn
- ☎ 094-997-0487
- ⏰ 9:00～22:00
- 休 全年無休
- 還劍湖搭車約15分鐘
- 刷卡OK
- 河內市西部　▶ MAP P.16 B-2

復古
Retro

1萬8000VND

越南的小吃攤和餐館常用的塑膠盤。 **B**

2萬VND

塑膠盤的中國風設計很可愛。 **B**

WHAT IS
復古餐具

餐館或餐廳常用的復古又可愛的平價餐具是受歡迎的伴手禮。老城區的同春市場周邊也買得到。

也有成套的盤子。

10萬VND

琺瑯杯很適合用於復古裝潢。 **C**

2萬1000VND

圓點圖案的小杯子。小吃攤常用的物件。 **C**

西湖附近有間小間的Hanoi Shouten（→P.194）。附有住宿。　179

河內 / EAT / SIGHTSEEING / BEAUTY / SHOPPING / TOWN / STAY

SHOPPING 02

展現傳統技能的工藝品！
購入北方布製品

越南北部有多處保有傳統刺繡或染織技術的工藝村，是布製品的寶庫！融入穿搭營造異國氛圍！

藍染

POINT
藍染
藍染是流傳於越南北部的黑苗族等少數民族村落的傳統工藝。

服飾

🟢 **連身洋裝**
150萬VND
100%純棉所以穿起來很舒適。設計豐富。

🟢 **連身洋裝**
333萬5000VND
藍染連身洋裝從染織到縫製都一手包辦。

🟢 **圍巾**
198萬VND
世界上獨一無二的絞染圖案！

訂製西服隔天即可取貨。可以請店家送到飯店。

小物

🟢 **小拉鍊包**
12萬5000VND
用迷你尺寸的三角小拉鍊包收納小東西！

🟢 **吊飾**
10萬VND
可以掛在包包上，或是裝飾在房裡。

1 在店裡染織和製作。也有販售瑤族和苗族等少數民族的復古服飾。3 店長是吉澤岳史。

正在推動藍染的保存運動

可以訂做西服
Indigo Store
使用自家栽培有機棉花，販售北部山區的少數民族手工藍染等染織商品。

🏠 33A Văn Miếu ☎ 024-3719-3090 🕗 8:00～19:00 ❌ 全年無休 💳 刷卡OK 🚶 文廟步行約3分鐘

文廟周邊 ▶MAP P.21 E-3

刺繡

束口袋
各13萬7000VND～

重點是手工刺繡。顏色圖案種類豐富。

內衣收納包
16萬5000VND

旅行用的棉製內衣收納包。

POINT
刺繡
起源於王朝時代皇宮中鑽研刺繡技術製作王族服飾的工匠。

束口袋
小4萬6000VND～
大9萬2000VND～

機器製束口袋價格便宜且種類繁多。

要買傳統布製品就來這裡
Tan My Design
Tân Mỹ Design

店長來自越南北部的刺繡村。販售布製品、餐具及床單等商品。

🏠 61 Hàng Gai ☎024-3938-1154 ⏰ 8:30～20:00 全年無休 ⓡ 同春市場步行約12分鐘
刷卡OK 英語OK
老城區 ▶MAP P.18 B-3

少數民族布藝

XIN CHÀO

POINT
少數民族刺繡
繽紛的刺繡是苗族等少數民族獨有的手工藝。細密的幾何圖案很出色！

手提包
40萬VND

結合藍染和刺繡布的迷你包包。公平交易商
Em Hanoi >>>P.179

拉鍊包
6萬VND

草木染的自然感充滿魅力。
Hanoi Shouten >>>P.179

拉鍊包
9萬VND

三原色刺繡是苗族布藝的特色！
Em Hanoi >>>P.179

肩背包
27萬VND

拿掉鍊子也可以當手拿包使用。
Hanoi Shouten >>>P.179

Indigo Store也有舉辦藍染工作坊。致力於技術傳承。

一看就懂 越南之旅 STUDY

多民族國家越南的 民族服飾

晋升傳統工藝品！
別致的少數民族服裝

越南是由54個民族組成的多民族國家。以京族（越族）人口最多，有將近9成，剩下的1成分屬53族少數民族。直到數年前為止，發給18歲以上越南國民的身分證上還有民族欄位，民族是越南人的身分指標之一。

各民族有自己的語言和文化，在服裝上如實地呈現出彼此間的差異性。主要生計來源是農作，婦女同時將收割下來的棉麻紡成線紗做染織。裝飾依各民族而異，特色是用色鮮明的精緻刺繡或拼布等。

代代相傳的民族服飾，近年來成為備受矚目的越南傳統工藝。參訪衣著華麗的少數民族，購買他們的傳統布藝等旅行團也頗受歡迎。

認識越南少數民族

民族分布圖

- 河內
- 苗族、瑤族、倮倮族、泰族、芒族、華族等
- 京族
- 順化
- 峴港
- 高棉族、占族、嘉萊族等
- 京族
- 胡志明市
- 高棉族

少數民族的村落大多集中在越南北部和中部。

北部村落位於越南和中國或寮國邊界附近的山區，是早期來自中國的民族。

中部的高原地區有占婆王國的後代占婆族、從柬埔寨遷移過來的高棉族等。

人口比例

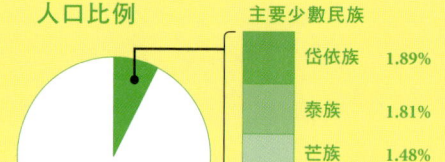

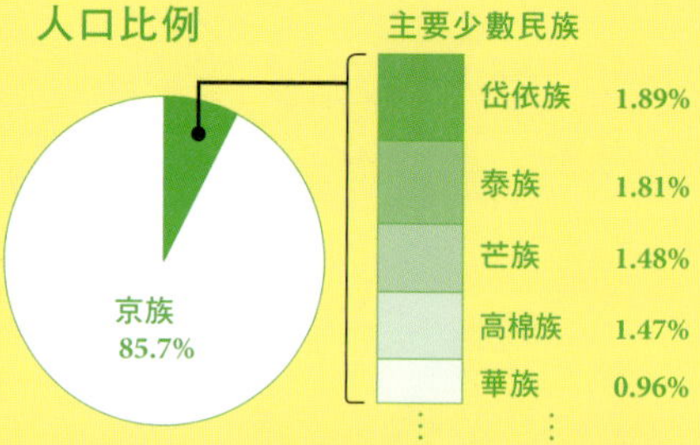

- 京族 85.7%

主要少數民族

岱依族	1.89%
泰族	1.81%
芒族	1.48%
高棉族	1.47%
華族	0.96%

透過國勢調查統計人口。2024年越南全國人口數為1億111萬人，人口不斷增加。

在民族方面，也得出少數民族的人口增加率高於主要民族京族的數字。

顏色亮麗的傳統服飾。

在少數民族村，從大人到小孩都穿手工縫製的民族服飾。

全球最時髦!? 少數民族服飾

黑苗族
使用藍染的棉麻布料，整體打扮偏黑。種植棉麻等原料，再織成布品。

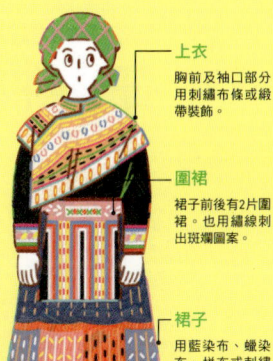

特本頭巾
名為pho的頭飾。用細竹編成環狀再貼上藍染布。

上衣
名為chaco的長版上衣。用鎖針法繡上紅色浪紋。

褲裙
名為tori的麻布短褲。小腿上是用繩子固定的綁腿。

花苗族
善用刺繡、拼布或貼花製作色彩鮮豔的服飾。大多使用紅色或粉紅色。

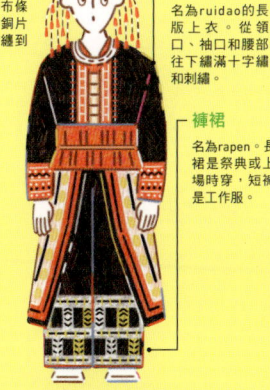

上衣
胸前及袖口部分用刺繡布條或緞帶裝飾。

圍裙
裙子前後有2片圍裙。也用繡線刺出斑斕圖案。

綁腿
綁腿上也有刺繡，能保護腳部不被植物割傷。

裙子
用藍染布、蠟染布、拼布或刺繡等裝飾得相當漂亮。

傈僳族
在素色藍染布上用無數塊小三角貼花排列出美麗紋路。頭巾和圍裙則縫上彩珠。

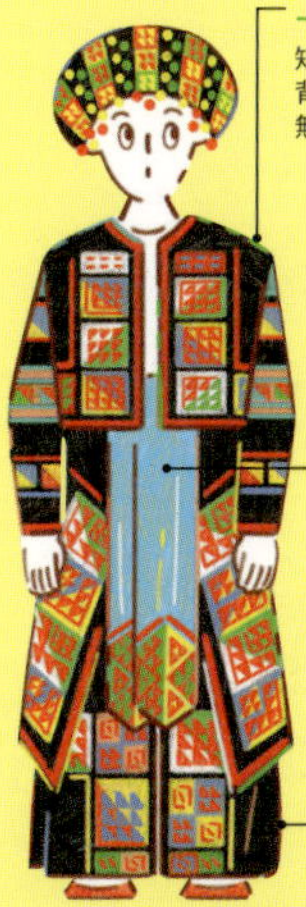

上衣
短外套的前面、背後和袖口貼上無數個貼花。

腰帶・圍裙
用大塊方布纏在腰間並在前面打結。再繫上腰帶。

褲裙
棉布褲上的圖案和上衣一樣。

紅瑤族
纏在頭上的紅頭巾相當顯眼，是擅長刺繡的民族。銅片或彩珠裝飾也很漂亮。

特本頭巾
大紅色的長布條縫上流蘇、銅片或彩珠，再纏到頭上。

上衣
名為ruidao的長版上衣。從領口、袖口和腰部往下繡滿十字繡和刺繡。

褲裙
名為rapen。長褲裙是祭典或上市場時穿，短褲裙是工作服。

還有配件

背籠
把要帶到市場賣的物品放進竹籠中，再綁上袋子背在肩上。

包包
通常是布製的斜肩包。背帶很寬就算放重物也不會造成負擔。

鞋子
有刺繡等裝飾，鞋尖往上翹的靴子在祭典時才穿。平常則穿運動鞋。

備受歡迎的高原度假區
前往高山民族部落沙壩

在中越邊界附近，位於海拔1600m的山間，是頗受歡迎的高原度假村。周邊有少數民族村落，可以見到穿著各種民族服飾的人們。

沙壩 MAP P.2 B-1

河內出發的交通方式
- 搭巴士約5小時
- 搭臥鋪列車8小時+小巴1小時

從河內到沙壩可搭夜間巴士或臥鋪列車，車程大約半天。參加旅行社的行程比較方便。

183

SHOPPING
03 在選物店找尋日用品
集結所有的越南伴手禮！

很多想買來自用的
可愛設計商品

寬廣的店內分成2個區域。

也有快閃店！

1 琺瑯餐具種類豐富。 2 也販售香氛產品和美妝品。也有很多只有這裡才買得到的商品。 3 店長森紀子。

拉鍊包
29萬8000VND
復古的花朵圖案。也有綠色款。

束口袋
17萬6000VND
小花圖案的刺繡很可愛。工藝生活用品皆為公平交易。

打包帶編織包
8萬9000VND
塑膠包包顏色和尺寸都很豐富。

金星香膏
3萬1000VND
被蟲咬、暈車或頭痛時擦了很醒腦。

餅乾
12萬VND
芒果、可可等3種種類。

便條紙
4萬VND
可以當留言卡使用的便條本。

🛒 **買得到的東西**
- ☑ 餐具 ▶P.179
- ☑ 布製品 ▶P.181
- ☑ 美食特產
- ☑ 美妝
- ☑ 家居用品
- ☑ 文具etc.

從經典商品到原創商品皆有
Em Hanoi
店長挑選並販售越南各地的商品。除了有豐富的美妝品和香氛產品外，原創餅乾也很適合當伴手禮。

>>>P.179
河內市西部 ▶MAP P.16 B-2

184

選物店販售所有客人想買的伴手禮，如點心、日用品、美妝品等！這間店由日本人經營所以可以說日文，也寫了日文說明很方便。

🌸 WHAT IS

河內的日本街

Em Hanoi和Hanoi Shouten位於巴亭郡，是很多日本人居住的區域。金馬路和Linh Lang路周邊聚集許多日本餐廳和商店。

也賣很多美食特產！附設咖啡館的伴手禮商店

有2層樓，樓上也有咖啡館空間。

1. 越南產水果乾和堅果的包裝很漂亮。
2. 有很多萊眺陶瓷餐具等生活用品。
3. 也有編織籃和打包帶編織包區。

便條紙 3萬VND
迷你尺寸的素面筆記本很好用。

T恤 30萬VND
人氣咖啡館共咖啡的原創T恤。

6萬VND

編織包 40萬VND
藤編包包很輕方便使用。附裡布。

迷你打包帶編織包
手掌尺寸的打包帶編織包可以當鑰匙圈。

🛒 買得到的東西
- ☑ 美食特產
- ☑ 餐具 ▶P.179
- ☑ 布製品 ▶P.181
- ☑ 服飾
- ☑ 美妝
- ☑ 文具etc.

即溶咖啡 9000VND
即溶椰子咖啡。

香皂 各9萬VND
用香草和香料製作的手工香皂。

茶包 各10萬VND
有茉莉花和蓮花2種茶包。

也有會說日語的店員！
Hanoi Shouten

分為販賣美食特產、熟食，以及日用品等樓層。也很推薦不加糖的自製果汁。

>>>P.179

河內市西部 ▶MAP P.16 B-2

受當地日本人支持的Hanoi Shouten。也有販賣日本食品。

185

河內 / EAT / SIGHTSEEING / BEAUTY / SHOPPING / TOWN / STAY

SHOPPING
04
尋找150台幣以下的好貨！
到百元市場挖寶

就是想找便宜商品！這時必去老城區的同春市場。
因為當地居民也會去，有多項價格平易近人的商品，極具魅力。

老城區地標
同春市場
Chợ Đồng Xuân

占據2樓層的大型市場。禮品店分布在市場中間的噴水廣場周圍，或面對馬路的外圍商圈。

🏠 Đồng Xuân　🕒 6:00～18:00／週五～日～22:30
💰 依店鋪而異　🚶 還劍湖步行約10分鐘

老城區　▶MAP P.18 B-2

Market Goods
亞洲風 餐具

約60台幣！
（5萬VND）

1個約35台幣！
（3萬VND）

杯墊
陶土配藤編的組合。
圖案款式豐富。

椰子碗
在椰子殼裡面上漆。

一大早就開市！

位於老城區北側醒目的大型建築物。

用單字交易也OK。

伴手禮種類豐富，從工藝品到日用品都有。

Market Goods
「這裡才有」的 獨特日用品

約90台幣！
（8萬VND）

虎標萬金油
東南亞的常見藥品。
專治蚊蟲咬等症狀。

約35台幣！
（3萬VND）

磁鐵
當作旅行紀念的河內磁鐵。也有越南版本。

置物盒
就算是北部工藝品漆器也有市場便宜價。

約115台幣！
（10萬VND）

186

HOW TO

市場購物技巧

可以議價
因為市場物品沒有標價，可以和店家議價。

一次買齊比較划算
大量購買會比只買一個的單價便宜。

市場內沒有空調
市場內沒有空調。不過有飲料店可以坐下來休息。

CHỢ ĐỒNG XUÂN

Market Goods
民族風 流行配件

約22台幣！（約2萬VND）
手拿包
收拾容易在包包內找不到的小物件！

1個約60台幣！（5萬VND）
髮帶
可愛的民族風刺繡髮帶。

約35台幣！（3萬VND）
手拿包
刺繡加亮片很可愛！

約35台幣！（3萬VND）
隨身包
特色是細緻的刺繡和鮮豔配色。

筆袋之類的布製品配件選項豐富。

充滿河內風情的品項！

也有美食特產！

可在外圍商店買到堅果或咖啡。

Market Goods
超便宜的 美食特產

胡椒粒
越南產胡椒粒。白胡椒4萬VND，黑胡椒3萬VND。

炸煎餅
油炸後膨脹，口感酥脆的零食。口味有綜合蔬菜（左）和地瓜（右）。

1個約14台幣！（1萬2000VND）

100g約45台幣！（4萬VND）

喝杯檸檬汁休息一下。

河內 | EAT | SIGHTSEEING | BEAUTY | SHOPPING | TOWN | STAY

☙ 同春市場的商品雖然便宜，但品質比街上的伴手禮店差。建議實際到兩邊商店比較後再購買。

187

SHOPPING **05**

不負責任超美味精選！
超市伴手禮排行榜

想買很多分送用食品伴手禮？當地超市能滿足這項願望。
大型超市品項豐富，就算相同商品也有各家品牌可選，令人眼花撩亂。

茶&咖啡 BEST4

茶包和咖啡粉的優點是輕便好攜帶。想買有機商品就要去專賣店！

Tea & Coffee

2 蜜桃茶
蜜桃香氣的綠茶茶包。25包入。
5萬5000VND

3 3100VND

3 9000VND

3 蓮花茶
越南名產蓮花茶的經典品牌。

8萬VND

1 即溶咖啡
含牛奶・肉桂。只要用熱水溶解即可。

4 濾掛咖啡
使用阿拉比卡品種咖啡豆。附砂糖。

即食商品 BEST3

用河粉和米紙等食材伴手禮，再做一次越南料理吧！

2 米紙
種類很多，可生食的薄米紙更方便使用。

2萬2000VND

3 即食河粉
乾燥河粉、乾燥配料、湯粉包與辣粉的組合。

2萬2000VND〜

1萬2000VND

1 蝦餅
油炸後膨脹起來很有趣。可以當零食或料理的配菜。

Instant Food

WHERE IS

到哪裡買食品伴手禮？

想一次買齊的話建議到超市。市場也有賣果乾或堅果。

整條街都是當地美食
Winmart Metropolis

越南全國連鎖的在地超市。在大型購物中心地下樓層，寬廣的賣場很吸引人。

- 304 Kim Mã，在 Vincom Center Metropolis裡
- ☎ 無
- ⊕ 8:00〜22:00
- ㊡ 全年無休
- 還劍湖搭車約15分鐘
- 刷卡OK
- 河內市西部 ▶ MAP P.16 B-2

Snack 零食 BEST 6

旅行時必買的越南零食。河內零食的特色是風味單純適合配茶。

1 葵花子 2萬9000VND
越南常見的零嘴。除了原味外還有椰香風味。

2 糖果 6500VND〜
有基本的芒果口味、用來做甜點的青米（綠色生米）口味等。

3 杏仁 8萬7480VND
就算是高級杏仁，在超市也很便宜。

4 綠豆糕 4萬1200VND
河內常見的茶點。特色是口感鬆軟味道樸實。

5 核桃 5萬8000VND
烘烤過的核桃，特色是香氣濃郁。

（糖果）4萬6000VND

Seasoning 調味料 BEST 4

在超市買越南料理必備的調味料超便宜！帶回國時小心不要讓液體漏出來。

1 河粉湯底 2萬9400VND
放入鍋中燉煮即可的湯底。

2 香料 9000VND
混合5種香料。可以用於炒菜。

3 魚露 2萬1300VND
鹽漬蝦的發酵調味料。香味獨特！

4 肉桂 1萬3000VND
棒狀肉桂。用於料理或印度奶茶。

河內 / EAT / SIGHTSEEING / BEAUTY / SHOPPING / TOWN / STAY

Ha Noi Towers內的Citymart ▶ MAP P.19 A-4，不只賣越南產品，還有日本商品。

充滿越南風情的庶民區
老城區
Phố Cổ

在還劍湖北側到同春市場一帶，是昔日依附舊河內皇城生活的市井，也登錄為世界文化遺產。這附近的巷弄錯綜複雜，還保有皇城時代工匠街的風貌。也能嘗嘗當地小吃。

- 內排國際機場
  🚖 搭計程車約40分鐘
- 還劍湖
  🚶 步行約5分鐘

頗具看頭的工匠街！

日：◎ 夜：◎
商店櫛比鱗次的老城區，有很多美食購物景點！

Phố Cổ 01
到人潮絡繹不絕的越式法國麵包店

到裝潢很可愛的越式法國麵包專賣店吃簡單午餐。客人很多的話也可以外帶！

特製款6萬9000 VND。同時品嘗和麵包一起料理的肉排和香腸。

最受歡迎的是豬肉越式法國麵包
Banh Mi 25 Ⓐ
Bánh Mì 25

越式法國麵包的做法是在口感硬脆的法國麵包中夾入大量配料。有豬肉、牛肉、素食等種類，價格平易近人。

綜合越式法國麵包4萬VND。夾了BBQ豬肉和肉排。

- 🏠 25 Hàng Cá ☎ 094-254-8214
- 🕐 7:00～21:00 休 全年無休
- 🚶 同春市場步行約5分鐘
- 刷卡OK 英語OK

老城區 ▶ MAP P.18 B-2

Phố Cổ 02
上工匠街尋寶♪

同一條街上聚集多家相同行業的店鋪，如箱籠、佛具、銀器等。去尋找越南風情用品吧。

主要街道
- ● 蓆攤街（Hang Chieu）…箱籠
- ● 銀攤街（Hang Bạc）…銀器
- ● 刺攤街（Hang Gai）…絲製品、西服
- ● 菩攤街（Hang Bo）…手工藝品
- ● 行帆街（Hang Bong）…咖啡豆

復古琺瑯餐具
Nhom Hai Phong Ⓑ
Nhôm Hải Phòng

販售琺瑯杯8萬VND～、琺瑯盤（大）15萬VND～等復古商品的懷舊小店。

- 🏠 38A Hàng Cót ☎ 024-3882-6448
- 🕐 8:00～18:00 休 全年無休 🚶 同春市場步行約5分鐘

老城區 ▶ MAP P.18 B-2

買手工印章送人
Phuc Loi Ⓒ
Phúc Lợi

位於整排印章店的一隅，現場雕刻客製圖案或文字。小印章約5分鐘即可交件。

自選圖案刻字25萬VND

- 🏠 6 Hàng Quạt ☎ 024-3828-6726
- 🕐 8:00～18:00 休 全年無休 🚶 同春市場步行約8分鐘

刻英文也沒問題。

老城區 ▶ MAP P.18 B-3

Dac Kim >>>P.160

人氣商品是復古花紋系列！

190

河內

EAT

桌椅排在街上的當地飯館。　　　　　　　　　　　　騎自行車賣花或水果的當地人。

建議用邊走邊休息的方式逛老街

老城區巷弄狹窄且錯綜複雜。雖然汽機車可以進入，但有些地方是單行道，有時要繞遠路。一邊補充水分一邊用雙腳逛街吧。

Phố Cổ 03
必逛的歷史景點！

到舊河內皇城城門東河門、千年前建的白馬祠或舊家保存館等歷史悠久的觀光景點逛逛吧。

東河門

1樓也有販售北越傳統工藝品的禮品店。

行帆街

D 舊家保存館

銀攤街

保存越南古民宅
舊家保存館 D
Bảo Tồn, Tôn Tạo Khu Phố Cổ Hà Nội

建於19世紀末的傳統中式木造建築，經修復保存後開放內部參觀。

🏠 87 Mã Mây　🕐 8:00～17:00　❌ 全年無休　💰 1萬VND　🚶 同春市場步行約10分鐘

老城區　▶ MAP P.18 C-2

Phố Cổ 04
在殖民地風格餐館優雅吃午餐

此區到處都是法國殖民時期的殖民地建築，獨特的午餐地點就在這。味道和空間都很棒！

木橋街

E Madame Hien

還劍湖

晚上逛夜市！ F
從同春市場往南延伸到糖攤街一帶，週五、六、日18～23點營業。

屋齡100年的獨棟餐廳
Madame Hien E
Madame Hiền

在寬敞的法式別墅品嘗創意越南料理。除了套餐35萬VND～以外也有豐富的單點菜色。

🏠 48 Hàng Bè　📞 024-3938-1588
🕐 11:00～23:00　❌ 全年無休
🚶 同春市場步行約10分鐘
刷卡OK　英語OK
老城區　▶ MAP P.18 C-3

鴨肉三吃34萬5000VND。

SIGHTSEEING

BEAUTY

SHOPPING

TOWN

STAY

🌟 老城區境內有多家平價旅館。必去裝潢美麗的殖民地風格飯店（→P.198）。　　191

時髦咖啡館和商店聚集

大教堂周邊
Nhà Thờ Lớn

河內大教堂佇立於還劍湖西側，是外型顯眼的殖民地建築。湖西～南側又稱法國區，是昔日法國人居住的地區。美麗的法式建築分布其間。

地標教堂

日：◎ 夜：◎

教堂周邊是時髦咖啡館和商店聚集的人氣地段。

- 內排國際機場
  搭計程車約50分鐘
- 同春市場
  步行約10分鐘

Nhà Thờ Lớn 01
在大教堂周邊商店盡情購物♪

教堂正面的Nha Tho街及教堂南側的Nha Trung街上，人氣越南品牌店和傳統用品店林立。

販售北越布製品
Chie A

店內有多款利用苗族或瑤族等少數民族的染織品，加上自家工廠創意設計成的西服、配件。

- 66 Hàng Trống
- ☎ 024-3938-7215
- 8:30～21:30
- 全年無休
- 還劍湖步行約3分鐘
- 刷卡OK　英語OK
- 還劍湖周邊　▶MAP P.18 B-3

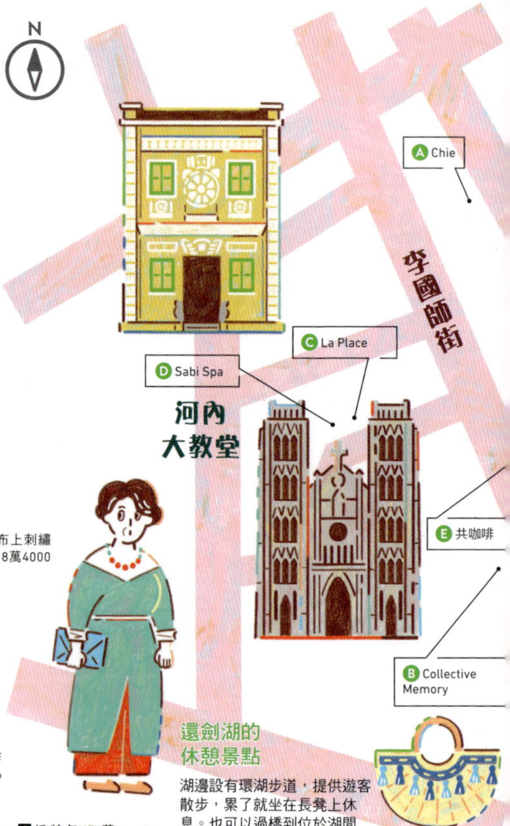

在藍染布上刺繡的錢包18萬4000 VND～

費時1個月製作的布藝斜肩包46萬VND～

買創作者的日用品
Collective Memory B

店長夫妻檔是越南旅行作家和攝影師。販售越南製造的日用品、美妝品、藝術品等商品。

- 12 Nhà Chung
- ☎ 098-647-4243
- 10:00～18:30
- 全年無休
- 還劍湖步行約5分鐘
- 刷卡OK　英語OK
- 還劍湖周邊　▶MAP P.19 B-4

① 托特包2萬6000 VND～　② 裱框的平面藝術裝飾品17萬5000VND～

A Chie
C La Place
D Sabi Spa
河內大教堂
E 共咖啡
B Collective Memory

還劍湖的休憩景點

湖邊設有環湖步道，提供遊客散步，累了就坐在長凳上休息。也可以過橋到位於湖間的玉山祠（→P.173）。

Nhà Thờ Lớn 02
大教堂觀景咖啡館

大教堂附近的道路兩旁分布著數家咖啡館。在購物的空檔，不妨找一間坐下來邊眺望教堂邊休息。

192

新哥德式建築的河內大教堂。可進入內部參觀。　　　　　　　　　　　　　　在大教堂附近的時尚商店購物。

Nhà Thờ Lớn 03
紓壓
輕Spa

逛累了，就到街上的平價Spa紓壓一下吧！因為下午人多，建議先預約。

大教堂附近的美麗空間
Sabi Spa D

提供芳療按摩39萬VND、熱石按摩42萬VND等簡單療程。

🏠 6 Thọ Xương　☎ 024-3938-8408
🕐 10:00～21:00
休 全年無休　還劍湖步行約8分鐘
刷卡OK　英語OK　需預約
還劍湖周邊
▶MAP P.18 B-3

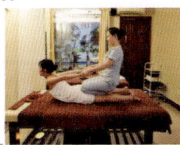

也有泰式按摩。

玉山祠

還劍湖

龜塔

步行2分鐘

Hai Bà Trưng街

鹽萊姆汽水4萬5000VND。

喝杯果汁6萬5000VND～休息一下。

推薦2樓的靠窗座位
La Place C

位於河內大教堂北側，坐在窗邊可遠眺教堂，是頗受歡迎的咖啡館。餐點選項豐富。

🏠 6 Ấu Triệu　☎ 024-3928-5859
🕐 7:30～24:00　休 全年無休　還劍湖步行約5分鐘
英語OK
還劍湖周邊
▶MAP P.19 B-3

店內有很多越南年輕人。

大教堂就在眼前的人氣咖啡館
共咖啡 E
Cộng Cà Phê　>>>P.168

位於面向大教堂轉角的絕佳地點。可以從店外座位或2、3樓觀賞大教堂。復古的裝潢也很可愛。

還劍湖周邊　▶MAP P.19 B-4

「龜塔」立於還劍湖南側的小島上。傳說黎利王得到神龜的寶劍來打敗明軍。　193

西湖周邊
Hồ Tây

旅行途中想安靜片刻時

★西湖
胡志明陵寢　老城區
河內大教堂
文廟　邊創湖
河內車站

漫步湖東！
日：◎ 夜：◎
湖東除了高級飯店外，還有數家商店和咖啡館。

河內市中心北側是占地500公頃的西湖。從老城區等市中心過來車程約15分鐘，是暫離塵囂的靜土。搭車往來湖畔兩邊約15分鐘，建議搭車移動。

- 內排國際機場　搭計程車約40分鐘
- 同春市場　搭計程車約15分鐘

Hồ Tây 01
前往西湖周邊的悠閒景點♪

要不要到面向湖面、遍布在地餐廳的安靜區域悠閒度假呢？

湖景和市景2間客房。

像住在湖畔的住宿地點
Hanoi Shouten Lakeside Ⓐ

伴手禮商店Hanoi Shouten（→P.179）的姐妹商店。含商店、咖啡館、精品旅館的複合空間。

- 🏠 160 Trấn Vũ　☎ 098-594-9785
- 🚕 同春市場搭車約7分鐘
- 🕗 8:00〜23:00　全年無休
- 💰 1晚1房30萬VND〜
- 刷卡OK　英語OK
- 西湖周邊　▶MAP P.20 C-3

湖景房也有廚具和洗衣機。

Hồ Tây 02
前往湖畔海產店♪

西湖周邊有多家主打湖景的美食地點！午餐就到知名海產店吧。

6〜7月是西湖賞荷季
夏季清晨是到蓮池賞荷的最佳時段。雖說花況依氣候而異，但歷年來都是在6月盛開。中午之前開得最美。

名菜香酥炸蝦
Banh Tom Ho Tay Ⓑ
Bánh Tôm Hồ Tây

提供面湖的開放式露天座位區和室內座位。招牌菜是炸蝦，蝦子裹上麵粉炸得香酥脆。

- 🏠 1 Thanh Niên　☎ 024-3829-3737　🕘 9:00〜21:00　全年無休
- 🚕 同春市場搭車約10分鐘
- 英語OK
- 西湖周邊　▶MAP P.20 C-3

西湖炸蝦
9萬VND。

Ⓖ 蓮池

Ⓗ 河內西湖洲際飯店

西湖

西湖周邊有多處景觀勝地！
在Pan Pacific Hanoi飯店 ▶MAP P.20 C-3 20樓的「Summit Lounge」，河內街景盡收眼底。

194

河內最大的湖泊西湖。 　　　　　　　　　　　　　　　　　　　也有像Emporium Hanoi的時尚店鋪。

Hồ Tây 03
到「春捲街」品嘗隱藏版美食！

伍社街是越南春捲的發源地。街上春捲店林立。

當地春捲店
Pho Cuon Hung Ben C
Phở Cuốn Hưng Bền

位於伍社街上，中午坐滿前來用餐的當地居民。招牌菜越南春捲10萬VND。炸春捲8萬5000VND也頗受歡迎。

🏠 118 Trấn Vũ　☎ 091-676-4141
🕘 9:30～23:00　　全年無休
🚕 同春市場搭車約7分鐘
英語OK

西湖周邊　▶MAP P.21 E-1

Hồ Tây 04
在附近的觀光景點散步♪

西湖南側有胡志明陵寢、舊河內皇城的昇龍皇城遺址等歷史景點。時間充裕的話可以仔細參觀。

周遭綠蔭環繞的架高式木造住宅。

參觀越南國父的景點
胡志明故居 D
Nhà Sàn Bác Hồ

開放參觀胡志明從1954年住到1969年過世時的故居。以大池為中心建有過冬和避暑2座住宅。門票4萬VND。

🏠 1 Hoàng Hoa Thám　☎ 080-44287
🕘 7:30～11:00、13:30～16:00　　全年無休
🚕 同春市場搭車約12分鐘

西湖周邊　▶MAP P.21 D-1

B Banh Tom Ho Tay
A Hanoi Shouten Lakeside
C Pho Cuon Hung Ben
F 昇龍皇城遺址 >>>P.172
胡志明陵寢
E 胡志明陵寢 >>>P.173
D 胡志明故居

胡志明陵寢 E
>>>P.173
昇龍皇城遺址 F
>>>P.172

Hồ Tây 05
前往IG打卡熱點蓮池！ G

提供奧黛服租借拍照的蓮池頗受歡迎。門票5萬VND。

西湖周邊　▶MAP P.20 A-1

也很推薦西湖周邊飯店河內西湖洲際飯店>>>P.197　195

STAY

從豪華飯店到平價旅館！
入住人氣**特色**飯店

服務裝潢一流的超高級飯店、時髦精品旅店或CP值高的平價旅館等，比較過不同類型的飯店後，從中挑選喜歡的入住！

01 想住名門飯店！

以下是法國殖民時代興建的老字號飯店，及世界級貴賓曾蒞臨的高格調飯店等頂級飯店。

老字號飯店

1901年開業 河內的指標性飯店

★★★★★

各國首相也曾入住的優雅飯店

河內索菲特傳奇大都會飯店
Sofitel Legend Metropole Hanoi

有1901年興建，歷史悠久的大都會館（Metropole Wing），和現代化風格的歌劇院館（Opera Wing）等共300間客房。

- 🏠 15 Ngô Quyền
- ☎ 024-3826-6919
- 💰 776萬VND～
- 🚶 還劍湖步行約5分鐘
- URL www.sofitel-legend-metropole-hanoi.com/
- 刷卡OK　英語OK
- 還劍湖周邊　▶MAP P.19 C-5

飯店特色！
在Spa或酒吧度過優雅時光

面對泳池的酒吧「Le Club」，每天都有巧克力自助餐。非房客也能使用Spa。

❶中庭泳池。❷高格調大廳。❸大都會館客房提供愛馬仕盥洗備品及24小時待命的管家服務。❹殖民地風格Spa會館Le Spa du Metropole（→P.176）。

HOW TO

河內飯店近況
河內市中心聚集多家等級不同的飯店，選項豐富。可依預算或地點挑選。

高級飯店多位於郊區
離市中心有段距離的西湖周邊或還劍湖南側的法國區有多家高級飯店。

老城區多是平價飯店
別致精品飯店多聚集於老城區周邊。交通方便價格實惠。

湖面飯店
靜立於西湖上的奢華空間

★★★★★
推薦給長住旅客

河內西湖洲際飯店
InterContinental Hanoi Westlake

提供318間湖面客房、6家餐廳、戶外泳池和旅遊諮詢服務的五星級飯店。

- 5 Từ Hoa
- ☎ 024-6270-8888
- 447萬VND～
- 同春市場搭車約15分鐘
- URL hanoi.intercontinental.com/
- 刷卡OK　英語OK
- 西湖周邊　▶MAP P.20 B-2

1 湖畔夕陽絕景。**2** 提供古典、套間、行政3種客房。

飯店特色！
隱密水上別墅
設計時尚的越南風古典客房，皆附私人露天陽台，可欣賞寧靜的湖面風光。

知名市區飯店
在河內市中心的頂級高樓層飯店

3 運動區域也有室外游泳池。**2** 市景客房。**3** 現代高樓層飯店。

★★★★★
在便利市區的高級飯店

河內美利亞飯店
Melia Hanoi Hotel

共有306間客房，從客房俯瞰河內市區。附設全天候開放餐廳、亞洲料理餐廳和酒吧。

- 44 Lý Thường Kiệt
- ☎ 024-3934-3343
- 362萬1000VND～
- 還劍湖步行約8分鐘
- URL https://www.melia.com/ja/hotels/vietnam/hanoi/melia-hanoi
- 刷卡OK　英語OK
- 還劍湖周邊　▶MAP P.19 B-5

飯店特色！
頂級VIP客房「The level」
預訂「The level」客房，除了能使用私人休息室和延後退房，也提供加值服務。

値得推薦的五星級飯店還有Capella Hanoi▶MAP P.19 C-5、Hotel de l'Opera▶MAP P.19 C-5等。

河內　EAT　SIGHTSEEING　BEAUTY　SHOPPING　TOWN　STAY

197

STAY　入住人氣特色飯店

02
想住時尚市區飯店！

美麗的殖民地風格裝潢極具魅力。位於交通便利的老街區附近，還有餐廳或Spa等完善設施！

從20樓的室外泳池俯瞰老街區

★★★★★
殖民地風格建築很迷人
The Oriental Jade Hotel

融合古典與現代設計的優美市區飯店。可使用頂樓酒吧、餐廳和Spa。

- 92-94 Hàng Trống　☎ 024-3936-7777　279萬4000VND～
- 還劍湖步行約5分鐘
- URL theorientaljadehotel.com/
- 刷卡OK　英語OK
- 還劍湖周邊　▶MAP P.19 B-4

飯店特色！
高級套房
最豪華的總統套房150㎡大，且附湖景陽台。從浴室也可以享受美景。

1 從室外泳池俯瞰還劍湖。也有健身房。 2 有湖景及市景等多種客房選項。 3 餐廳品嘗得到現代越南料理，裝潢也很時尚。

藏身巷弄的殖民地飯店

飯店特色！
時尚
全天候餐廳
從早餐到夜晚小酌都提供的全天候餐廳，使用購自東南亞各地的餐具及擺設，相當漂亮。

★★★
共46間房的精品飯店
La Siesta Classic Ma May

裝飾著越南繪畫的古典裝潢極具魅力。所有客房備有迷你酒吧，還有全天候供餐的餐廳、Spa設施等。

- 94 Mã Mây　☎ 024-3926-3641　166萬VND～　同春市場步行約10分鐘　URL www.hanoilasiestahotel.com
- 刷卡OK　英語OK
- 老城區　▶MAP P.18 C-2

1 也有附浴缸的標準客房，精巧舒適。 2 典雅的用餐空間。 3 9～12點，60分鐘以上的Spa療程打75折。 4 豪華套房的露台。

198

03 CP值高的平價舒適飯店！

價格相對便宜，但設施齊全，服務品質好的人氣飯店。依地點或預算挑選吧。

新古典樣式的五星級飯店

1 大廳酒吧天花板挑高，掛著美麗吊燈。 2 外觀顯眼的古典式建築。 3 幾乎所有客房都能眺望還劍湖。提供24小時待命的大廳櫃台和客房服務。

飯店特色
行家才知道的頂樓酒吧
頂樓有私房景點泳池酒吧，開放給非房客使用。可同時欣賞到湖景和河內市景。

靜佇於還劍湖畔
Apricot Hotel ★★★★★

123間客房的浴室皆附浴缸。備有頂樓泳池、2間餐廳及酒吧。

- 🏠 136 Hàng Trống
- ☎ 024-3828-9595
- 💰 462萬VND～
- 🚶 還劍湖步行約1分鐘
- URL hyatt.com/en-US/hotel/vietnam/park-hyatt-saigon/saiph
- 刷卡OK 英語OK
- 還劍湖周邊
- ▶MAP P.19 B-4

附設賭場的豪華飯店
Pullman Hanoi ★★★★

從老城區搭車約10分鐘。寬敞的現代風客房，附客廳及女性化妝間。

- 🏠 40 Cát Linh（入口在61 Giang Vo）
- ☎ 024-3733-0688
- 💰 234萬VND～
- 🚶 文廟步行約10分鐘
- URL pullman-hanoi.com/
- 刷卡OK 英語OK
- 文廟周邊
- ▶MAP P.16 C-2

共21間客房的精品飯店
Hanoi E Central Hotel ★★★★

備有越南餐廳及Spa設施。頂樓面積65m²的閣樓套房附露台。

- 🏠 18 Lò Sũ
- ☎ 024-3935-1616
- 💰 104萬VND～
- 🚶 同春市場步行約15分鐘
- URL www.hanoiecentralhotel.com/
- 刷卡OK 英語OK
- 老城區
- ▶MAP P.18 C-3

殖民地風格的老城區飯店
Hanoi Pearl Hotel ★★★★

客房裝潢典雅，有多國籍菜色餐廳，提供輕食的咖啡館酒吧及24小時客房服務。

- 🏠 6 Bảo Khánh
- ☎ 024-3938-0666
- 💰 117萬VND～
- 🚶 還劍湖步行約2分鐘
- URL www.hanoipearlhotel.com/
- 刷卡OK 英語OK
- 還劍湖周邊
- ▶MAP P.18 B-3

附設越南餐廳
Hanoi Emerald Waters Hotel & Spa ★★★★

推薦附浴缸的套房或家庭房。早餐除了自助餐外也有單點菜色。

- 🏠 47 Lò Sũ
- ☎ 0967-853-523
- 💰 127萬VND～
- 🚶 同春市場步行約15分鐘
- URL www.hanoiemeraldwatershotel.com/
- 刷卡OK 英語OK
- 老城區
- ▶MAP P.18 C-3

Hanoi Emerald Waters Hotel在同一條街上也有姐妹店，附設人氣EF Spa。

跟團一日遊
from 河內

世界遺產！
神祕的下龍灣
美景之旅！

世界遺產

距離河內約170km的下龍灣風景名勝，平穩的翡翠海面上散布著無數石灰岩島嶼。和水墨畫名地中國桂林齊名，有「海上桂林」之稱。搭遊船就能欣賞奇石連綿的絕景，吸引全球觀光客到訪。

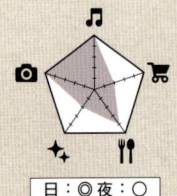

搭遊船觀光

日：◎ 夜：○

除了洞窟探險等觀光行程外，還能在船上享用新鮮海產。

河內出發
河內搭車 約2～4小時

1 眾多遊船交會的下龍灣。 2 從遊船上近距離觀賞奇石。 3 進鐘乳石洞探險，感受大自然的奧妙。 4 旅客如織的下龍灣遊船碼頭。

位於大型島嶼上的巨大鐘乳石洞，可登島參觀！

🪷 HOW TO 下龍灣遊船指南

▶ 11～3月
　是旺季
氣候穩定的冬季是遊客最多的時段。白天溫度約20℃左右，需攜帶外套。

▶ 最好跟團
必須從河內搭車（一般道路約4小時）過來，有接送服務的旅行團最方便。

▶ 要有遇上多雲天氣
　的覺悟！
下龍灣常是多雲天氣，晴天很珍貴。多雲時的景致宛如水墨畫般神祕。

▶ 雖然一日遊居多，
　也可以過夜
通常是中午前出發，傍晚回來的一日遊客輪。不過，也有可過夜的豪華客船。
　　　　　　　　　　>>>P.205

經常是多雲的天氣

WHAT IS 下龍灣

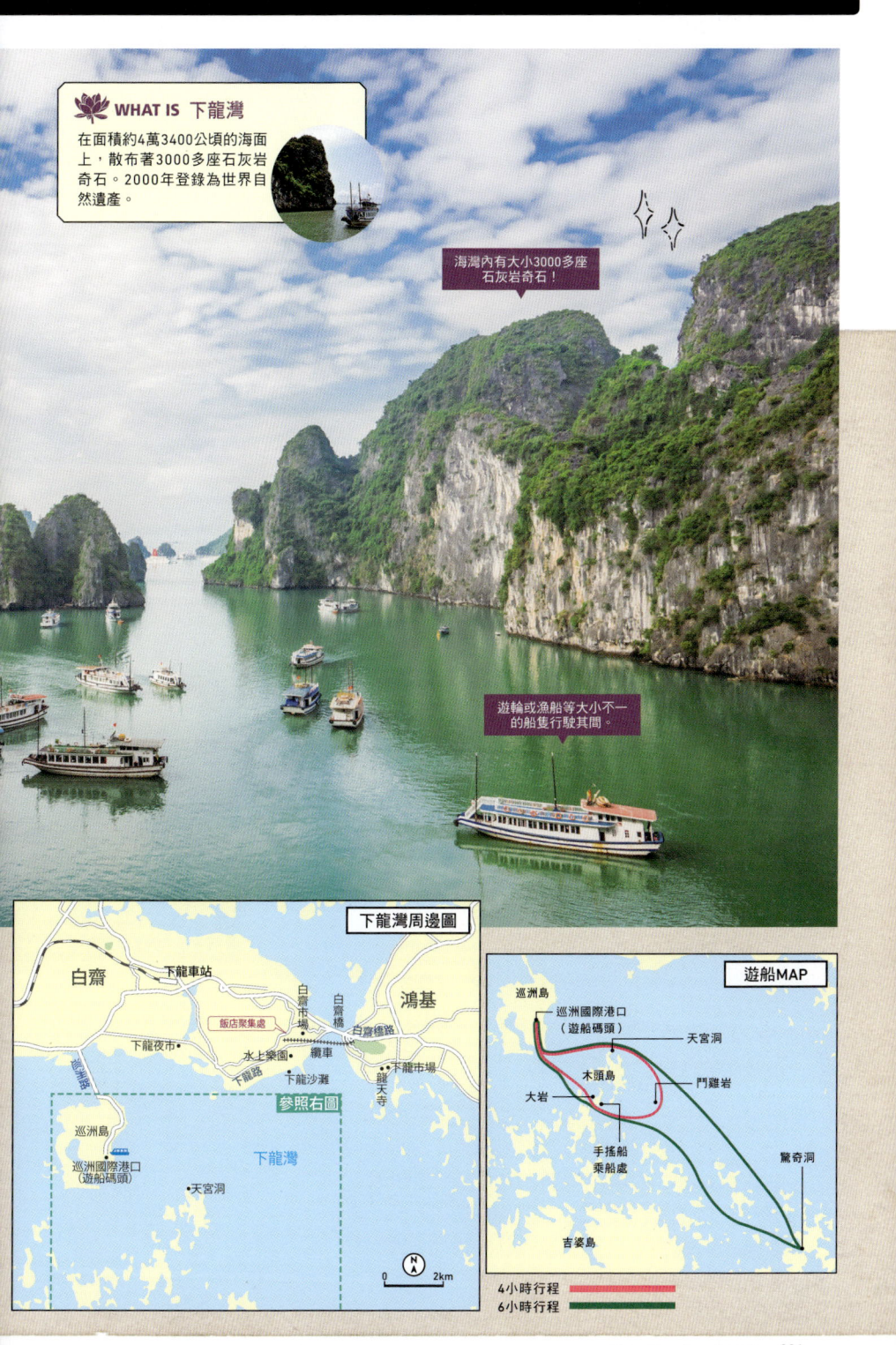

在面積約4萬3400公頃的海面上，散布著3000多座石灰岩奇石。2000年登錄為世界自然遺產。

海灣內有大小3000多座石灰岩奇石！

遊輪或漁船等大小不一的船隻行駛其間。

下龍灣周邊圖

白齋　下龍車站　飯店聚集處　白齋市場　白齋橋　鴻基　下龍夜市　水上樂園　纜車　白齋極路　下龍路　下龍沙灘　龍天寺　下龍市場　參照右圖　巡洲島　巡洲國際港口（遊船碼頭）　下龍灣　天宮洞

2km

遊船MAP

巡洲島　巡洲國際港口（遊船碼頭）　天宮洞　木頭島　鬥雞岩　大岩　手搖船乘船處　驚奇洞　吉婆島

4小時行程
6小時行程

Short Trip_from Hà Nội　201

世界遺產！神祕的下龍灣美景之旅！

Hạ Long 01
下龍灣一日遊，出發！

參加旅行團的話，來回都有專車接送，導遊也會幫忙訂船票，比較輕鬆。一早從河內出發，觀光並在船上用餐，傍晚回到河內。

搭高級雅典號出發！

有隨行導遊。

參加這團！
下龍灣遊船一日遊
附船票和午餐。享受一整天的下龍灣之旅。

- 需時 10小時30分鐘
- 費用 US$100～（1人成團US$270～）
- 包含 英語導遊、午餐、遊輪船票

8:30	河內出發
↓	在河內市區的指定飯店或是旅行社辦公室上車。
12:30	**抵達下龍灣**
↓	中間停一站休息站，再到下龍灣。走平面道路約4小時。
12:40	**船上用午餐**
↓	採同桌分食大盤菜的形式。飲料費用另計。
14:00	**體驗手搖船**
↓	換坐小型手搖船，繞行奇石包圍的小灣。
15:00	**進鐘乳石洞**
↓	上木頭島，到石灰岩形成的巨大鐘乳石洞內探險。
17:00	**遊船結束**
↓	可上甲板或在船內休息，返回港口。搭巴士回河內。
19:00	**回到河內**
	回程走高速公路約2小時。在指定飯店或旅行社辦公室解散。

🕗 08:30
在河內市區飯店上車
搭附空調&Wi-Fi的巴士出發。座位寬敞舒適。

坐這輛巴士出發。

🕙 10:00
抵達休息站
到附設餐廳及伴手禮店的休息站上廁所&喝飲料。

🕛 12:40
出港並用午餐
用餐時4～6位共桌。船上有空調，就像餐廳般舒服。也有頂樓甲板區。

好像餐廳。

大快朵頤一番…

CHECK!
午餐是**豪華海鮮大餐**
大份量菜色上桌，再夾取分食。附甜點，份量十足。

1. 湯品
2. 蒸蝦 

香茅風味

202　Short Trip_from Hà Nội

⏰ 12:30
抵達下龍灣！
抵達下龍灣玄關港都白齋。坐車到巡洲島上的遊船碼頭。

\ 到碼頭了！ /

\ 一整排紀念品店。 /

領取船票上船！
碼頭邊停了很多艘遊船。跟導遊領取船票後過閘門上船。

\ 這就是入場券。 /

CHECK!
今天搭這艘船！
搭現代&漂亮的雅典娜遊船號，來趟小奢華之旅。

\ 窗外美景。 /

拇指岩
發現如豎起的大拇指般細長的岩石！因海蝕自然形成的景致。

鬥雞岩
因為造型貌似2隻雞對望，便稱鬥雞岩，又叫夫妻岩。

CHECK!
不要錯過名石
用鏡頭捕捉地標鬥雞岩等大自然創造的美麗奇石。

接下頁！→

❸ 烤牡蠣 \ Q彈可口！/
❹ 炸白肉魚餅 配米線
❺ 蓮梗沙拉 附檸檬鹽。
❻ 炸春捲 超辣
❼ 螃蟹炒蔬菜
❽ 炸魚 附飯

Short Trip_from Hà Nội 203

世界遺產！神祕的下龍灣美景之旅！

續上頁！

繞奇石群一圈♪

🕒 14:00
搭手搖船進奇石洞穴

抵達浮在海面上的乘船處。換坐當地水上人家搖槳的小船。近距離地觀賞奇石並繞行岩石包圍的海灣一圈。

CHECK!
水上村莊舊址
曾是水上人家的生活區，建有住家及學校。雖然村莊已拆除，但船頭等地仍有人居住。

小狗也住在水上。

🕒 15:00
鐘乳石洞探險！

此行重點是前往木頭島上的天宮洞！進入歷時數千年形成的天然鐘乳石洞內參觀。

CHECK!
涼爽的洞內
就算是夏天石洞內的氣溫也在20℃上下。地面濕滑小心行走。

爬上100層階梯。

洞穴外的斷崖是觀景勝地！

🕒 16:00
回到船上吃點心

參觀完洞穴後回到船上享用生春捲或蓮子等點心。

🕒 17:00
下船

回港口前是船上的自由活動時間，可以到船頂甲板欣賞風景等。

🕒 19:00
返回河內

搭遊覽車回河內。回程走高速公路約2小時。

204　Short Trip_from Hà Nội

還有更多！在下龍灣還能玩什麼？

2 走遠一點 前往港都海防

殖民地建築的劇院是城市地標。

從下龍灣搭車約1小時的港都。也可以從河內坐火車過來，體驗極具魅力的地方之旅。

外觀可愛的海防車站。

參加這團！
下龍灣＋海防之旅
Ha Long Bay & Hai Phong Tour
>>> 別冊 P.25

傳說有神龍降臨的龍天寺。

1 前往下龍灣周邊小鎮 鴻基島

下龍灣附近的小鎮，境內有多家飯店，相當熱鬧。到海港市場或當地景點玩吧。

名產炸花枝餅。

面海的下龍海鮮市場。

當地名菜螃蟹紅河粉。

3 從天空俯瞰下龍灣 水上飛行團

搭Cessna小飛機從上空繞行下龍灣，約30分鐘的天空之旅。有重量限制，起霧等氣候不佳時停飛。

參加這團！
Hai Au Halong Tour
☎ 093-599-9886
💴 25〜195萬VND
刷卡OK 英語OK

比搭船更快繞行廣闊海灣一圈。

附室外按摩浴缸的套房！

搭大型郵輪出發！

4 在下龍灣過夜！ 2天1夜的遊輪

豪華遊輪上設有餐廳、酒吧和寬敞的客房。賣點是能欣賞到比一日遊更雄偉的下龍灣風光。

參加這團！
Hermes Cruise
☎ 03-7274-8668 💴 620萬VND〜
刷卡OK 英語OK

Short Trip_from Hà Nội 205

搭車一日遊
from 河內

在恬靜的陶瓷重鎮購物
到陶瓷重鎮缽場
大量採購越南陶瓷！

享受購物＆散步之樂

日：◎夜：△
在恬靜的村莊內漫步逛街。

從河內過來
河內老城區 🚗 搭車約30分鐘

缽場是離河內車程僅30分鐘的工藝村。是人氣伴手禮「缽場陶瓷」的產地，村莊有附設工房的專賣店及陶器市場，可以悠哉地散步逛一圈。

Bát Tràng 01
到品項豐富的
專賣店物色
缽場陶瓷！

街上工匠作坊兼商店櫛比鱗次。在設計及造型多變的大型陶瓷店，也有適合送禮的缽場陶瓷小物件，建議一次買齊。

這能參觀工作室。

到有4層樓的大型店面採購！

正在上色。

Ⓐ Bat Trang Conservation
Bát Tràng Conservation

1～2樓是日常餐具，3樓是骨董。4樓是開放參觀的工作室。

🏠 67, Xóm 6, Giang Cao　☎ 090-417-5171
🕗 8:00～20:00　🗓 全年無休　🚗 市場搭車約7分鐘　刷卡OK
缽場　▶MAP P.2 B-2

配色柔和美麗
Ⓑ Trung Thanh Ceramic

店內陶器即便是紅、藍、綠等基本色，也用色清淡，呈現陶土質感。

🏠 204 Giang Cao　☎ 094-546-3436
🕗 8:00～20:00　🗓 全年無休　🚗 市場搭車約5分鐘　刷卡OK
缽場　▶MAP P.2 B-2

Bát Tràng 02
到陶瓷街散步

悠閒地散步。

缽場村車流量少，氣氛恬淡開放。九成村民從事陶瓷生產相關產業，街上工房兼商店林立。

（左）商店林立的馬路。（右）搬運缽場陶瓷原料的工匠。

Bát Tràng 03
到當地市場
散步挖寶！

市場內的缽場陶瓷主要是陶甕等大型物品，仔細找的話說不定會挖到只要專賣店半價的餐具。

還能體驗陶藝手作。

琳瑯滿目的缽場陶瓷。

206　Short Trip_from Hà Nội

缽場陶瓷專賣店
人氣商品大公開♪

除了茶餐具外，還有擺飾等各色品項。
餐具的尺寸、顏色和圖案都不一樣，種類豐富到令人眼花撩亂。
可用越南盾或美元付款！

圓盤
US$ 20 Ⓐ
平盤圖案是游泳的魚群。也有深盤。

茶壺
US$ 60 Ⓑ
茶壺托盤組。也有成套的杯具。

杯盤組
US$ 15 Ⓐ
成套的茶杯加托盤。

小碟
US$ 10 Ⓐ
心形&菊花紋基本款。可以放飾品等。

圓盤
US$ 15 Ⓑ
小鳥圖案基本款。適合當分菜盤。

置物盒（小）
US$ 5 Ⓐ
蓮花圖案的附蓋置物盒。可以放藥等。

方盤
US$ 20 Ⓐ
雙色蓮花圖案。從小盤到大盤都有，照片是中盤。

調味料罐
US$ 30 Ⓑ
裝醬油或鹽的調味料罐。套件含托盤。

方盤（小）
US$ 10 Ⓐ
色調柔和。尺寸從大到小都有，照片中是小盤。

籃子
US$ 15〜 Ⓐ
陶瓷搭配藤編的籃子。可以放水果或點心。

茶杯組
US$ 70 Ⓑ
中國茶專用的小茶杯及托盤組。也有花色相同的茶壺。

調味料罐
各US$ 5〜 Ⓐ
人形調味料罐。2個面對面擺在一起就像擁抱的姿勢。

Short Trip_from Hà Nội

越南之旅 Info
只要5個步驟，就能從容出國，平安回國

台灣前往越南需要簽證，目前可以透過電子簽證或落地簽證的方式入境。電子簽證有效期限可長達90天，並可多次入境，申請流程可在網路上完成。落地簽證則需先向旅行社申請許可函，抵達越南後再辦理。

台灣 ⇒ 越南

機場樓層圖請參閱別冊P.22！

STEP 1　抵達
飛機降落後依照機場指示圖往入境檢查櫃台前進。如需轉乘請至轉機櫃台。

台灣直飛越南的航班
台灣有多家航空和廉航班機直飛越南，停靠胡志明市、河內、峴港和富國島的國際機場。順化雖然沒有直達航班，仍有國際機場。

STEP 2　入境檢查
在寫著「All Passport」的櫃台前排隊。出示護照和回程機票（電子機票）。沒有回程機票可能無法入境。

STEP 3　領取行李
到托運行李提領處。確認告示牌上搭乘航班的行李轉盤號碼後，領取行李。

行李沒出來？
到櫃台出示托運行李時領取的行李牌，請工作人員幫忙找。因轉乘時來不及更換行李等因素，造成行李未到機場的情況很少見。可以留下姓名及飯店請他們寄到飯店。

STEP 4　關稅審查
如攜帶超過下列免稅範圍的物品，請在海關櫃台填寫申報單。不須申報的話拿著行李通過X光檢查後走向出口。

越南入境條件

簽證
台灣前往越南需要簽證，可以透過電子簽證或落地簽證的方式入境。電子簽證有效期限可長達90天，並可多次入境，申請流程可在網路上完成。落地簽證則需先向旅行社申請許可函，抵達越南後再辦理。

護照有效日期
入境時還有6個月以上。

STEP 5　往出口
入境大廳有換匯櫃台、ATM、旅遊諮詢處或餐廳等。一走出建築物就是計程車招呼站和巴士站。離開機場的交通方式請參閱P.210。

入境越南時必須申報的物品

現金、貴金屬	US$ 5000或等值外幣、1500萬VND以上的越南盾、300g以上的黃金。
酒	酒精濃度未滿22度的酒2L以上，或22度以上的酒1.5L以上，啤酒等酒精飲料3L以上。
香菸	香菸400根以上、雪茄100根以上、或菸草500g以上。
其他	CD播放器、攝影機、電腦等超過500萬VND的物品、錄影帶。

帶入機艙內NG

禁止帶入&帶出物品
✘ 毒品　✘ 毒藥　✘ 爆裂物
✘ 槍　✘ 成人雜誌　✘ 骨董
✘ 成人錄影帶或DVD等
✘ 批判社會主義的印刷品或影片

攜帶液體登機NG
裝入100ml（g）以下的容器，放進容量1L以下的透明夾鏈袋（最好是長20cm以下✕寬20cm以下的大小）。除此之外，請放入行李箱托運。另外，出境手續完成後才購買的化妝品、酒等液體不在此限。不過，如果要在有限制攜帶液體的國家轉機時，在機場可能會被沒收，請詢問搭乘的航空公司。

越南 ⇒ 台灣

STEP1　免稅手續
購買商品達免稅條件的話，可到寫著「Tax Refund」的櫃台辦手續。在機場的出境檢查結束後也有櫃台。

⇩

STEP2　Check in
到航空公司櫃台辦理登機手續，托運行李。人多的話建議上網報到或利用自助報到機。

⇩

STEP3　出境檢查
在出境檢查櫃台出示護照和登機證，沒問題的話就會蓋上出境章。有時會先檢查手提行李。

⇩

STEP4　檢查隨身行李、海關
在安檢區接受隨身行李X光檢查和人身檢查。如攜帶超過下列免稅範圍的物品，必須到海關申報。

⇩

STEP5　登機
到登機證上記載的登機門等待。候機處有餐廳、禮品店或酒吧等。從優先登機乘客開始，接著是一般乘客依序上機。

免稅手續的方法
符合下列條件的話，就可獲退購物時支付的增值稅（VAT）。目前機場設有附加價值稅退稅櫃台（VAT Refund counter）的是胡志明市新山一國際機場、河內內排國際機場、峴港國際機場、富國國際機場等5座機場和3座港口。

STEP1　購物時填寫文件
在可以辦理退還增值稅手續的退稅認證店購買商品。付款時出示護照拿取增值稅退稅單兼發票。

⇩

STEP2　在機場出示文件申請
自商品購入30天內，到機場的增值稅退稅櫃台申請。出示上述文件、護照、發票和未使用的購買商品。

⇩

STEP3　領取退稅金額
現場領回現金（越南盾）。無法退還外幣。

〈退稅條件〉
- 持有越南以外的護照。
- 未使用且能帶入飛機的增值稅商品。
- 未列入限制進口商品單的商品。
- 持有自出境起30天內開具的增值稅退稅單兼發票。
- 同一天在同一家店購買200萬VND以上的商品。

剩下的越南盾怎麼辦？
越南盾換回台幣的匯率很差，不建議這麼做。機場有餐廳及禮品店，就把剩下的越南盾花光吧。有時美元的匯率比較好可以確認看看。

回國時主要的免稅規範

酒類	酒精成分物品1公升1瓶。
香菸	200支香菸或250克菸草商品。
其他	非屬管制進口物品且已使用過之行李物品（菸酒除外），其單件或1組之完稅價格在新臺幣1萬元以下者，准予免稅。前項以外其他行李物品（管制進口物品及菸酒除外）總值在完稅價格新臺幣3萬5千元以下者，仍准予免稅。非屬本人自用家用之行李物品、旅客有明顯帶貨營利行為或經常出入境且有違規紀錄者，不適用免稅規定。

托運行李的重量限制
托運行李的重量規定，依各航空公司或座艙等級而異。越南航空的話，經濟艙可免費攜帶2個23kg的行李。航空公司也有規定帶入機內的手提行李件數，請事先確認清楚。

關於網路報到
因為航空公司的櫃台經常擠滿人，事先上網辦理報到手續比較方便。登錄訂位代號也能劃位。報到完成後，再到托運行李櫃台排隊吧。

在自動報到機輸入訂位代號並掃描護照條碼後，就會自動印出登機證。

越南之旅 Info

移動方便！越南的國內交通

先是機場到市區的交通方式。雖然搭計程車比較貴，但可以直接到達目的地，是最方便的工具。在都市間移動主要搭飛機。若想體驗在地氣氛也有火車或長途巴士可選。

從機場到市區

胡志明市

一出機場就是計程車招呼站，幾乎不用等就有車坐。想省錢的話可以搭巴士。

計程車

需時 ▶ 約20分鐘　費用 ▶ 約15萬VND～

在計程車招呼站，有各家車行員工依序引導乘客搭車。除了上述金額外還要多付1萬VND的機場排班費。

巴士

需時 ▶ 約35～45分鐘　費用 ▶ 7000～2萬VND

乘車站牌就位於機場出口前。可搭109號、152號的路線巴士前往市中心。費用是7000～2萬VND。

峴港

峴港機場離市中心很近只有3km。沒有巴士，主要搭計程車或摩托計程車。

計程車

需時 ▶ 約10分鐘　費用 ▶ 約5～10萬VND

機場外的計程車招呼站有寫到各主要度假飯店的參考價。機場排班費是1萬VND。

到會安的接駁巴士

需時 ▶ 約1小時　費用 ▶ 約15萬VND

「Hoi An Express」行駛於機場和會安市區間。需上官網或請旅行社預訂接駁。

河內

主要搭計程車或機場小巴士。也有到河內車站的路線巴士。

計程車

需時 ▶ 約40分鐘　費用 ▶ 約30萬VND～

從機場外的招呼站上車。這裡聚集多家計程車公司，建議選Mai Linh Taxi或Taxi Group。機場排班費是1萬VND。

機場小巴士

需時 ▶ 約1小時　費用 ▶ 約4萬VND

由航空公司經營，連接機場和市區的巴士。停靠站依公司而異，上車再付錢。

注意事項

▶ **小心白牌車**

機場附近也有車體沒印公司名稱、沒設計價表卻在攬客的違法計程車。常發生司機索取高額車資、或擅自從乘客錢包拿取紙鈔等紛爭。

▶ **不要弄錯位數**

越南盾的紙鈔上有很多零，有些惡劣的計程車司機會騙剛到越南、尚未熟悉當地貨幣的旅客。參考上述金額，不要多付一位數的車資。

善用飯店接駁車

如果投宿的飯店有接送服務，訂房時提出要求就會有人拿著名牌到機場接機。價格比計程車貴，卻最安全。

都市間的交通

飛機 AIRPLANE

以越南航空為首的數家航空公司在越南各地都有經營國內航線。每天都有不少航班,相當方便。

航班速查表
※以越南航空為例。每個季節不同。

出發地	目的地	需時	班次
胡志明市	河內	約2小時	1天約30班
	峴港	約1小時25分鐘	1天20～25班
	順化	約1小時25分鐘	1天5班
河內	峴港	約1小時20分鐘	1天約30班
	順化	約1小時10分鐘	1天3班

注意事項

▶ **提早到機場**
即便是國內線,也要提早1個小時以上到機場。因為航空公司櫃台常擠滿人,早一點到才有充裕的時間托運行李。

▶ **注意航班延誤**
越捷航空或捷星太平洋航空等廉價航空也有飛行國內線,但經常發生延誤狀況。

交通時間參考標準
- Ⓐ 河內⇄胡志明市 ✈ 約2小時
- Ⓑ 河內⇄順化 ✈ 約1小時10分鐘
- Ⓒ 河內⇄峴港 ✈ 約1小時20分鐘
- Ⓓ 順化⇄峴港 🚗 約2小時30分鐘
- Ⓔ 峴港⇄會安 🚗 約45分鐘
- Ⓕ 峴港⇄胡志明市 ✈ 約1小時20分鐘
- Ⓖ 順化⇄胡志明市 ✈ 約1小時25分鐘

火車 TRAIN

利用縱貫越南,連接胡志明市～河內的南北鐵路。也能坐到峴港、順化。

西貢車站
Ga Sài Gòn
▶ MAP P.6 A-2

河內車站
Ga Hà Nội
▶ MAP P.19 A-5

▶ **購買車票**
直接到越南國鐵售票處或車站(須出示護照)購票。也可以請旅行社代訂,但會收取手續費。

▶ **參考時間・費用**
從西貢車站(胡志明市)坐到河內車站約30小時。費用依座位等級而異,約45萬～150萬VND。

巴士 BUS

路網涵蓋地方小鎮。有中、長途或臥鋪等當地巴士、旅行社遊覽車等。

▶ 地方巴士
- 優點:有數家公司經營,有些車種服務好且舒適。價格便宜。
- 缺點:治安欠佳,小心扒手或順手牽羊等狀況。有些司機不會講英語。

▶ 團體巴士
- 優點:旅行社經營預約方便。每天開往主要景點。
- 缺點:前往景點途中下車、半路拆團等情況比較複雜。

從峴港國際機場到會安古鎮搭計程車的話,車程約30分鐘,車資40～50萬VND。

越南之旅 Info

越南各地皆通！主要地區的市內交通

胡志明市、河內、峴港等主要城市間的交通工具都是計程車、摩托計程車或巴士等。雖然以計程車最方便常見，不過也可視目的地距離或現況搭乘不同交通工具。

計程車 TAXI

費用▶起跳價 1萬～1萬5000VND
推薦度 ★★★
安全性 ★★★

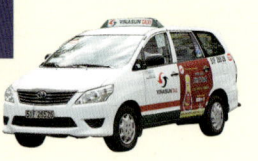

計程車採跳表制。MAILNH、VINASUN、TAXI GROUP等公司的車子少有紛爭發生。用計程車公司的App（>>>P.216）也可以叫車。

參考標準價

胡志明市
▶ 機場 → 市民劇場 約15萬VND
▶ 市民劇場 → 濱城市場 約5萬VND
▶ 市民劇場 → 草田區 約15萬VND

河內
▶ 機場 → 河內大教堂 約30萬VND
▶ 河內大教堂 → 昇龍皇城遺址 約3萬VND
▶ 河內大教堂 → 西湖南岸 約12～14萬VND

注意事項

準備小額紙鈔
拿50萬VND付款時，會遇到無法找零的狀況。最好準備1萬～5萬VND的紙鈔。

去掉零頭
尤其是短程載客，通常以1000VND為計價單位。

乘車方式

① 舉手攔車
和台灣的搭法幾乎一樣。想攔車時，就到計程車招呼站或馬路邊招手。也可以請飯店或餐廳幫忙叫車。

② 告知目的地
自己開門上車。告知目的地時，如果擔心說錯可以拿出寫好地址的紙條。有很多司機不會講英文。

③ 確認計費表
如果計費表沒有動作，通知司機啟動。須注意不跳表計費的計程車可能會亂開價。

④ 付錢
車資顯示在計費表上。通常會省略掉3個0。若顯示小數點以下的數字，3.5就是3萬5000VND。

摩托計程車 MOTOBIKE TAXI

費用▶2萬VND/1km（參考價）
推薦度 ★★
安全性 ★★

坐在摩托車後座抵達目的地。路邊半躺在摩托車上的人就是司機。以議價的方式成交。

▶ **時有紛爭**
就算先講好價格，有些司機也會之後再索取高價。

備受歡迎的叫車軟體 Grab App
可以叫附近的計程車。還能線上付款，價格也比一般計程車便宜。

用法
① 下載App並註冊。
② 打開地圖，輸入現址和目的地。
③ 選擇 Just Grab（也可以選擇表計程車）
④ 確認車資和派車時間，點選 BOOK。
⑤ 確認司機照片、車種和車號後在原地等。
⑥ 車子來了上車。選擇付現的話就下車時付費。

巴士 BUS

費用 ▶ 1次7000VND～
推薦度 ★★
安全性 ★★★

當地人常坐的路線巴士。路網遍及胡志明市內，相當方便。因為路線不好辨認，適合經驗豐富的旅客。

乘車方式

1 在站牌等車

站牌上寫有路線號碼及目的地。胡志明市濱城市場附近的站牌，是有電子看板的巴士總站。

2 上車付費

從前門上車並付費。把錢交給司機或車掌人員，領取乘車券。請備好小額紙鈔。

3 按下車鈴

車內有空調或電風扇相當舒適。要下車請在到站前按鈴通知。若下車鈴故障請告知司機。

4 從後門下車

下車時不會回收乘車券，巴士停好後從後門下車。順帶一提，在越南有讓位給老人的習慣。

▶ **有些巴士只有越南語廣播**

雖然某些巴士有英語廣播，但不知道該在哪站下車時可以問司機，或是透過智慧型手機的GPS App確認所在位置。

寫有車資的巴士乘車券。

人力三輪車 CYCLO

費用 ▶ 10～12萬VND/1小時（參考價）
推薦度 ★★
安全性 ★★★

人力計程車。車資採議價制，除了上述費用外可再多給5萬VND的小費。

▶ **小心議價紛爭**

司機有時會有索取高價，或繞遠路等惡劣行為。也要小心硬拉客人的情況。

包車 CHARTER CAR

費用 ▶ 4小時 US$ 50～（參考價）
推薦度 ★★★
安全性 ★★★

方便前往郊區的工具。可以請當地旅行社安排。也能事先上網預約。

其他交通工具

租機車 RENTAL MOTOBIKE

50cc以下的機車不需要駕照。油費另計1天約10萬VND。因為沒有保險，發生事故時的風險較大。

租單車 RENTAL CYCLE

雖然數量少，但可以跟飯店或街上的單車店租車。價格1天約2萬VND。

計程車費依車行而異，不過行情是在市區移動5～10分鐘約3～6萬VND（34～68台幣）。

213

| 越南之旅 Info | # 聰明&省錢遊越南
認識越南用錢規則 |

幣值小的越南盾,在尚未用慣前很難計算。
事先了解一般物價行情,留意不要多付錢。
出發前也要查清刷卡或ATM提領現金等的使用攻略。

越南的貨幣和匯率

當地貨幣是越南盾(VND),有些飯店可用US$交易。

1 VND越南盾 ≒ 0.0011新台幣

(2025年7月資料)

紙鈔
市面上幾乎看不到100、200、500VND。

- 50萬VND
- 20萬VND 
- 10萬VND 
- 5萬VND 
- 2萬VND 
- 1萬VND 
- 5000VND 
- 2000VND 

硬幣
雖然有200、500、1000、2000、5000VND的硬幣,但幾乎不再使用。

rule 1 確認物價

近年來隨著經濟發展越南的物價也跟著上漲。話雖如此,還是比台灣便宜一半以上,所以平價的小奢華旅行讓越南極具魅力。當地人去的商店或餐飲店收費便宜,以觀光客為對象的就比較貴。

礦泉水500ml
5000～8000VND
(超市、便利商店)
約5～10台幣

越南咖啡
1萬VND～
(街頭咖啡館)
約11台幣

罐裝啤酒(330ml)
1萬2000VND～
(超市、便利商店)
約14台幣

河粉
6萬VND～(餐館)
約68台幣

按摩
20萬VND～
約230台幣

計程車起跳價
1萬～1萬5000VND
約12～17台幣

rule 2 到哪裡換匯

在越南因為台幣比較值錢,到當地拿台幣換越南盾的匯率比較好。相反地在台灣換匯的匯率就很差。建議先在當地機場換小額現金,再到街上匯率好的換匯店換錢。

匯率好壞順序

街上的換匯店 — 好
↕
當地機場
↕
台灣機場 — 壞

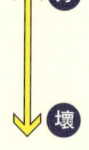

214

POINT 常常需要用現金付款，
可以使用電子支付App嗎？

在越南已普及使用Viettel Pay、MoMo、AirPay等電子支付App，但需要綁定越南銀行帳戶，所以旅客無法使用。在連鎖咖啡館或便利商店等可以使用信用卡的地方逐漸增加，但在咖啡館或便利商店結帳時經常只有幾十台幣的小金額，因此最後用現金付款的情況較多！

rule 3 刷卡方便

不用隨身攜帶現金，就不擔心被偷或遺失。主要使用VISA、Mastercard、Amex，飯店、以觀光客為主的商店或餐廳等很多地方都能刷卡，相當方便。不過，也會發生刷卡機故障無法使用等越南才有的狀況。結帳時需要PIN碼和簽名。事先記下卡片號碼和發卡金融機構的聯絡方式，萬一被偷或遺失時就能派上用場。

rule 4 花光越南盾

剩下的越南盾再換回台幣的匯率很差，相當划不來。建議搭配信用卡每次只換小額現金，回國前在機場餐廳或伴手禮店把現金花光。

▶ 菜單上
　常會省略000
在餐廳菜單或Spa目錄上、商店標價常會省略3個0。另外，有些地方用「k」來代表000，寫100k就是10萬VND，也就是約113台幣。

▶ 在餐廳或飯店
　要付服務費
有些地方已經先加上服務費，但是在餐廳或飯店，要多付消費金額的10〜20%。有付服務費時，不用給小費。

rule 5 在ATM領錢

用信用卡提領現金時需要支付手續費。時有機械故障等狀況發生，因此利用銀行附設的ATM比較放心。

用法

1 插入卡片
寫有「Visa」或「Plus」字樣的ATM就能領錢。將信用卡插入機器就會自動進入交易畫面。

2 選擇語言
雖然畫面顯示的是越南語，但也有英語或法語等選項。也會有中文可選。選好語言後按確定。

3 輸入PIN碼
輸入刷卡時使用的4位數密碼。不知道密碼的話出發前請在國內確認清楚。

4 選擇交易內容
在交易內容選擇畫面上選取CASH WITHDR-AWAL（提款），在下一個提款帳號畫面上選取CREDIT（信用卡）。

5 選擇金額
從50萬〜150萬VND的選項中選取金額。若想提領其他金額請選取OTHER，再輸入金額。收取現金和交易明細表。
※操作方法依機器而異。

● 海外ATM單字表

戶頭	ACCOUNT	存款	SAVINGS
金額	AMOUNT	交易	TRANSACTION
修改	CLEAR	匯款	TRANSFER
支付	DISPENSE	提款	WITHDRAWAL

在ATM提領旅遊預付卡或簽帳卡上的錢時，請於提款帳號的選擇畫面上點選SAVINGS（存款）。

越南之旅 Info

出發前安裝好！旅行必備的App

國外與便利的台灣不同，有時會發生意料之外的事。運用方便的App享受更順暢的旅程吧！雖然也有可離線使用的App，但連接網路（→P.219）會比較安心。

☆…推薦指數

住宿

● **Agoda** ☆☆☆
網羅全世界飯店的訂房網站App。除了飯店以外也可預訂機票。

● **Expedia智遊網** ☆☆☆
內含豐富大量的飯店資訊。除了可以預訂飯店和機票，也有App限定折扣。

交通

● **Google Map** ☆☆☆
可以離線使用。除了搜尋路線外，也能用於搜尋飯店‧餐廳。

● **Grab** ☆☆☆
在越南廣泛普及使用的叫車App。旅客也可輕鬆使用。詳情參閱→P.217。

● **Vinasun Taxi** ☆☆
能叫到大量計程車集團Vinasun的計程車。有預測等待時間等豐富功能。

● **Taxi Mai Linh** ☆☆
越南代表性的Mai Linh 計程車App。留有乘車紀錄，也提供乘車後協助。

語言

● **Google翻譯** ☆☆☆
可將文本從中文翻譯成越南文。在無法使用英語時運用吧。

● **Google Lens** ☆☆☆
將文字拍成照片，可自動判斷語言種類後翻譯成中文。

● **學越南語,說越南語** ☆☆
越南語學習App。聽力功能可以輕鬆學習日常對話。

行程‧導覽

● **Tripadvisor** ☆☆☆
刊登許多飯店、餐廳、觀光景點的評價。在挑選店家時使用。

● **kkday** ☆☆☆
可預訂當地行程、活動、交通運輸的票券等。

● **Klook** ☆☆☆
可預訂飯店、活動、餐廳。有時可使用App限定優惠券。

社群媒體

● **Facebook** ☆☆☆
很多越南人使用。請到餐廳的帳號確認營業日及所在位置。

● **Zalo** ☆☆
越南版的LINE。當店家有官方帳號就可以傳訊息詢問。

外幣

● **旅行用一換匯計算機** ☆☆☆
台幣⇄外幣的換匯計算App。能以台幣表示位數多且複雜的越南盾。

其他

● **honto** ☆☆
可用App閱讀書籍和雜誌的電子書閱讀器。

● **外交部 海外安全應用程式** ☆☆
可在旅途中獲得當地安全相關資訊。也可確認各國的緊急連絡方式。

在國外使用App時的注意事項

① 出發前安裝
需要用簡訊驗證電話號碼，所以請在台灣事先註冊。

② 小心公共Wi-Fi
時有被駭客入侵或中毒等安全性問題，因此需注意。

③ 需要確認數據流量
會收取海外通話費，所以要一直關閉此功能。

216

最方便的交通方式！
用看看叫車App「Grab」

Grab是東南亞具代表性的叫車及外送App。事先確認使用費用，不需擔心車資糾紛。

事前準備

▶ **出發前安裝**
下載App後註冊會員並輸入信用卡。有時國外無法使用簡訊驗證，所以請在台灣安裝好。

▶ **將目的地存入書籤**
事先將想去的地點存在Google maps中，用App搜尋目的地時更加順暢。

「Grab」的使用方法

1 輸入想去的地點
先選擇「Car」（叫車）。用羅馬拼音輸入目的地名稱或地址。也可以在地圖上選擇地點。

2 確認預約
選擇乘車處（現在位置）、車種（汽車or摩托車）後點擊預約。和附近的司機配對後即預約完成。

3 搭車
確認顯示的車輛顏色和車牌，和司機打招呼再搭車。坐摩托車時可借用安全帽。

4 抵達目的地
若用現金支付直接付款。信用卡支付則不須動作。下車後給司機評價（非強制）。

越南版哈多巴士？！
搭乘隨上隨下巴士

巡遊胡志明市・河內市區的雙層觀光巴士。以下介紹胡志明市的白天（日間行程）巴士。

in 胡志明市

1 到集合地點報到
白天行程在中央郵局，夜間行程在阮惠街搭乘。請在搭車前出示電子憑證。

2 出示電子憑證搭車
分為有空調的車廂座位和2樓的頂樓座位。坐頂樓座位必備太陽眼鏡、帽子和擦防曬乳！

3 享受市區觀光！
從車內參觀濱城市場、Hotel Majestic Saigon等主要景點。也有英語語音導覽。

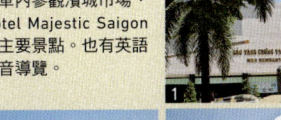

1 戰爭遺跡博物館→P.57　2 濱城市場→P.74
3 陳興道雕像

如何使用？

▶ **有不同的方案**
分為8點～15點30分的白天行程，以及16～23點的夜間行程2種。皆為30分鐘一班。

▶ **可事先預約**
可以在官方網站事先購買票券。發行電子憑證。費用15萬VND（與售票處現場購買金額相同）。
URL：https://hopon-hopoff.vn/

▶ **推薦季節**
在頂樓座位務必做好防曬囉！炎熱季節建議搭乘夜間方案。乾季比雨季更舒適有趣。

隨上隨下巴士的售票處在中央郵局▶MAP P.8 C-1和市民劇場▶MAP P.9 D-2。　217

「傷腦筋！該怎麼辦」時最佳解答匯整

越南之旅 Info

即便做好萬全準備，到了陌生環境還是會有水土不服的情況發生。
事先了解在國外容易遇到的麻煩和應對方式，就能冷靜處理。
也要記住當地的聯絡方式、水或電壓等基本資訊。

擔心生病或受傷！

BEST ANSWER 最好購買海外旅遊平安險

除了出發時在台灣機場的旅平險櫃檯購買外，也可以到旅行社或上網投保。部分信用卡刷卡也送旅平險。

已經投保

醫院看診或是發生意外等，理賠範圍依投保種類有所不同。手續也依各保險公司而異，請事先確認清楚。

1. 聯絡保險公司
聯絡投保的海外旅遊平安險的公司負責人員，或是到保險公司配合的醫院預約看診。

2. 在醫院……
在醫院窗口出示保險契約書接受診療。告知保險公司要申請醫療費，確認理賠內容。

3. 保險公司負擔診療費
之後，保險公司會針對用保險金支付醫療費一事，寫成報告書寄到家中。確認理賠內容是否有誤。

沒有投保的話

首先先尋找可以診療的醫療機關。以下是給旅客的醫院建議名單。有些醫院也有懂英語的工作人員。

- **請教飯店工作人員**
詢問飯店工作人員附近哪裡有醫院，也可以請他們幫忙叫計程車。

- **在醫院……**
告知沒有參加保險。可能的話在診療前，問清楚大概的醫療費用。

想打電話！

BEST ANSWER 想打電話！善用LINE或Skype

國際電話費很貴。在可上網的地方使用通訊App就能打免費電話。不過訊號差時可能無法通話。

國際電話撥打方式

📞 **越南→台灣**

00	+	+886	+	對方號碼
（國際電話識別碼）		（日本國碼）		（拿掉區域碼前的0，手機也一樣）

📞 **台灣→越南**

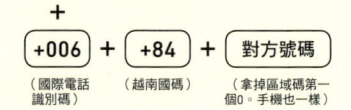

電話公司的識別碼
+
+006	+	+84	+	對方號碼
（國際電話識別碼）		（越南國碼）		（拿掉區域碼第一個0。手機也一樣）

📱 SIM卡也很方便

可在家電行、網路或當地機場購買。換成當地SIM卡就能打電話及上網。eSIM卡（參考右頁）更方便。

📱 用自己的手機

開通「國際簡訊」漫遊服務，就算不知道國碼也能傳簡訊。許多機型原本就附有此功能。

必記的緊急連絡電話

- 警察 ☎113
- 救護車 ☎115
- 台灣駐越南代表處（駐越南台北文化經濟辦事處）
  網址：https://www.roc-taiwan.org/vnsgn
  館址：336 Nguyen Tri Phuong Street, Ward 4, District 10, HO CHI MINH CITY, Vietnam
  電話：境外：（8428）- 38349160~65［上班時間08：00至17：30］
  境內：（28）- 38349160~65［上班時間08：00至17：30］
- 緊急電話：『緊急聯絡電話』（專供緊急求救助之用，如車禍、搶劫、有關生命安危緊急清況等，非急難重大事件，請勿撥打；一般護照、簽證等事項請於上班時間以辦公室電話查詢）
  境外：+84-903927019　境內：0903-927019

想上網

依使用頻率選擇方法

1天只上網幾次的話，飯店或餐廳的無線網路就夠用了。想隨時上網就要租借eSIM卡或Wi-Fi分享器。

方法1　eSIM卡
事先從網路購買，到達當地後再設定。價格依初始設定的數據流量而有不同。

方法2　Wi-Fi分享器
租借國外使用的分享器。在網路預訂再到機場領取。價格依天數、國家、通話費而有不同。

方法3　公共Wi-Fi
和台灣一樣在當地機場、飯店、咖啡館、觀光設施等地可以免費連接。

喝水怎麼辦？

一定要買礦泉水

越南的自來水當飲用水喝有衛生方面的疑慮。可以到便利商店、超市或賣場買瓶裝礦泉水。

電源、電壓？

直接使用

越南電壓是220V，頻率50Hz。台灣則是100V或220V，需要帶變壓器，但最近很多電子產品支援100～240V的寬幅電壓。保險起見請先確認欲攜帶的電子產品。雖然插頭是C型規格，但也有很多支援台灣A型插頭的插座。擔心的話就自備轉接頭吧。

遭竊、物品遺失！

盡速前往警局報案

先到警察局報案，開立申請理賠用的遭竊、遺失報案證明文件。但有時英語不通的情況。

護照
必須重新補發，或是申請「回國入境許可證」。請到胡志明市的駐越南台北經濟文化辦事處辦理。必須帶著轄區警局開立的「遭竊、遺失報案單」。

> **緊急聯絡處**　・駐越南台北經濟文化辦事處
> ☎ 28-3834-9160～65

信用卡
立刻和國外或台灣的客服中心等發卡金融機構聯絡並掛失卡片。事先記下信用卡卡號和有效日期，讓掛失程序更流暢。

> **緊急聯絡處**　・Visa卡　☎ +1 303 967 1096

現金、貴重物品等
到轄區警局報案，開立「遭竊、遺失報案單」。若有投保海外旅平險就能申請理賠。但現金常在理賠範圍以外，而且送回警局的機率也很低。

> **緊急聯絡處**　・警察局　☎ 113

有備無患！

※ 隨身攜帶護照片頁和信用卡的影本，萬一遺失就能派上用場。

越南之旅 INDEX

胡志明市

EAT

店家・景點	地區	頁碼
Arabica Ho Chi Minh City, Cafe Apartment	同起街周邊	60
Anan Saigon	同起街周邊	21,50
East West Brewing Company	范五老街	53
M Bar	同起街周邊	52
Kashew Cheese Deli	草田區	58
Café Cardinal	同起街周邊	41
Quán Thuý 94	第一郡北部	47
Quan Bui Garden	草田區	88
Cuc Gach Quan	第一郡北部	51
Kem Bach Dang	同起街周邊	45
Ngoc Suong	富潤郡	46
東源雞飯	堤岸	92
海南雞飯	范五老街	90
共咖啡	第一郡北部	42
The Muse	草田區	89
Saigon Oi Cafe	同起街周邊	87
Saigon Coffee Roastery	第三郡	42
The Running Bean	同起街周邊	43
Saint Honoré Saigon	草田區	38
祕密花園	同起街周邊	51
珍寶海鮮	同起街周邊	46
Things Cafe	同起街周邊	61
大娘水餃	堤岸	93
Snuffbox Lounge	同起街周邊	53
74 Restaurant	范五老街	47
Xoi Che Bui Thi Xuan	范五老街周邊	44
Social Club Rooftop Bar	第三郡	52
Thanh Xuan	同起街周邊	33
Chuoi Nuong Dakao	第一郡北部	45
中原傳奇咖啡館	范五老街周邊	40
Nha Hang Trung Duong Marina	富國島	103
何記甜品店	堤岸	44,93
Dosh Doughnuts	同起街周邊	60
Trois Gourmands	草田區	88
Dong Nhan Com Ba Ca	范五老街周邊	49
Nhu Lan	同起街周邊	36
Park Lounge	同起街周邊	41
74 - Bánh Mi, Cafe & Tea	同起街周邊	39
Bang Mi Tuoi	第一郡北部	37
Banh Mi Huyng Hoa	范五老街周邊	37
巴士德街釀酒廠	同起街周邊	53
Bang Khuang Café	同起街周邊	32
Bánh By Mia	草田區	38
Pizza 4P's Le Thanh Ton	同起街周邊	21
Five Boys Number One	范五老街周邊	45,91
Phe La Cho Ben Thanh	范五老街周邊	21,39
Pho Quynh	范五老街周邊	31
Pho Dau	第三郡	31
Pho Viet Nam	范五老街周邊	91
Pho Hoa Pasteur	第三郡	30
Pho Minh	同起街周邊	31
Hum Garden	草田區	58
Bun Cha 145	范五老街周邊	33

店家・景點	地區	頁碼
Bun Bo Ganh	第三郡	32
Be Che	范五老街周邊	44
Bep Hue	第一郡北部	33
Hoa Tuc	同起街周邊	51
Hoa Mai Restaurant	同起街周邊	64
Mai Xuan Canh	同起街周邊	31
My Banh Mi	同起街周邊	36
Minh Duc	范五老街周邊	49
Maison Marou	范五老街周邊	43,45
L'Usine Thao Dien	草田區	59
Runam d'Or	同起街周邊	40,55

SIGHTSEEING

店家・景點	地區	頁碼
Indochina Junk Cruise	第四郡	63
溫陵會館	堤岸	93
芹苴市	芹苴市	100
古芝縣	古芝縣	98
胡椒農場	富國島	102
Hoa Tuc西貢烹飪課	同起街周邊	65
Saigon Concept	草田區	89
西貢公主號	第四郡	63
Sao Beach	富國島	102
市民劇場	同起街周邊	55
人民委員會大廳	同起街周邊	55
Sri Thenday Yuttha Pani印度廟	同起街周邊	20
聖母院大教堂	同起街周邊	54
戰爭遺跡博物館	第三郡	57
西寧市	西寧市	98
耶穌聖心堂	第三郡	54
中央郵局	同起街周邊	54
TNK & APT TRAVEL JAPAN	范五老街周邊	別冊25
天后宮	堤岸	93
Dinh Cau寺	富國島	103
統一宮	范五老街周邊	57
魚露工廠	富國島	102
Ham Ninh	富國島	102
美術博物館	范五老街周邊	57
富國島	富國島	102
胡志明市博物館	第三郡	57
隨上隨下巴士	—	217
美萩市	美萩市	100
金龍水上木偶劇院	統一宮周邊	64

BEAUTY

店家・景點	地區	頁碼
Anam QT Spa	同起街周邊	67
Kawaii Nail	—	69
Golden Lotus Traditional Foot Massage Club	同起街周邊	69
Spa InterContinental	同起街周邊	67
Spa Gallery	同起街周邊	68
Sen Spa	同起街周邊	67

SHOPPING

店家・景點	地區	頁碼
New Royal Foot Massage	同起街周邊	69
miu miu Spa	同起街周邊	67
Merci	同起街周邊	69
Yuri Spa	同起街周邊	68
L'APOTHIQUAIRE	第三郡	66

店家・景點	地區	頁碼
amaï Dong Khoi	同起街周邊	71
Annam Gourmet Market	范五老街周邊	83
Annam Gourmet Market	同起街	87
Ipa-Nima Showroom	草田區	73
Winmart	同起街周邊	85
Vesta Lifestyle & Gifts	草田區	59
Usagi	同起街周邊	79
OHQUAO Concept Store	第三郡	81
Catherine Denoual Maison	同起街周邊	72
KITO	同起街周邊	71,79
Coop Mart	范五老街周邊	85
The Craft House	同起街周邊	81
SÔNG BÉ	草田區	71
太平市場	范五老街周邊	77,91
新定市場	第三郡	77
Desino	同起街周邊	73
夜市	范五老街周邊	75
NauNau	同起街周邊	60,87
Ha Phuong	同起街周邊	72
Happer's	同起街周邊	73
平西市場	堤岸	77,92
Flame Tree by Zakka	草田區	78
濱城市場	范五老街周邊	74,77
Mystere	同起街周邊	72
LIBE	同起街周邊	61

STAY

飯店	地區	頁碼
阿拉貢飯店與水療中心	范五老街周邊	97
A & Em Saigon Hotel	范五老街周邊	97
西貢洲際飯店	同起街周邊	95
The Myst Dong Khoi	同起街周邊	97
西貢柏悅飯店	同起街周邊	96
Bong Sen Hotel Saigon	同起街周邊	97
Hotel Majestic Saigon	同起街周邊	54,94
Mia Saigon Luxury Boutique Hotel	草田區	96
La Veranda Resort Phu Quoc	富國島	103
Royal Hotel Saigon	同起街周邊	97

峴港

EAT

店家・景點	地區	頁碼
XLIII Coffee	美溪海灘周邊	117
Cua Ngo Café	美溪海灘周邊	116
Thanh Hien	美溪海灘周邊	113
Banh Canh Thu	峴港市中心	114
Bun Cha Ca 109	峴港市中心	115
Mi Quang 1A	峴港市中心	114
Login Coffee	美溪海灘周邊	117

SIGHTSEEING

店家・景點	地區	頁碼
五行山	峴港南部	113
峴港大教堂	峴港市中心	111
占婆雕刻博物館	峴港市中心	112
陳富宗	峴港市中心	112
唐人海灘	峴港郊區	109
范文同海灘	峴港東部	108
范鴻泰街	峴港市中心	113
美溪海灘	美溪海灘周邊	109
龍橋	峴港市中心	112

SHOPPING

店家・景點	地區	頁碼
Vincom Plaza	峴港東部	120
CAT TRANG	美溪海灘周邊	118
Co May	峴港市中心	120
共市場	峴港市中心	121
Sunglow	美溪海灘周邊	119,120
Taran.	美溪海灘周邊	118
韓市場	峴港市中心	121
Pheva Chocolate	峴港市中心	120
Hoa Ly	峴港市中心	119

STAY

飯店	地區	頁碼
峴港洲際陽光半島度假飯店	山茶半島	124
峴港貝爾馬沃科酒店	峴港東部	20
納曼度假村	峴港郊區	125
峴港希爾頓飯店	峴港市中心	125
福西安馬亞峴港飯店	美溪海灘周邊	122

會安

EAT

店家・景點	地區	頁碼
均勝古宅	會安古鎮	128
Com Ga NGA	會安古鎮	130
The Espresso Station	會安古鎮	132
The Hill Station	會安古鎮	132
92 station restaurant & café	會安古鎮	133
Hai	會安古鎮	130
Banh Mi Phuong	會安古鎮	131
白玫瑰	會安古鎮	131
Mot Hoi An	會安古鎮	133
Reaching Out Teahouse	會安古鎮	133

221

SIGHTSEEING

店家・景點	地區	頁碼
安邦海灘	會安郊區	108
古岱海灘	會安郊區	109
均勝古宅	會安古鎮	128
沙黃文化博物館	會安古鎮	128
進記古宅	會安古鎮	128
Tuan Canh	會安古鎮	129
馮興古宅	會安古鎮	128
會安民俗文化博物館	會安古鎮	128
美山遺址	會安郊區	129
夜市	會安古鎮	136
來遠橋（日本橋）	會安古鎮	127

SHOPPING

店家・景點	地區	頁碼
COCOBOX	會安古鎮	135
SUNDAY in Hoi An	會安古鎮	134
TO Hoi An	會安古鎮	129
Friendly Shoe Shop	會安古鎮	134
會安市場	會安古鎮	128
Long Vy Lantern & Handicrafts	會安古鎮	135

STAY

飯店	地區	頁碼
會安安納塔拉度假飯店	會安古鎮	140
安邦海濱精品之家別墅飯店	安邦海灘周邊	139
會安維多利亞海灘水療度假村	會安郊區	141
越南會安南海四季度假飯店	會安郊區	138
Lantana Riverside Hoi An Hotel & Spa	會安古鎮西邊	141

順化

EAT

店家・景點	地區	頁碼
Ancient Hue Garden Houses	順化古城區	148
Quan Nho	順化新市區	149
Ca Phe Muoi	順化古城區	145
Cung An Dinh	順化新市區	148
Purple Hue BnB Central Hub	順化新市區	145
Banh Khoai Hong Mai	順化古城區	149
Bun Bo Hue	順化新市區	149

SIGHTSEEING

店家・景點	地區	頁碼
阮朝皇城	順化新市區	143,146
場錢橋	順化新・舊市區	145
天姥寺	順化西部	144
順化宮廷文物博物館	順化古城區	144
香江遊船	—	144

SHOPPING

店家・景點	地區	頁碼
東巴市場	順化古城區	145

STAY

店家・景點	地區	頁碼
Vedana Lagoon Resort & Spa	順化郊區	151
Pilgrimage Village Boutique Resort & Spa	順化郊區	150
順化美利亞珍珠飯店	順化新市區	151

河內

EAT

店家・景點	地區	頁碼
Uu Dam Chay	市區南部	167
Quan An Ngon	河內車站周邊	160
Colette	還劍湖周邊	167
共咖啡	還劍湖周邊	168,171,193
The Rail Way Hanoi	河內車站周邊	168
Serein Café & Lounge	龍編車站周邊	169
阿燕	老城區	163
Dac Kim	老城區	160
Trang Tri	老城區	164
Che Huong Hai	老城區	165
Banh Cuon	老城區	162
Banh Goi Goc Da	還劍湖周邊	162
Banh Xeo	老城區	163
Banh Tom Ho Tay	西湖周邊	194
Banh Mi 25	老城區	190
Ha Noi Tan Tan	還劍湖周邊	161
Hien Tra Truong Xuan	文廟周邊	168
Pho Cuon Hung Ben	西湖周邊	195
Pho Cuon 31	西湖周邊	159
Pho Xao Phu My	老城區	159,163
Pho Gia Truyen	老城區	157
Pho Suong	老城區	159
Pho Thin	市區南部	156
Pho Hanh	老城區	159
Huong Bun Dau	老城區	162
Viet Rice Essence Restaurant	老城區	166
Hoa Beo	老城區	164
Mai Anh	市區南部	159
MAY KITCHENWARE	龍編車站周邊	169
Madame Hien	老城區	191
Minci	龍編車站周邊	165
La Place	還劍湖周邊	193
L'essence De Cuisine	老城區	166

SIGHTSEEING

店家・景點	地區	頁碼
Hermes Cruise	下龍灣	205
玉山祠	還劍湖周邊	173
沙壇	沙壇	183
大劇院	還劍湖周邊	171
昇龍皇城遺址	昇龍皇城遺址周邊	172
Hai Au Halong Tour	下龍灣	205

海防市	海防市	205	
下龍灣	下龍灣	200	
蓮池	西湖周邊	195	
鉢場村	鉢場村	206	
河內大教堂	還劍湖周邊	170	
文廟	文廟周邊	172	
火爐監獄	還劍湖周邊	171	
胡志明故居	西湖周邊	195	
胡志明陵寢	昇龍皇城遺址周邊	173	
鴻基島	鴻基島	205	
舊家保存館	老城區	191	
歷史博物館	還劍湖周邊	170	
龍編橋	龍編車站周邊	20	

	Pullman Hanoi	文廟周邊	199
	河內美利亞飯店	還劍湖周邊	197
	La Siesta Classic Ma May	老城區	198

BEAUTY

店家・景點	地區	頁碼
Orient Spa	還劍湖周邊	177
Sabi Spa	還劍湖周邊	193
Le Spa du Metropole	還劍湖周邊	176
L'essence De Cuisine	老城區	177

SHOPPING

店家・景點	地區	頁碼
Indigo Store	文廟周邊	180
Winmart Metropolis	河內市西部	189
Em Hanoi	河內市西部	179,181,184
Collective Memory	還劍湖周邊	171,192
Tanmy Design	老城區	181
Chie	還劍湖周邊	192
Trung Thanh Ceramic	鉢場村	206
同春市場	老城區	186
夜市	老城區	191
Nhom Hai Phong	老城區	190
Bat Trang Conservation	鉢場村	206
Hanoi Shouten	河內市西部	179,181,185
杭大市場	老城區	178
Bamboo	老城區	178
Phuc Loi	老城區	190

STAY

飯店	地區	頁碼
Apricot Hotel	還劍湖周邊	199
河內西湖洲際飯店	西湖周邊	197
The Oriental Jade Hotel	還劍湖周邊	198
河內索菲特傳奇大都會飯店	還劍湖周邊	170,196
Hanoi E Central Hotel	老城區	199
Hanoi Emerald Waters Hotel & Spa	老城區	199
Hanoi Shouten Lakeside	西湖周邊	194
Hanoi Pearl Hotel	還劍湖周邊	199

越南：胡志明市‧峴港‧會安‧河內：最新‧最前線‧旅遊全攻略

作　　者	朝日新聞出版
譯　　者	郭欣惠、高詹燦、涂雪靖
總 編 輯	曹　慧
主　　編	曹　慧
封面設計	ayenworkshop
內頁排版	思　思
出　　版	奇光出版／遠足文化事業股份有限公司 E-mail: lumieres@bookrep.com.tw 粉絲團：https://www.facebook.com/lumierespublishing
發　　行	遠足文化事業股份有限公司（讀書共和國出版集團） http://www.bookrep.com.tw 23141新北市新店區民權路108-2號9樓 電話：(02) 22181417 郵撥帳號：19504465　戶名：遠足文化事業股份有限公司
法律顧問	華洋法律事務所 蘇文生律師
印　　製	成陽印刷股份有限公司
初版一刷	2025年8月
定　　價	460元
ＩＳＢＮ	978-626-7685-18-1　書號：1LBT0062 978-626-7685-19-8（EPUB） 978-626-7685-20-4（PDF）

有著作權‧侵害必究‧缺頁或破損請寄回更換
特別聲明：有關本書中的言論內容，不代表本公司/出版集團之立場與意見，文責由作者自行承擔
歡迎團體訂購，另有優惠，請洽業務部（02）22181417分機1124、1135

HARE TABI VIETNAM【2025-26 NEN SAISHIMBAN】
Copyright © 2024 Asahi Shimbun Publications Inc.
Originally published in Japan in 2024 by Asahi Shimbun Publications Inc.
Traditional Chinese translation copyright © 2025 by Lumières Publishing, a division of Walkers Cultural Enterprises Ltd.
All rights reserved.
No part of this book may be reproduced in any form without the written permission of the publisher.
Traditional Chinese translation rights arranged with Asahi Shimbun Publications Inc., Tokyo through AMANN CO., LTD., Taipei.

國家圖書館出版品預行編目 (CIP) 資料

越南：胡志明市‧峴港‧會安‧河內：最新‧最前線‧旅遊全攻略 = Vietnam / 朝日新聞出版著；郭欣惠, 高詹燦, 涂雪靖譯. -- 初版. -- 新北市: 奇光出版, 遠足文化事業股份有限公司發行, 2025.08
　面；　公分
ISBN 978-626-7685-18-1（平裝）

1. CST: 越南

738.39　　　　　　　　　　　114007591

線上讀者回函